R. C. 스프로울의
서양 철학
이야기

The Consequences of Ideas
by R. C. Sproul

Copyright ⓒ 2000 by R. C. Sproul
Published by Crossway, a publishing ministry of Good News Publishers
Wheaton, Illinois 60187, U.S.A.

This edition published by arrangement with Crossway through rMaeng2, Seoul, Republic of Korea.
All rights reserved.

This Korean edition copyright ⓒ 2002, 2023 by Word of Life Press, Seoul, Republic of Korea.

이 한국어판의 저작권은 알맹2를 통하여 Crossway와 독점 계약한 생명의말씀사에 있습니다.
신저작권법에 의하여 한국 내에서 보호받는 저작물이므로 무단 전재와 무단 복제를 금합니다.

R. C. 스프로울의 서양 철학 이야기
(구제: 신학자가 풀어 쓴 서양 철학 이야기)

ⓒ 생명의말씀사 2002, 2023

2002년 10월 25일 1판 1쇄 발행
2023년 7월 28일 2판 1쇄 발행

펴낸이 | 김창영
펴낸곳 | 생명의말씀사

등록 | 1962. 1. 10. No.300-1962-1
주소 | 서울시 종로구 경희궁1길 6 (03176)
전화 | 02)738-6555(본사) · 02)3159-7979(영업)
팩스 | 02)739-3824(본사) · 080-022-8585(영업)

기획편집 | 박경순
디자인 | 조현진
인쇄 | 영진문원
제본 | 다온바인텍

ISBN 978-89-04-04061-2 (03230)

저작권자의 허락 없이 이 책의 일부 또는 전체를
무단 복제, 전재, 발췌하면 저작권법에 의해 처벌을 받습니다.

개혁주의 대표 신학자가 꿰뚫어 본, 우리 세계를 형성한 사상의 본질

R. C. 스프로울의
서양 철학
이야기

The Consequences of Ideas

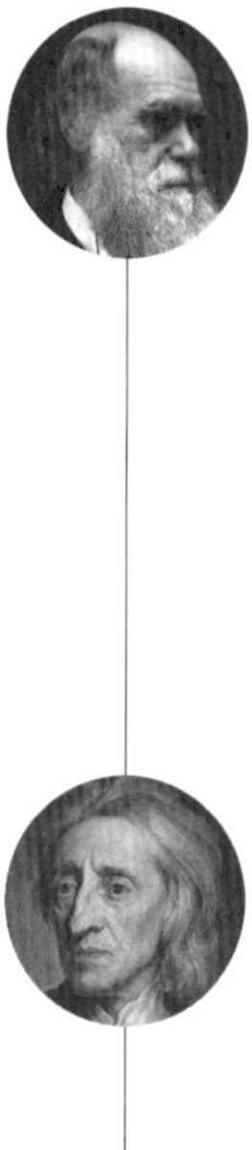

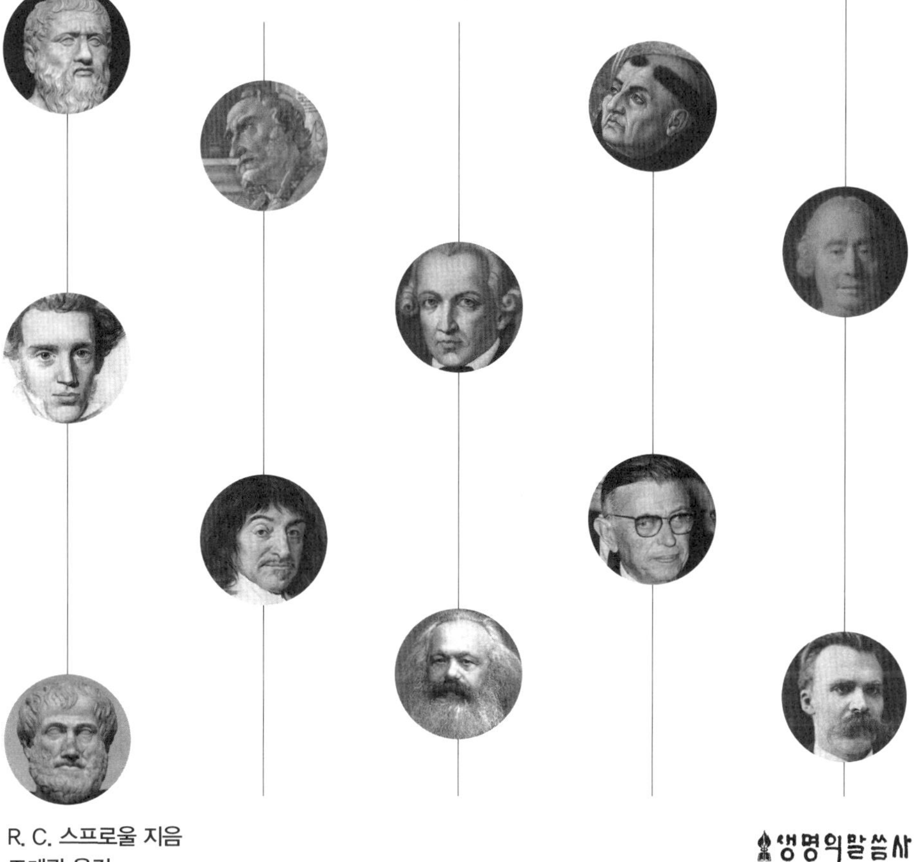

R. C. 스프로울 지음
조계광 옮김

생명의말씀사

들어가는 말 철학의 이유

1959년 여름, 나는 대학 2학년생이었다. 당시는 아이젠하워 대통령의 임기 말년이었고, 뉴욕 양키스가 메이저리그를 휩쓸 무렵이었다. 미국인에게 1950년대는 국가적으로 행복했던 시기였다. 격동의 1960년대가 시작되기까지 아직 1년이 남아 있었던 셈이다.

당시 나는 여름방학 동안 할 수 있는 일을 찾느라고 여념이 없었다. 이미 상당수의 학생이 보수가 좋은 일자리를 구한 상태였지만 나는 그렇지 못했다. 이유는 전공 탓이었다. 좋은 일을 구한 학우들의 전공은 공학이었고 내 전공은 철학이었다. 어느 신문을 보더라도 철학 전공자를 찾는 구인광고는 없었다. 내가 할 수 있는 일이라고는 최저 임금을 주는 비숙련 노동뿐이었다. 마침내 나는 한 병원의 관리부서 일을 제안받았다. 일을 구했다는 사실에 너무 기뻤다.

내가 철학도라는 사실을 안 팀장은 빗자루를 건네며 "빗자루에 기대어 있는 동안은 자네가 원하는 무엇이든 생각할 수 있어"라고 놀려 댔다. 이 말을 들은 동료들도 나를 놀리기는 마찬가지였다. 내게 주어진 일에는 병원 정문에서 현관에 이르는 도로와 주차장을 청소하는 일이 포함되었다.

일을 시작한 지 첫 주가 지난 어느 날, 나는 내가 맡은 구역을 열심히 쓸고 있었다. 간호사 숙소와 연결된 주차장까지가 내 담당이었는데, 한참 청소하다가 한 남자를 발견했다. 그 역시 인근 주차장을 청소하는 중이었다. 그가 먼저 내게 인사를 건넸다. 우리는 통성명을 한 뒤 약간의 담소를 나누었다. 내가 대학생이라고 하니 그는 내 전공을 물었다. 철학이라고 대답하자, 갑자기 그의 얼굴이 환히 밝아지더니 눈에 생기가 돌았다. 그는 내게 플라톤, 데카르트, 헤겔, 칸트, 키르케고르를 비롯해 다른 여러 철학자에 관한 질문을 쏟아붓기 시작했다. 나는 그 사람의 지식에 놀라지 않을 수 없었다. 그는 나보다 철학에 관해 훨씬 더 많은 것을 알고 있었다.

'위험한' 사상

나는 청소가 주업인 사람이 추상적인 철학 사상에 대해 그토록 해박한 지식을 가지고 있다는 사실이 이상했다. 대화를 나누면서 점점 더 의아해진 나는 어떻게 철학에 관해 그토록 많이 알게 되었는지 그에게 묻지 않을 수 없었다. 그는 가슴 아픈 이야기를 털어놓았다.

그는 독일 출신이었다. 철학 박사였으며, 한때 베를린에서 철학을 강의했던 교수였다. 히틀러가 이끌었던 독일 나치당은 정권을 잡은 뒤 유대인과 집시를 위한 '최종 해결책'을 찾는 것으로 만족하지 않고, 그들이 내세운 제3제국의 '가치'와 상이한 사상을 지닌 지식인들을 근절하려 했다. 그는 교수직을 그만두어야 했다. 그가 나치에 반대하는 발언을 했기 때문에 아내와 아들은 체포되어 처형되었고, 그와 딸만이 간신히 독일을 탈출했다.

나는 그에게 왜 강의를 계속하지 않느냐고 물었다. 그는 철학을 강의해서 자신이 사랑했던 가족의 삶이 모두 파괴되었다고 대답했다. 그는 눈에 눈물이 가득 고인 채 이제는 딸을 위해 남은 인생을 살아갈 뿐이라고 말했다.

그의 이야기를 들었던 당시 나는 스무 살이었다. 제2차 세계 대전에 대한 기억은 희미했다. 스무 살에게 14년은 마치 영원 같다. 하지만 50대 중반이었던 그에게 전쟁은 마치 어제처럼 생생했다. 과거에 대한 그의 기억은 결코 희미하지 않았다.

그날 아침 나는 생각에 잠겼다. 내가 지금 이 이야기를 하는 이유다. 나는 철학의 가치를 거의 모르고, 철학을 추구하는 사람들을 거의 존중하지 않는 문화에서 살기 때문에 빗자루를 쓸고 있었다. 반면 그는 철학에 큰 비중을 두는 문화에서 왔기 때문에 빗자루를 쓸었다. 그의 가족은 히틀러가 사상은 위험하다는 것을 이해했기에 파괴되었다. 히틀러는 그의 사상이 가져올 결과를 두려워했기에 그와 그의 사상을 말살하기 위해 가능한 한 모든 일을 했다.

이 책을 읽을 때 당신은 촛불 빛에 의지하기보다 전등 빛에 의지할 가능성이 더 높다. 그렇다면 그 빛은 어디에서 왔는가? 우리는 자동차를 타고 다닌다. 그렇다면 그 자동차는 어디에서 왔는가? 당신의 집에는 아마 상하수도가 설비되어 있을 것이다. 그렇다면 그것들은 어디에서 왔는가?

불과 1세기 전만 해도 지금과 같은 전등이나 자동차나 상하수도는 존재하지 않았다. 하지만 지금은 우리 삶의 일부가 되어 이것들 없이는 한시도 살기 어렵다. 이런 실용품들을 이용하게 된 것은 이것들이 발명되거나 존재하게 되기 전에 누군가가 (아마도 빗자루에 기대어 있을 때) 그것들을 처음 생각해 냈기 때문이다. 어떤 물건을 만들거나 발명하려면 아이디어가 먼저 존재해야 한다. 이것이 일반적으로 일이 되는 방식이다.

물론 모든 아이디어에서 쓸모 있는 물건이 만들어지는 것은 아니다. 아무 짝에도 쓸모없는 아이디어도 많다. 하지만 종종 뜬구름 잡는 공상가의 아이디어조차도 엄청난 영향을 끼치는 예리한 개념으로 연마된다.

근본적인 사상

철학은 우리가 근본적으로 생각하도록 강요한다. '근본적'이란 말은 제1원리나 기본 진리를 의미한다. 우리는 삶을 규정하는 대부분의 사상을 (최소한 처음에는) 무비판적으로 수용하는 경향이 있다. 우리는 세상이나 환경을 처음부터 새로 만들어 놓고 그 안에서 살지 않는다. 오히려 이미 존재하는 세상과 문화에 발을 들여놓고 그 세상과 문화와 상호 작용하는 법을 배운다.

예를 들어, 어떤 사람들은 소득에서 세금을 더 많이 낼 뿐 아니라 더 높은 비율로 내는, 누진 소득세의 미덕에 대해 논의하는 사람이 오늘날에는 거의 없다(하나님의 '일률세'인 십일조와 얼마나 다른가!). 누진세는 오랫동안 시행되어 왔기에 이 제도에 문제 제기하는 사람은 거의 없다. 다시 말해, 누진세는 모두가 공인하는 현실이다. 그러나 제정했을 당시에는 격렬한 논쟁의 대상이었다.

계몽주의 시대에는 사상가들이 정치 이론과 법 이론을 두고 치열하게 공방을 벌였지만, 지금은 그런 논의에 별로 깊은 관심을 기울이지 않는다. 그때는 군주제가 새로운 형태의 정부에 자리를 내주는 시기였기에 사람들이 근본적인 이론에 집중했다. 그에 비해, 오늘날에는 (탄핵 재판을 할 경우만 제외하고) 공화제와 민주제의 차이에 관해 별다른 논쟁을 벌이지 않는다. 또한 우리는 (청문회에서 대법관 후보자 클래런스 토머스 판사가 법의 근간이 자연법에 있다고 말하자 조지프 바이든 상원의원이 열띤 반론을 제기한 경우는 있었지만) 법의 근본 원리에 관해서도 이렇다 할 논쟁을 하지 않는다.

미국 헌법은 200년 전에 제정되었고, 이미 미국에 구현되었다. 오늘날 미국인은 새로운 법 조항이나 판결에 따라 헌법을 조금씩 수정할 뿐이다. 계속해서 조금씩 조금씩 수정해 놓아 원본을 알아보기 힘들 정도가 된 것에는 신경 쓰지 말라.

우리는 게임이 고안된 지 한참 후에 게임에 발을 들인다. 게임의 규칙과 경계는 이미 정해진 상태다. 우리는 데카르트가 자신이 존재한다는 결론을 내리기 위해 그렇게 오래 일하고 깊이 생각했다는 것이 우습다. 우리 모두 사실로 알고 있는 것, 즉 우리가 존재한다는 것을 증명하는 일은 어리석은 시간 낭비 같다. 또 우리 입장에서는 간단히 아는 것을, '어떻게' 아는 것인지 분석하는 데 일생을 바친 칸트가 어리둥절하다.

아니, 오히려 우리가 우습고 어리둥절한 걸까? 데카르트와 칸트 같은 사상가들은 단지 배꼽만 내려다보며 거닐었던 것이 아니었다. 근본적인 사고는 우리의 모든 가정을 드러내어, 종종 거짓되고 치명적인 가정을 발견하게 한다. 근본적인 사고는 선과 악에 관심이 있기 때문에 진실와 거짓의 차이에 관심이 있다. "검증되지 않은 삶은 살 가치가 없다"는 옛 격언은 여전히 들어맞는다. 진지하게 생각하는 사람에게, 특히 그리스도인에게 검증되지 않은 삶은 선택 사항이 아니다.

내 생각이 시장에서 가치가 없고 대중에게 존중받지도 못한다면 나는 언제든지 주차장을 청소하는 일로 돌아갈 수 있다. 하지만 나는 생각하지 않을 수 없다. 나는 생각하지 않는 것을 생각할 수 없다.

이 책은 전문적인 철학 학자들이 아니라 평신도를 위해(교육받은 평신도를 위해서도) 쓰였다. 이 책이 앞으로 이론적인 사상을 연구할 매혹적인 맛보기가 되기를 희망한다. 나는 될 수 있는 대로 평신도가 어렵게 느끼는 전문 용어를 자제했다. 1차 자료를 사용한 것 외에도, 나는 철학사의 전문가 로저 스크러턴(Roger Scruton), 고든 클라크(Gordon Clark), 새뮤얼 스텀프(Samuel Stumpf)와 다른 저자들의 도움을 받았다.[1] 모쪼록 사상의 역사를 개요한 이 책이 독자들에게 도움이 되기를 바란다.

R. C. 스프로울

차례

들어가는 말 **철학의 이유** 04

1. **최초의 철학자들** 13

2. **플라톤** 현실주의자이자 이상주의자　29

3. **아리스토텔레스** '철학자'　45

4. **아우구스티누스** 은총의 박사　59

5. **토마스 아퀴나스** 천사 박사　75

6. **르네 데카르트** 근대 합리론의 아버지　91

7. **존 로크** 근대 경험론의 아버지　105

8. 데이비드 흄 **회의주의자** 119

9. 이마누엘 칸트 **혁명적 철학자** 135

10. 카를 마르크스 **유토피안** 153

11. 쇠렌 키르케고르 **덴마크의 골칫거리** 171

12. 프리드리히 니체 **무신론적 실존주의자** 187

13. 장 폴 사르트르 **문학가이자 철학자** 203

14. 다윈과 프로이트 **영향력 있는 사상가** 221

맺는말 질송의 선택 234

주 240
참고 문헌 246

The Consequences of Ideas

1.

최초의 철학자들

서양 철학의 기원은 고대 에게해 세계에 뿌리를 두고 있다. 당시 사상가들에게는 과학과 철학이 뚜렷하게 구분되지 않았다. '과학'(science)은 어원을 볼 때 단순히 '지식'을 뜻하고, '철학'(philosophy)이라는 용어는 '지혜에 대한 사랑'에서 나왔다. 고대인은 자신과 주변 세계를 이해하려고 노력하면서 지식과 지혜를 서로 관련 있는 개념으로 생각했다. 고대인은 사물의 본질에 관심이 있었다.

철학은 고대인이 가까이에 있는 평범한 것들을 초월한 궁극적 실재, 일상적인 경험들을 정의하고 설명하는 궁극적 실재에 대해 탐구한 데서 비롯되었다. 세 가지 부담이 최초의 철학자들의 생각을 지배했다. 첫째는 '왕정'에 관한 탐색이었고, 둘째는 다양성 속에서의 통일성에 관한 탐색, 셋째는 무질서를 뛰어넘는 질서에 관한 탐색이었다. 이러한 탐색은 한 수준에서는 구별되지만 다른 수준에서는 모두 물질세계에 대한 형이상학적 답변을 찾는 것과 관련된다.

왕정이 의미하는 바는 단어의 본래 의미를 간단히 분석하면 이해할 수 있다. '왕정'(monarchy)이라는 말은 접두사와 어근으로 구성되어 있다. 접두사 '모노'(mono)는 '하나, 단수'를 뜻한다. 더 의미심장한 부분은 '최고, 시작, 뿌리'를 뜻하는 어근 '아르케'(archē)다. 이 말은 'archbishop'(대주교), 'archenemies'(대적), 'archetypes'(원형), 'archheretics'(이단 지도자), 'archangels'(천사장)처럼 영어에서 접두사로 자주 사용된다. 여기서 '아르케'는 '최고, 통치자'를 뜻한다. 'archangel'은 수석 천사 혹은 통치하는 천사, 'archbishop'은 수석 주교 혹은 통치하는 주교다. 정치적 인물로서의 '군주'(monarch)라는 더 나중의 의미는 한 명의 최고 통치자라는 개념에 기댄다.

왕정에 대해 탐구한 고대 철학자들은 만들어지거나 존재하는 만물의 최고 혹은 지배적 실체, 혹은 '아르케'를 찾았다. 아르케를 찾는 것은 사물의 최고 본질(essence)이나 사물의 실체(substance)에 대한 탐구, 현실 세계의 궁극적 '물질'에 대한 탐색이었다.

고대 사상가들이 맞닥뜨린 가장 성가신 문제(오늘날에도 여전히 성가신) 중 하나는 통일성과 다양성 또는 '하나와 다수'의 문제였다. 이는 엄청나게 서로 다른 현실의 징후 속에서 의미를 발견하는 문제였다. 만물은 어떻게 의미 있는 방식으로 서로 어울릴 수 있을까?

오늘날 우리는 입심 좋게 '우주'(universe)를 말한다. 이 우주라는 용어는 통일성(unity)과 다양성(diversity)이라는 두 단어가 얽혀 한 단어로 만들어진 일종의 합성어다. 고등 교육 기관이 '대학'(university)라고 불리는 이유는 이곳에서 우주의 다양한 요소를 연구하기 때문이다.

계몽주의의 이른바 '분석적 방법'(analytical method)은 사실들 간의 논리를 추구할 때 미가공된 세부 사항에서 법칙이나 보편성을 추론해 내었던 이 고대의 탐구를 반영했다. 귀납(관찰하고 데이터 수집하기)과 연역(데이터를 토대로 논리적으로 추론하고 결론 도출하기) 도구를 사용한 것이다. 논리는 다양성에 개념, 일관성 또는 통일성을 부여했다.

칼 세이건(Carl Sagan)은 동명의 텔레비전 시리즈에서 인용한 유명한 책『코스모스』(Cosmos)를, 세계는 '카오스'(chaos)가 아니라 '코스모스'(cosmos)라고 확인하는 것으로 시작한다.[1] 코스모스는 질서 정연하지만 카오스는 그렇지 않다. 카오스는 과학의 가장 큰 적이다. 현실이 궁극적으로 무질서하다면, 과학 자체는 명백히 불가능해진다.

아마 '카오스 물리학'이란 용어를 들어본 적이 있을 것이다. 용어만 보면 카오스를 연구하는 것 같지만 사실은 그 반대다. 카오스 물리학은 현상 이면에 숨어 있는 질서의 패턴을 발견하기 위해 겉으로 보이는 혼돈의 요소를 조사한다. 이를 연구하는 물리학자들은 유동 물질의 운동 역학, 해안의 지형, 눈송이의 구조, 날씨에 영향을 미치는 기류 등을 연구한다. 어떤 면에서 현대 카오스 이론은 고대 철학자들이 우주를 추구했던 일들을 더욱 기술적이고 정교한 방식으로 되풀이하는 것이다.

밀레투스의 탈레스

사람을 이루는 궁극적인 물질이 무엇이냐고 묻는다면, 아마 남자아이들은 "개구리, 달팽이, 강아지 꼬리", 여자아이들은 "설탕, 향신료, 좋은 모든 것"

으로 만들어졌다(19세기 초부터 불린 영미 동요의 노랫말-역주)고 할지 모른다. 이 동요는 재미있을 수 있지만, 성별 간의 실제적 차이를 과학적으로 분석하는 데는 충분하지 않다.

궁극적 실재(reality)란 무엇인가에 대한 탈레스(Thales)의 답변을 보면 그 역시 유치한 동요를 읊조리고 있다고 결론 내리기 쉽다. 그는 모든 것이 '물'이라고 주장했다. 존재하는 모든 것은 물로 구성되었으며, 물이 모든 것의 통일성, 아르케 역할을 한다.

그러나 탈레스를 동화와 신화의 나라로 몰아내기 전에 다시 한번 그를 살펴볼 필요가 있다. 탈레스가 서양 철학의 아버지라고 불리는 이유는 그 자신이 전통적 신화와 시로부터 거리를 두었기 때문이다. 그는 대신 사물의 본성에 대해 과학적인 답변을 찾으려 했다. 탈레스를 진짜 과학을 보는 눈이나 아는 머리가 없는 미개인으로 치부할 수 없다. 그는 레오나르도 다빈치와 아르키메데스(Archimedes)와 견줄 만한, 다음과 같은 다양한 업적을 남긴 르네상스 이전의 르네상스인으로 간주할 수 있다.

탈레스는 강물의 흐름을 바꾸어 공학적인 문제를 해결했다. 그림자의 움직임을 이용해 이집트의 피라미드 높이를 계산하는 방법도 고안했다. 별을 이용한 항해술을 개발했고, 해상 거리를 측정하는 방법을 만들어 냈다. 하지만 최고의 과학적 업적은 기원전 585년 5월 28일에 일어난 일식을 정확히 예측한 것이었다.

탈레스가 쓴 원본은 사라졌지만 고대의 다른 저술가들이 전한 그의 일화, 그의 저술에서 인용한 글귀, 그의 사상에 대해 암시한 내용을 통해 그가 생각한 내용의 일부를 재구성할 수 있다. 우리는 물이 궁극적 실재라는 그의 주장을 온전히 알기 어렵다. 그가 보기에 물은 궁극적 실재로서 그 자체에 몇 가지 요소가 있다. 먼저 고대(및 현대) 과학의 세 가지 위대한 신비는 생명(life), 운동(motion), 존재(being)다. 이 가운데 '존재'는 형이상학에 속하는 문제였다. 탈레스는 자신이 세상에서 관찰한 모든 사물은 무수히 많은 크기, 형태, 색채를 지니며, 모두 고체, 액체, 기체, 이 세 가지 상태로 존재한다는 것에 주목했다.

실재를 단일한 요소로 한정하기 위해 탈레스는 이 세 상태 모두에 나타나는 요소를 찾았다. 그가 분명하게 선택한 것은 액체, 증기, 얼음으로 나타나는 물이었다. 모든 액체는 특정 형태의 물, 모든 기체는 특정 형태의 증기, 모든 고체는 특정 형태의 얼음으로 간주했으리라고 간단히 추측할 수 있다.

그렇다면 생명의 신비에 관해서는 어떻게 생각했을까? 탈레스는 생명체가 물에 의존한다는 사실을 쉽게 알 수 있었다. 그는 물 없이는 오래 살 수 없다는 것은 알았다. 씨앗을 식물로 자라게 하려면 물을 주어야 한다는 것도 알았다. 고대인들은 자신들의 생존을 비의 존재와 가뭄의 부재와 관련지었다.

마지막으로 탈레스는 운동의 문제에 직면했다. 정지해 있는 물체는 외부의 힘이 작용하지 않는 한 정지 상태를 계속 유지하려는 경향이 있다는 '관성의 법칙'에 대한 우리의 이해에 비추어 볼 때 운동의 기원을 어떻게 설명할 수 있을까? 분명한 질문은, 무엇이 외부의 힘이 발생하게 했는가다('부동의 원동자'[unmoved mover]에 대한 탐색은 아리스토텔레스에게서 시작되지 않았다).

이 부분의 퍼즐을 풀기 위해 탈레스에게는 스스로 움직이는 물체가 필요했다. 탈레스는 물활론적인(hylozoistic) 것, 스스로 움직이고 움직일 능력이 있는 어떤 것을 찾았다. 그는 다른 것에 의해 움직이지 않고도 스스로 움직일 수 있는 것이 필요했다. 강물의 흐름과 조수의 끊임없는 움직임을 관찰했을 때, 물은 다시 한번 매력적인 후보가 되었다.

탈레스는 최초의 철학자였지만 결코 마지막 철학자는 아니었다. 그의 이론을 수정하거나 새롭게 다듬으려는 다른 사람들이 뒤를 이었다. 소크라테스 이전의 철학자들은 궁극적 실재의 본질을 어떻게 보느냐에 따라 1) 물질적 일원론(corporeal monism), 2) 비물질적 일원론(incorporeal monism), 3) 물질적 다원론(corporeal pluralism), 4) 비물질적 다원론(incorporeal pluralism), 네 그룹으로 나눌 수 있다. 이는 다시 두 가지 중요한 문제로 압축될 수 있다. 첫째, 궁극적 실재는 물리적(물질적)인가, 아니면 비물리적(비물질적)인가? 둘째, 궁극적 실재는 하나인가(일원론), 아니면 하나 이상인가(다원론)?

궁극적 실재

	일원론	다원론
물질적	1) 물질적 일원론: 궁극적 실재는 물리적이고, 하나만 있다. (탈레스)	3) 물질적 다원론: 궁극적 실재는 물리적이고, 하나 이상 있다. (엠페도클레스, 아낙사고라스)
비물질적	2) 비물질적 일원론: 궁극적 실재는 비물리적이고, 하나만 있다.	4) 비물질적 다원론: 궁극적 실재는 비물리적이고, 하나 이상 있다.

물을 유일한 궁극적 실재로 본 탈레스는 물질적 일원론자였다. 그의 제자였던 아낙시만드로스(Anaximander)는 그러나 실재가 하나의 특정 요소로 압축될 수 있다는 이론을 거부했다. 아낙시만드로스는 좀 더 근본적인 것, 이 세계의 시간과 공간의 경계를 뛰어넘거나 초월하는 것을 찾고자 했다. 그는 모든 것이 비롯되는 무한하고 궁극적인 영역을 찾았다. 그것이 그가 '아페이론'(apeiron), 또는 '비결정적 무한성'(indeterminate boundless)이라고 표현한 것이다. 우리는 이를 '무한'(infinite)이라고 표현할 수 있을 것이다.

아낙시만드로스에게는 아낙시메네스(Anaximenes)라는 젊은 동료가 있었다.

그는 밀레투스의 마지막 철학자로 알려진 인물이다. '무한성'이라는 모호하고 신비한 개념에 만족하지 못했던 그는 탈레스의 관심사와 아낙시만드로스의 관심사를 종합해 철학을 현실로 되돌리려 했다. 그는 구체적이면서도 모든 곳에 퍼져 있는 것을 찾았다. 결국 그가 찾은 것은 '공기'였다. 공기도 물처럼 많은 이점을 지녔다. 희박하거나 응축된 상태가 다양하고, 생명에 필수적이며, 바람이 불 때면 스스로 움직이는 힘이 있는 듯 보였기 때문이다.

피타고라스

소크라테스와 플라톤 이전의 철학자 그룹 중 하나는 플라톤에게 영향을 끼친 것이 틀림없는 피타고라스학파였다.

기하학을 배운 고등학생이라면 누구나 피타고라스의 정리에 관해 들어보았을 것이다. 피타고라스(Pythagoras)는 사모스섬에서 이탈리아 남부로 이주해 그곳에서 수(數)의 이론을 발전시켰다. 그는 숫자가 신비한 의미를 부여하는 수학에 영적이고 종교적인 관심을 가졌다. 그는 '10'을 완전수로 여겼다. 수학 연구에서 형식(형상 또는 본질과 관련한)은 물질보다 더 중요해지고, 지적이거나 영적인 것이 물질적인 것보다 더 중요해진다. 피타고라스와 그의 추종자들에게 수학은 곧 영혼의 문제였다.

피타고라스학파는 음악에 영혼을 치유하는 힘이 있다고 여겨 음악을 높이 평가했다. 그들에게 음악은 '야만적인 짐승을 달래는 것'이었다. 그들은 소리가 수의 비율이나 수학적 비율로 분해될 수 있다고 여기고 조화의 수학을 발전시켰다. 오늘날의 음계는 그들의 통찰력에 기원을 둔다.

피타고라스학파에게는 의학도 수학의 대상이었다. 그들은 오늘날의 생의학이 호르몬 균형에 관심을 보이기에 앞서, 뜨거움와 차가움처럼 몸의 화학적 기능 가운데 서로 반대되는 것들의 균형과 조화를 잘 이루는 관점에서 몸의 건강을 보았다.

피타고라스학파는 천문학에 수학을 적용했다. 그들은 천체의 항로를 그리고 예측해 보려고 '천체의 음악'(harmony of the spheres)을 추구했다. 이는 단순한 사변이 아니었다. 고대인들은 항해를 위해서뿐 아니라, 가장 적합한 시기에 파종하고 수확할 수 있도록 시간(달력)을 측정하기 위해 별에 의존했다.

역사가 증명하듯이 수학은 자연과학의 발전에 중요한 조력자 역할을 해 왔다. 수학 이론의 발전은 코페르니쿠스 혁명, 아이작 뉴턴의 물리학으로 시작된 혁명, 오늘날 핵 과학의 혁명과 같은 몇 차례 혁명을 가져왔다.

소크라테스 이전 철학의 두 거인은 헤라클레이토스와 파르메니데스였다. 어떤 이들은 모든 철학이 플라톤과 아리스토텔레스에게 각주를 단 것에 지나지 않는다고 말했지만, 또 어떤 이들은 플라톤과 아리스토텔레스가 헤라클레이토스와 파르메니데스 철학의 각주에 지나지 않는다고 주장할 수 있다.

헤라클레이토스

헤라클레이토스(Heraclitus)는 본질에 대해 반론을 제기했기에 '현대 실존주의의 아버지'라고 불린다. 그의 사상은 '모든 것은 흐르고 있다'는 뜻의 그리스어 '판타 레이'(Panta rhei)로 요약된다. 헤라클레이토스에 따르면 모든 것은 항상, 어디서나 변한다. 여기서 중요한 철학 개념을 소개하자면, 이 말은 모든 것이 '존재'(being)와 구별되는 '생성'(becoming) 상태에 있음을 의미한다.

헤라클레이토스에게는 무엇이든 항상 변한다. 그는 "같은 강물에 두 번 걸어 들어갈 수 없다"고 선언함으로써 이를 설명했다. 강물에 한 발을 담그고, 다른 발을 담그려 할 때쯤이면 이미 강물은 흘러가고 있다. 강은 변했다. 눈에 보이지 않는 침식으로 강둑이 변했고, 당신 자신도 변했다. 단 몇 초만 더 나이 들었다고 해도 말이다.

그럼에도 변화하는 것은 여전히 '무엇'이다. 실재는 전적으로 다양하지 않으며, 지속적으로 통일성을 유지한다. 헤라클레이토스는 불을 사물의 기본 요소로 생각했는데, 그 이유는 불이 끊임없이 변하기 때문이었다. 불은 끊임없이 공급받으면서, 끊임없이 연기, 열, 재 같은 것들을 방출한다. 불은 항상 '진행 중'이며, 항상 변형되고 있다.

헤라클레이토스는 이 변화의 과정이 혼란스럽지 않고 '신'에 의해 조율된다고 보았다. 내가 신을 따옴표로 묶은 이유는 그에게 신은 인격적 존재가 아니라 비인격적인 힘에 더욱 가깝기 때문이다. 유동(flux, 흐름)은 헤라클레이토스가 '로고스'(logos)라고 부른 보편적 이성(universal reason)의 산물이다. 여기서 우리는 사도 요한이 성육신하신 하나님의 선재성(preexistent)과 영원성을 정의하기 위해 사용했던 '로고스' 개념의 철학적 뿌리를 볼 수 있다. 하지만 단순히 사도 요한의 로고스 사용을 그리스 철학의 로고스 사용과 일치시키거나 동일시하는 것은 심각한 실수가 될 것이다. 왜냐하면 요한은 그 용어를 히브리 사상의 범주로 채웠기 때문이다. 그렇다고 그 용어를 그리스 사상과 완전히 분리하는 것도 똑같이 심각한 실수가 될 것이다.

헤라클레이토스는 '텔로스'(telos)의 원리, 곧 유동적인 만물에 질서와 조화를 가져다주고 다양성에 통일성을 부여하는 목적론 혹은 목적을 찾고자 했다. 그에게 로고스는 모든 것에 깃들어 있는 보편 법칙이었다. 그리고 최종적으로 분석해 본 결과 그것은 대문자 F를 쓴 '불'(Fire)이었다. 그의 체계는 근본적으로는 일종의 범신론이었다.

헤라클레이토스는 만물의 유동성을 탐구하면서 대립의 실체를 설명하려 했고, 그 실체를 서로 반대되는 것들의 충돌에서 찾았다. 불은 상반된 것들이 충돌해 작용하지만 단지 형태만 바뀔 뿐 사라지지 않는다. 이처럼 모든 대립은 궁극적으로 가장 중요한 불, 또는 사물의 로고스에서 해결된다.

파르메니데스

헤라클레이토스와 동시대인이었지만 나이는 그보다 어렸던 파르메니데스(Parmenides)는 엘레아학파(그가 이탈리아 엘레아에서 살았기에 이렇게 이름 붙였다)의 창시자였다. 나는 대학에서 파르메니데스에 대해 처음 들었다. 당시 철학 교수님이 파르메니데스의 유명한 주장, "존재하는 것은 존재한다"(Whatever is, is)를 인용했을 때 나는 웃으면서 무심결에 "그 사람이 유명한가요?"라고 물었다. 참으로 대학 2학년생다운 반응이었다. 나는 파르메니데스가 궤변을 늘어놓았을 뿐이라고 생각했다.

황혼기에 접어들면서, 나는 대학생 때 잠시 즐겼던 전지전능감을 잃어버렸다. 돌이켜보면 철학에서 배운 개념 중 파르메니데스의 '존재하는 것은 존재한다'보다 더 많은 생각을 불러일으킨 개념은 떠오르지 않는다. 그 개념은 존재 자체를 생각하도록 나를 밀어붙였고, 하나님 그분 자신을 생각하도록 내 마음을 넓혀 준 유익한 점이 있었다. 한때 비웃음의 대상이 지금은 나를 거룩한 두려움의 지경으로 몰고 가, 나 자신의 부족함에 떨게 한다.

파르메니데스는 어떤 것이 절대적인 방식으로 존재한다면 그것은 변할 수 없다고 보았다('존재하는 것은 존재한다'). 그것은 동일한 때에 동일한 방식으로 존재하면서도 존재하지 않을 수는 없다. 만일 그것이 '생성되는' 중이라면 그것은 '존재하지 않는다.' 만일 그것이 '존재하지 않는다'면, 그것은 아무것도 아니다. 절대적으로 존재하든지, 아니면 아무것도 아니어야 한다.

이는 궁극적인 철학적 질문을 제기한다. "왜 아무것도 없는 것이 아니라 무엇인가가 있는 걸까?" 실제로 무엇인가가 있다면, 그것은 반드시 있어야 한다. 있지 않다면 아무것도 있을 수 없기 때문이다. 동시에 파르메니데스는 "무(無)로부터는 아무것도 나오지 않는다"(Ex nihilo, nihil fit)는 원리를 이해했다. 아무것도 없는 데서 무엇인가가 나올 수 있다거나 아무것도 없는 것이 무엇인가를 일으킬 수 있다는 생각은 파르메니데스가 터무니없다고 여긴 것이다. 아무것도 없던 때가 있었다면, 명백하게 현재도 아무것도 없을 것이다.

파르메니데스에게 변화는 환상이다. 변화라는 개념 자체는 전혀 상상할 수 없는, 실제로 생각할 수 없는 것이다. 우리가 변화를 생각할 수 없는 이유는 생각할 '그것'이 없기 때문이다. 만일 무엇인가가 변화하고 있다면, 그것은 사실상 '그것'이 아니다. 변화를 생각한다면 무엇이 아닌 관점에서 무엇에 대해 생각해야 하는데, 그것은 불가능하다.

파르메니데스는 아무것도 없는 데서 무엇인가가 나올 수 없을 뿐 아니라, 있는 데서도 무엇인가가 생겨날 수도 없다고 여겼다. 있는 데서 무엇인가가 생겨난다면, 그것은 이미 있는 것이다. 여기서 자기 창조(self-creation) 개념의 어리석음을 볼 수 있는데, 무엇인가는 존재하기 이전에 이미 존재해야 하므로 모든 논리를 거슬러야 하기 때문이다. 무모순의 법칙(law of noncontradiction)은 무엇인가가 동일한 의미로 존재하면서도 동시에 존재하지 않을 수 없다고 선언한다.

그러나 파르메니데스는 불합리한 자기 창조 개념뿐 아니라 암시적으로는 기독교의 창조 개념을 포함한 다른 창조 개념도 부인하고 있음을 유의해야 한다. 기독교의 개념이 자기 창조의 불합리함에 고통받는 것은 아니지만, 그럼에도 어려움이 없는 것은 아니다. 만물이 어떻게 창조되었는가, 창조주의 존재와 피조물의 존재는 어떻게 다른가는 여전히 풀리지 않는 신비로 남아 있다(우리는 그러나 '신비'가 모순과 동의어가 아니라는 데서 안도한다).

교착 상태에 접어든 변화의 문제는 존재와 생성 사이의 어려움을 해결하고자 했던 이후의 사상가들에게 지배적인 질문이 되었다. 이런 교착 상태는 회의주의의 시기에 접어들게 했고, 일부 사람들은 궁극적 실재를 향한 철학적 탐구는 실패할 수밖에 없는 헛고생이라고 결론지었다.

제논

엘레아의 제논(Zeno)은 파르메니데스의 제자였다. 그는 자기 스승에 대한 비판에 답변하는 것을 철학적 과제로 삼았다. '상식적인' 비평가들은 인간의 오감(五感)이 많은 그리고 변화하는 물리적 사물의 외적 실재를 확인해 준다고 주장했다. 감각 지각이 물리적 사물의 실재를 증명한다는 것이다.

제논은 감각이 실재가 아닌 외관(appearance)만을 다룬다는 것을 증명하기 시작했다. 감각이 우리를 쉽게 속일 수 있다는 사실을 증명하기 위해 그는 네 가지 논증 또는 역설을 제시했다. 첫째, 그는 세상을 불연속적인 단위로 나눌 수 있다는 다원론자들에게 답하기 위해 '경마장의 비유'를 들었다. 트랙을 한 바퀴 돌려면 주자는 유한한 순간에 무한한 수의 지점을 통과해야 한다. 주자는 먼저 절반 지점에 도달해야 한다. 그곳에서 끝까지 다시 절반을 달리고, 또 절반을 달리고… 이런 일을 무한히 반복해도 결국 주자는 결승선에 도달할 수 없다.

두 번째 역설은 '아킬레우스와 거북이의 경주'다. 느린 거북이가 기회를 얻어 발 빠른 아킬레우스보다 앞에서 출발한다. 거북이를 이기려면 아킬레우스가 거북이를 따라잡아야 한다. 거북이가 경주를 시작한 시점에 아킬레우스가 도착할 즈음이면 거북이는 이미 앞으로 나아가 있다. 이런 과정이 무한히 계속되어, 아킬레우스는 항상 거북이의 뒤를 쫓지만 결코 따라잡을 수 없다.

세 번째 역설은 '궁수와 화살'이다. 궁수가 쏘아 날아가는 화살은 공중에서 항상 자신의 길이만큼 공간을 차지해야 한다. 하지만 화살이 그 길이만큼 공간을 차지하려면 그 순간 화살이 정지해 있어야 한다. 따라서 화살의 '움직임'은 환상이다.

네 번째 역설은 '운동의 상대성'이다. 제논은 오늘날 사용되는 것과 유사한 용어로 운동의 상대성을 보여 주는데, 이는 운동이 명료하게 정의되지 않았음을 나타낸다.

엠페도클레스

시칠리아의 철학자 엠페도클레스(Empedocles)는 물질과 운동에 대한 제논의 회의주의에 도전했다. 그는 운동의 실재(그리고 운동의 한 형태인 변화)는 너무 명백해 부인할 수 없다고 주장했다. 그는 파르메니데스의 일원론에서 문제점을 발견하고 다원론의 철학으로 반박했다. 그는 실재가 영원하고 불변하는 '입자'(particle)로 구성되어 있다고 주장한 물질적 다원론자였다. 이 입자들은 '존재'를 보유하고 변화하지 않는다. 하지만 이 입자들로 구성된 물체는 그 구성이 변함에 따라 변화한다. 엠페도클레스는 '흙, 공기, 불, 물'이라는 네 가지로 기본 원소(element)를 확인했다(이로 인해 훗날 사상가들은 이 네 가지를 통합하는 초월적인 원소, 즉 다섯 번째 요소를 찾게 되었고, 여기서 진수, 정수[quintessence]라는 말이 만들어졌다). 엠페도클레스는 운동과 변화를 자연에서 각각 반대되는 동등한 힘이 서로를 잡아당기고 밀어내는 개념으로 설명했다. 그는 이 힘들을 사랑과 증오, 조화와 부조화라고 불렀다. 조화를 지배하는 원리는 '세상이 돌아가게 하는' 사랑이다.

아낙사고라스

아낙사고라스(Anaxagoras)는 물질적 다원론을 단 한 번 수정함으로써 소크라테스 이전 시대에 주요한 기여를 했다. 그는 물질세계가 '씨앗' 또는 '스페르마타'(spermata, 종자)라고 불리는 영원한 단위로 구성되어 있다고 보았다. 아낙사고라스의 독특한 관점은 실재가 물질뿐 아니라 정신으로도 구성된다는 것이었다. 그는 물질세계를 구성하는 '씨앗'에 질서와 조화를 부여할 수 있는 합리적 원리를 찾던 중 '누스'(nous)라는 개념을 발전시켰다. 그리스어 '누스'는 '정신'(mind)을 뜻하며, 이 말에서 '정신에 관한'이란 뜻의 영어 형용사 'noetic'이 나왔다. 여전히, 아낙사고라스는 그의 '누스' 개념을 인격적인 창조자나 우주의 통치자라는 생각으로 채우지 않았다. 그의 개념은 더 추상적인, 현실의 목적론적(목적 지향적) 원리인 비인격적인 능력이나 힘이었다.

소크라테스 이전 시대 철학의 발전상에는 데모크리토스(Democritus)의 원시 원자론과 고대 회의주의의 부상이 포함된다. 다음 장에서는 회의주의가 플라톤의 위대한 스승 소크라테스에게 미친 영향을 살펴보려 한다.

최초의 철학자들

	시대 (기원전)	생몰 연대 (기원전)	출생지	주요 거주지	주요 저서
탈레스	6세기			밀레투스, 소아시아	
피타고라스	6세기	570–497	사모스	크로톤, 이탈리아	
헤라클레이토스	6–5세기	540–480		에페수스, 소아시아	『자연에 대하여』
파르메니데스	5세기			엘레아, 이탈리아	『진리의 길과 외관의 길』
제논	5세기			엘레아, 이탈리아	서명 미상
엠페도클레스	5세기	495–435	아크라가스, 시칠리아	아크라가스, 시칠리아	『자연에 대하여』, 『정화』
아낙사고라스	5세기	500–428	클라조메나이, 소아시아	아테네	서명 미상

The Consequences of Ideas

2.

플라톤

현실주의자이자 이상주의자

플라톤(Plato)의 스승 소크라테스(Socrates)의 영향을 먼저 고려하지 않고서는 플라톤의 역사적 의미를 파악할 수 없다. 소크라테스는 아무런 작품을 남기지 않았다. 다만 플라톤의 대화편[1]에 지고한 현자로 자주 등장해, 어디에서 소크라테스가 끝나고 플라톤이 시작되는지 구분하기가 어렵다.

'아테네의 골칫거리'였던 소크라테스는 기원전 470년에 태어났다. 그는 그리스 문화의 황금기에 성장했다. 이 시기에 문학에서는 에우리피데스와 소포클레스가 천재성을 발휘했고, 정치에서는 페리클레스가 영향을 미쳤으며, 건축물로는 파르테논 신전이 세워졌다. 페르시아 전쟁이 끝나고, 이 전쟁에서 승리를 거둔 아테네는 주요 해군 강국으로 떠올랐다.

하지만 아테네의 황금기는 오래가지 못했다. 페리클레스가 부과한 과도한 세금으로 인해 황금 시기는 쇠퇴해 갔으며, 이로 인해 기원전 431년 펠로폰

네소스 전쟁이 발발해 기원전 404년 아테네의 패배로 전쟁이 끝났다. 한편 교육, 경제, 법, 공공사업의 과도한 정치화는 실질적인 사고와 시민적 덕목의 쇠퇴를 초래했는데, 이는 타협과 윤리의 상대화 위에서 번성하는, 민주적 사업의 적이다. 냉소주의와 회의주의가 그리스 문화의 위대함을 약화했다. 궁극적 실재에 관한 탐색은 회의주의와 실용주의에 자리를 내주게 되었다. 이런 새로운 분위기를 기원전 5세기 소피스트들이 구체화해 주었다.

소피스트들

'sophistry'(궤변), 'sophomoric'(아는 체하는), 'sophisticated'(지나치게 기교적인)라는 단어는 고대의 소피스트들(Sophists)로부터 파생했다. 대표적인 소피스트는 고르기아스, 트라시마코스, 프로타고라스, 이 세 사람이었다.

고르기아스(Gorgias)는 급진적 회의주의로 유명하다. 그는 철학에 등을 돌리고 대신 수사학에 관심을 기울였다. 이 학문은 대중 앞에서 사람들을 설득하는 기술에 중점을 두었다. 수사학의 목표는 진실의 전달이 아니라 설득을 통해 소기의 실용적인 목적을 달성하는 것이었다. 이런 의미에서 수사학은 고대에도 오늘날의 광고에서처럼 기능했다.

고르기아스는 진리가 있다는 것을 부인했다. 그는 "모든 진술은 거짓이다"라고 단언했다. 모든 진술이 거짓이라면 '모든 진술은 거짓이다'라는 진술도 거짓이며, 이는 적어도 일부 진술은 참이어야 함을 의미한다는 것이 그를 괴롭히지는 않은 것 같다. 그의 견해는 절대적인 것은 없다고 주장하는(단, 절대적인 것은 없다는 절대적인 것을 제외하고는!) 오늘날 상대론자들의 견해와 다르지 않다. 그는 아무것도 존재하지 않는다는 전제 위에 자신의 공리를 두었다. 하지만 그는 어떤 것이 존재한다면, 그것은 알 수 없거나 이해할 수 없다고 말함으로써 자신의 단언을 피해 갈 여지를 남겨 두었다. 어떤 것이 존재하고 또 그것을 알 수 있다 하더라도, 그것은 여전히 소통할 수 없는 상태로 남아 있다고 그는 주장했다.

수 세기 후 데이비드 흄의 회의주의가 이마누엘 칸트를 깨운 것처럼, 고르기아스를 비롯한 이들의 견해는 소크라테스를 '독단의 잠'(dogmatic slumber)에서 깨어나게 했다. 소크라테스는 진리의 죽음은 미덕의 죽음을 의미하고, 미덕의 죽음은 곧 문명의 죽음을 의미함을 깨달았다. 진리와 미덕이 없다면 야만으로 귀결될 수밖에 없다.

『국가』(The Republic)[2]에서 플라톤을 돋보이게 하는 인물로 등장하는 트라시마코스(Thrasymachus)는 정의를 추구하는 것을 공격하는 소피스트다. 트라시마코스에 따르면, 범죄하면 대가를 치른다는 것을 깨달은 불의한 사람은 부도덕하기는커녕 탁월한 지성을 가진 탁월한 인간이다. 여기서 트라시마코스는 프리드리히 니체의 '초인'을 예견한다. 정의란, 트라시마코스에 따르면 스스로를 주장할 의지가 부족한 나약한 사람을 위한 개념이다. 진정한 지배자의 경지에 오른 사람은 불의를 선호하는 사람이다. 여기에는 복수와 함께 '힘이 옳다'는 철학, 야만의 철학이 있다. 카를 마르크스를 예견하면서, 트라시마코스는 법을 지배 계급의 기득권이 반영된 것 이상으로 보지 않았다.

오늘날의 역사가들은 아마도 아테네에서 가장 영향력 있는 소피스트였을 프로타고라스(Protagoras)를 '고대 인본주의의 아버지'로 자주 묘사한다. 그의 유명한 격언 '호모 멘수라'(Homo mensura)는 "인간이 만물의 척도", 즉 "존재하는 것에 대해서는 존재의 척도고, 존재하지 않은 것에 대해서는 비존재의 척도"라는 선언이다. 물론 성경의 관점에서 보면 최초의 인본주의자라는 영예는 프로타고라스에게 있지 않다. 그 영예는 사실 사람이 아니라 "너희가 … 하나님과 같이 되어"(창 3:5)라는 말을 남긴 뱀에게 주어졌다.

프로타고라스에게 지식은 사람에게서 시작되고 사람에게서 끝난다. 인간의 모든 지식은 우리의 지각에 국한되며, 지각은 사람마다 제각기 다르다. 객관적 진리란 가능하지 않으며 바람직하지도 않다. 궁극적으로(궁극적인 것이 있다면), 외관과 실재 사이에는 식별할 만한 차이가 존재하지 않는다. 지각이 곧 실재다. 따라서 어떤 것이 어떤 사람에게는 진실일 수 있고 다른 사람에게는 거짓일 수 있다.

물론 이는 기호(preference)와 관련해서는 사실이다. 나는 초콜릿 아이스크림을 좋아할 수 있고, 다른 사람은 바닐라 아이스크림을 좋아할 수 있다. 그러나 프로타고라스는 기호의 주관적 측면을 넘어서 모든 현실을 기호로 환원한다. 그러면 진실과 오류를 구별할 기준이나 규범이 존재하지 않기 때문에 과학적 지식이 명백히 불가능해진다. 만약 당신이 2 더하기 2는 5와 같다고 믿는 것을 좋아한다면, 당신은 그럴 수 있다.

3인의 소피스트

	시대 (기원전)	생몰 연대 (기원전)	출생지	주요 거주지	주요 저서
고르기아스	5세기		레온티니, 시칠리아	아테네	『비존재에 관하여』
트라시마코스	5세기		그리스		플라톤의 『국가』 제1권
프로타고라스	5세기	490-420	아브데라	에페수스, 소아시아	플라톤의 『프로타고라스』

프로타고라스는 윤리도 단지 기호의 문제라고 주장한다. 도덕 규범은 관습이나 관례일 뿐, 결코 실제로 옳거나 잘못된 것이 아니다. 악덕과 미덕의 구분은 특정 사회가 무엇을 더 좋아하고 덜 좋아하느냐에 달렸다. 로마의 세네카(Seneca)는 악덕이 사회의 관습이 되거나 관례로 받아들여지면 제거하기가 거의 불가능하다고 말할 것이다.

프로타고라스는 형이상학과 신학에도 동일한 방식으로 접근한다. 그는 일부 사람들이 종교를 선호하며 종교가 그들에게 좋다는 점을 인정하면서도 이렇게 말한다. "신들에 관해서, 나는 그들이 존재하는지 존재하지 않는지, 어떤 형태로 존재하는지 알 수 없다. 대상의 모호함과 인생의 유한함 등 그들을 아는 데 방해하는 요소가 많기 때문이다."

소크라테스

이 같은 소피스트들의 환경 속으로 소크라테스가 발을 들여놓았다. 그는 문명이 무너지는 모습을 가만히 지켜볼 수 없었고, 진리 탐구도 결코 포기할 수 없었다. 소크라테스를 가리켜 서구 문명의 구원자라고 부르는 이들도 있다. 소크라테스는 지식과 미덕이 서로 분리될 수 없음을 깨달았다. 그래서 미덕은 올바른 지식이라 정의될 수 있었다. 올바른 생각과 올바른 행동은 서로 구별될 수 있지만, 결코 분리될 수는 없었다.

소크라테스는 진리를 발견하는 방법으로 대화를 사용했다. 그는 플라톤의 초기 대화편에 나오는 주인공이다. 학자들은 대화편에 묘사된 소크라테스가 실제 역사적 인물인지, 아니면 플라톤이 자신의 사상을 표현하기 위해 애용한 순전히 가상의 인물인지를 두고 논쟁한다. 그러나 어떤 경우라도 소크라테스가 이른바 '소크라테스식 문답법'을 창안했다는 점에는 의심의 여지가 거의 없다.

진리를 식별하기 위한 소크라테스식 문답법이란 도발적인 질문을 던지는 것이다. 각 질문이 당면한 문제를 더 깊이 파고들수록 기존의 전제가 도전받는다. 소크라테스는 지식을 얻으려면 먼저 자신의 무지를 인정할 수 있어야 한다고 확신했다. 무지를 인정하는 것은 지식의 목적이 아니라 시작이었다. 인정은 지식의 시작이지 결코 지식의 목표나 끝이 아니다. 이는 곧 배움의 필요조건이다. 소크라테스에게 지식은 회의주의자들에게와는 달리 배움을 통해 얻을 수 있는 것이었다.

소크라테스는 명확한 정의(definition)를 집요하게 추구했다. 이것이 참된 배움과 정확한 의사소통에 필수적이었기 때문이다. 예를 들어 소크라테스는 정의(justice)를 정확히 정의하기는 어려워도, 그러한 것이 존재한다고 믿었다. 계몽주의를 예견한 소크라테스는 사실들의 논리를 추구하는 분석 방법을 사용했다. 그에게 논리는 사실들이 모두 사라지고 난 후에도 남는 것이다. 그는 "장미가 지고 난 후에도 아름다움은 남아 있다"고 말했다. 그는 구체적인 것을 관찰함으로써 얻을 수 있는 보편적인 것을 추구했다.

소크라테스는 철학의 대의를 위해 죽었다. 도덕과 관습 문제에 대해 끊임없이 질문하는 그를 아테네 시민들은 의심했다. 그가 귀족 계급 젊은이들의 행동에 도전했다는 점에서 특히 그랬다. 소크라테스의 제자 중 한 명이었던 알키비아데스가 스파르타 사람들에게 아테네의 비밀을 누설했다. 그 결과 소크라테스는 반역자들의 스승으로 간주되어 재판에 회부되었다. 그는 아테네의 신들을 숭배하지 않고, 이상한 종교적 관습을 조장했으며, 도시의 젊은이들을 망친다는 이유로 고발당했다. 기소자는 사형을 구형했다. 소크라테스는 도피 수단으로 타협을 택하는 대신 처형 수단인 독배를 마시는 길을 택했다. 그의 극적 최후는 플라톤의 대화편 『파이돈』(Phaedo)[3]에 기록되어 있다.

소크라테스의 제자, 플라톤

플라톤은 기원전 428년 아테네에서 태어나 80세에 세상을 떠났다. 전해지는 이야기에 따르면 '플라톤'이라는 이름은 '넓은 어깨'를 의미한다고 한다. 그가 젊은 시절 레슬링 선수로서 기량을 발휘했을 때 붙은 별명이다. 소크라테스를 만나기 전에 그는 시(詩)에 관심이 있었다. 시에 대한 관심은 그의 후기 작품에도 잘 반영되어 있다. 플라톤은 20대 때 소크라테스 밑에서 수학했고, 스승이 죽자 아테네를 떠나 해외를 두루 여행하다가 피타고라스학파를 만났다. 전설에 의하면, 그가 시칠리아에 있을 때 납치되어 노예 시장에 팔리게 되었는데 한 친구의 도움으로 다시 아테네로 돌아올 수 있었다고 한다. 그는 40세에 아카데메이아(Academy)를 세워 유명해졌다.

아테네의 귀족이었던 플라톤의 아버지는 아테네의 초기 왕들의 후손이었다. 플라톤은 한 후원자로부터 아테네 외곽의 '아카데메이아' 땅을 받았다. 올리브나무 숲에 위치한 아카데메이아에서 '학회'(groves of academe)라는 표현이 유래되었다.

아카데메이아의 입구에는 "기하학자 외에는 여기에 들어오게 하지 말라"는 글귀가 적혀 있었다. 현대의 관찰자에게 이는 아카데메이아가 수학만 가르친 곳이었으리라는 인상을 준다. 하지만 플라톤의 진정한 열정은 철학에 있었다. 기하학과 철학의 연결 고리는, 수학과 철학이 물리학 또는 재료과학과 구별되는 (형상 또는 본질과 관련된) 형식과학으로 간주될 수 있다는 것이다. 플라톤은 수학 그리고 수학의 추상적 형태에 예리한 관심을 유지했다. 이는 그의 사상의 핵심이 되는 문제였다.

플라톤의 정교한 철학 이론의 중심에는 현상을 구원하려는 열망이 있었다. '현상'(phenomena)은 우리 감각에 명백하거나 분명한 것을 말한다. 과학의 임무는 실재를 설명하는 것이다. 과학의 패러다임은 관찰된 실재를 좀 더 정확하고 포괄적으로 설명하는 쪽으로 바뀐다. 따라서 '현상을 구원'한다는 것은 최소한의 변칙으로 현실을 설명하는 이론을 구축하는 것이다. 변칙은 패턴에 맞지 않거나 현재의 모델 혹은 패러다임으로 설명할 수 없는 데이터다. 변칙이 너무 심하거나 많아지면 패러다임은 전환될 수밖에 없다. 현상을 구원하려는 플라톤의 열정은 과학의 철학적 토대를 구축하는 데 도움을 주었다.

플라톤의 종합

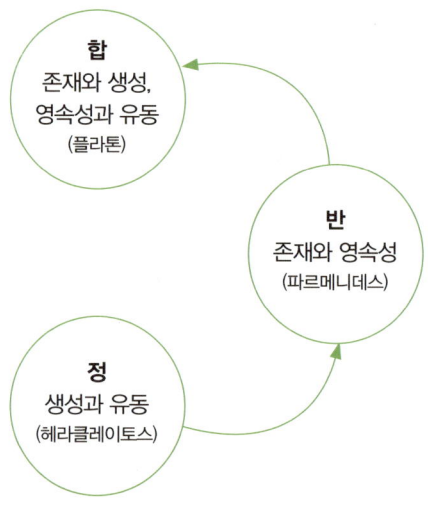

플라톤의 패러다임은 파르메니데스와 헤라클레이토스 사이의 긴장, 곧 유동과 영속성, 존재와 생성 사이의 긴장을 해소하기 위해 고안되었다. 후기 헤겔의 변증법 용어를 사용해 말한다면, 우리는 헤라클레이토스의 사상(생성과 유동)은 '정'(thesis), 파르메니데스의 사상(존재와 영속성)은 '반'(antithesis)이라 할 수 있다. 플라톤은 포괄적 관점이 요구되는 변증법의 양극인 변화와 영속성을 모두 설명하고 존재와 생성을 모두 포함하는 '합'(synthesis)을 추구했다.

관념론

플라톤이 현실주의자이자 이상주의자였다면 학생들은 다소 혼란스러워한다. 오늘날 이 둘은 서로 반대 의미로 사용되기 때문이다. 이상주의자는 현실의 냉혹한 측면을 무시하고 세상을 온통 장밋빛으로만 보려 한다. 현실주의자는 숭고한 이상을 편견 어린 시선으로 보고 삶의 흠과 결함에만 초점을 맞춘다.

하지만 이상주의자와 현실주의자라는 말을 플라톤에게 적용할 때는 다른 점이 보인다. 그는 '관념'(*Idea*, 이데아)에 중심 의미를 두었기에 이상주의자였고, 관념이 순전히 정신적 구조물이나 이름(*nomina*)이 아니라 실제 개체라고 주장했기에 현실주의자였다.

플라톤은 서로 다른 두 세계를 착안했다. 근원적 세계 혹은 실재의 영역은 관념의 세계다. 이 형이상학적 영역은 물질적 영역 너머 또는 뒤에 존재한다. 플라톤에게 관념의 세계는 실제적일 뿐 아니라 물리적 대상의 세계보다 더 '실제적이다.'

플라톤에게 관념의 영역은 참된 지식의 영역이다. 물리적 대상의 영역은 단순한 의견의 영역이다. 그의 유명한 동굴의 비유가 이를 잘 보여 준다. 플라톤은 『국가』에서 어렸을 때부터 죄수처럼 동굴 안에서 살아온 사람들에 관한 가상의 이야기를 들려준다. 그들은 묶여서 움직일 수 없다. 시야는 그들 바로 앞의 벽면으로 제한되어 있다. 그들 뒤에서는 사람들이 높은 데서 나무, 돌, 기타 다른 재료로 만든 물건들을 나른다. 불빛이 죄수들이 바라보는 벽에 사람들의 그림자를 드리운다. 죄수들은 사람들의 목소리를 듣고 그 목소리가 그림자에서 나온다고 생각한다. 사실 그들은 유일하게 그림자를 통해 실재를 인식한다.

그리고 나서 플라톤은 만일 죄수들 중 한 명이 풀려나 불빛을 향해 걸어 나가게 된다면 무슨 일이 일어날지 묻는다. 오랜 세월 묶여 있었기에 그는 걷는 것 자체가 고통스러울 것이다. 타오르는 불빛이 눈도 아프게 할 것이다. 실제 대상을 보는 것이 그림자를 보는 것보다 더 고통스럽기 때문에, 그는 익숙한 자리로 돌아가 익숙한 그림자만 바라보려 할 것이다.

죄수가 동굴 밖으로 끌려 나와 한낮의 태양 아래 서게 되었다고 가정해 보자. 눈의 고통은 더욱 심해질 것이다. 하지만 곧 햇빛에 익숙해져 사물을 선명히 볼 수 있게 될 것이다. 이로써 그는 크게 깨달을 것이다. 그러나 그가 동굴로 돌아가 실재에 대해 새롭게 이해한 바를 설명하려 하면, 그는 아마 놀림 받을 것이다. 플라톤은 "죄수들은 자신들을 사슬에서 풀어 밖으로 끌고 나가려는 사람에게 손을 댈 수 있다면, 아마도 그를 죽일 것이다"라고 말했다. 이 말은 그가 사랑한 스승, 소크라테스의 운명을 암시하는 것이기도 하다.

플라톤에게, 물질세계에 국한된 지식은 잘해야 단순한 의견이고 최악의 경우 무지다. 교육의 임무는 사람들을 어둠에서 빛으로, 동굴과 그림자에서 한

낮의 태양 아래로 인도하는 것이다. 라틴어 '에두카레'(*educare*)는 이 과정을 설명하는 용어다. 이 단어의 어근 '두케레'(*ducere*)가 '이끌다'를 의미하므로 이 단어는 근본적으로 '-로부터 이끌어 내다'를 의미한다. 우리는 '지도자'를 뜻하는, 베니토 무솔리니(Benito Mussolini)의 호칭 '두체'(*Il Duce*)를 기억한다.

플라톤은 사람들이 관념의 세계와 물리적 대상의 세계라는 서로 다른 두 세계에 살고 있는 것을 보았다. 그는 물질적 대상을 어떤 것을 받거나 포함하는 '수용체'(receptacle)라고 불렀다. 물리적 대상에는 관념이나 형상(form)이 담겨 있다. 형상은 대상(object)과 구별된다. 형상은 사물의 본질의 원인이 된다. 이런 의미에서 물질적 대상은 이상적인 형상에 참여하거나 모방한다. 그러나 그것은 기껏해야 이상적인 형태의 모방, 그것도 불완전한 모방일 뿐이다.

형상과 재료, 관념과 수용체 사이의 관계에 대한 이 같은 개념은 모든 물질적인 것은 본질적으로 불완전하다는 그리스인의 관점의 중심에 있으며, 이는 필연적으로 물리적인 것에 대한 폄하로 이어졌다. 물리적 실재에 대한 이런 부정적 견해는 이후 기독교 신학에 많은 영향을 끼쳤다.

회상 이론

플라톤의 존재론(존재[being]의 본질에 관한 이론)은 그의 인식론(앎[knowing]의 본질에 관한 이론)에 큰 영향을 미쳤다. '회상 이론'(theory of recollection)은 '기억 이론'이라고도 한다. 회상이나 기억은 모두 기억하거나 회상하는 행위를 포함한다.

이런 견해를 이해하기 위해 다음과 같은 질문을 해 보자. 의자를 생각할 때 어떤 개념이나 생각이 떠오르는가? 나무 등받이가 달린 나무 의자? 접이식 금속 의자? 아니면 푹신한 소파? 흔들의자? 이것들은 우리가 '의자'라고 부르는 매우 다양한 물건의 몇 가지 예에 불과하다.

의자의 공통된 특징이나 본질을 어떻게 정리할까? 의자를 단지 '앉는 물체'라고 말할 수 있을까? 아마 그렇지 않을 것이다. 우리는 의자가 아닌 물체 위에도 앉는다. 의자와 소파, 의자와 벤치, 의자와 스툴 사이에는 차이가 있다. 우리는 의자에 다리가 네 개 있다고 말할 수 있지만 그보다 다리 수가 더 적은 의자도 있고, 더 많은 의자도 있다. 흔들의자는 엄밀히 말해 다리가 없다.

플라톤조차도 때로 사물을 정확하게 정의하는 것이 어렵다는 것을 알았다. 인간에 대해 정확한 정의를 내리는 과정에서, 그는 잠시 '깃털 없는 두 발 동물'이라는 정의에 만족했다. 그러자 그의 제자 중 한 명이 깃털을 다 뽑은 닭에 '플라톤의 인간'이라는 푯말을 써 붙이고 벽 뒤에 숨어서 그 닭을 플라톤 앞으로 내던졌다.

플라톤은 관념 세계에는 의자의 완전한 개념, 또는 '의자성'(chairness)이 존재한다고 주장했다. 우리의 영혼은 이미 관념 세계에서 이상적인 의자에 대한 지식을 가지고 나온다. 그 지식은 영혼의 감옥인 육체에 의해 가려져 있지만 없어지지는 않는다. 몸은 영혼이나 마음이 사로잡혀 있는 동굴이다. 물리적 세계에서 우리가 인식하는 의자는 이상적인 의자의 그림자 혹은 불완전한 모방품이다. 우리는 의자가 우리의 마음에 내재해 있는 완벽한 의자성에 근접할 때에만 의자를 의자로 인식한다.

여기서 음란물을 정의하려 했던 미 대법원의 시도를 떠올리게 된다. 당시 한 판사는 "음란물을 정의할 수 없을지 몰라도, 보면 알 수 있다"고 말했다.

마찬가지로, 우리는 의자를 정확하고 철저하게 정의할 수 없을지 몰라도, 보면 알 수 있다. 플라톤은 이를 이상적인 의자나 의자성 개념의 수용체나 불완전한 모방품인 물리적 의자를 보면 의자의 완벽한 개념에 대한 우리의 기억이 자극받는다고 설명할 것이다. 그래서 우리는 그것을 '의자'라고 부른다.

플라톤은 여러 대화편에서 이 주제를 발전시켰다. 『메논』(Meno)[4]에서 소크라테스는 교육받지 못한 한 젊은 노예에게 피타고라스 정리를 설명한다. 소크라테스는 젊은이에게 올바른 질문을 던져, 그가 영혼이나 정신 가장 깊은 데서부터 형식적인 진리(formal truth)를 떠올리게 한다.

플라톤은 지식이 경험(후험적[a posteriori])이 아니라 이성(선험적[a priori])에서 나온다고 보았다. 궁극적 관념은 타고나는 것이며, 경험으로 발견되지 않는다. 감각이 할 수 있는 최선은, 이미 알고 있는 것에 대한 의식을 깨우는 일이다. 최악은 감각이 마음을 잘못 인도하는 것이다. 가르치는 일은 일종의 산파술로, 교사는 학생이 이미 존재하는 관념을 낳을 수 있도록 도울 뿐이다.

플라톤은 마음을 가장 중요시했다. "기하학자 외에는 여기에 들어오게 하지 말라"는 말을 붙여 놓은 것도 놀랄 일이 아니다. 플라톤에 따르면 마음 또는 영혼은 이성, 정신, 욕망, 이 세 가지 요소로 구성되어 있다. 이성은 가치나 목표에 대한 인식을 포함한다. 정신은 이성의 충동에 따라 행동을 추진하려 한다. 욕망은 육체적인 충동을 뜻한다. 정신이 욕망과 반대될 때 도덕적 갈등을 경험한다. 마치 우리를 서로 반대 방향으로 끌어당기는 말과 같다. 선한 삶이나 덕스러운 삶은 관조적인 이성에 의해 가능하다.

진정한 철학자는 경험적이고 감각적인 지식에 만족할 수 없다. 그런 지식은 이상적인 지식이 아니라 의견이라는 어렴풋한 지식, 즉 동굴의 지식이다. 진정한 철학자는 사물의 본질, 곧 이상에 도달한다. 이상적인 지식은 소피스트들의 피상성과 물질주의자들의 회의주의를 뛰어넘는다. 플라톤은 보편적인 것을 추구했으며, 구체적인 것들을 나열하는 것으로 만족하지 않았다. 어떤 대상이 아름답거나 덕스럽다는 것을 분별했다면, 그는 그 대상의 배후에 있는 아름다움과 미덕의 본질을 발견한다. 완벽한 선의 관념에 참여하거나 이를 모방하는 한해서만 선한 것이다. 이러한 이상이 곧 플라톤의 신이었다.

플라톤 이래로 철학은 관념의 형이상학적 지위, 형상과 물질의 관계, 마음과 감각의 관계와 씨름하는 것을 결코 멈추지 않았다.

The Consequences of Ideas

3.

아리스토텔레스

'철학자'

철학도들이 '철학자'(the philosopher)라고 말하면, 그룹 모두가 아리스토텔레스를 가리키는 것으로 알아듣는 것은 우연이 아니다. 아리스토텔레스는 그가 한 작업의 방대한 범위와 깊이로 인해 '철학자'라는 칭호를 얻었다. 그는 형이상학은 말할 것도 없고 논리학, 수사학, 시, 윤리학, 생물학, 물리학, 천문학, 정치학, 경제학, 미학, 해부학 등 다양한 주제를 가르쳤다.

아리스토텔레스는 기원전 384년에 트라키아에서 태어났다. 아버지는 마케도니아 왕의 주치의였다. 아리스토텔레스는 17세에 아테네에 갔다. 그리고 플라톤의 아카데메이아에 등록해 그곳에서 20년 동안 수학했다. 플라톤의 지도를 받으며 두각을 나타낸 아리스토텔레스는 아마 다른 학생들의 질투와 시기를 샀을 것이다. 그는 가장 유명한 아카데메이아 졸업생이었음에도 플라톤의 후계자 자리에서 두 번이나 밀려났다. 그는 아마도 이렇게 학계의 첫 번째 정치적 희생자가 되었을 것이다.

기원전 347년경 아리스토텔레스는 아테네를 떠나 트로이 근처의 아소스로 갔다. 그는 아소스 왕의 궁정에서 3년을 지내면서 왕의 양녀와 결혼했다. 그와 아내가 아테네로 돌아왔을 때 아내가 죽고 말았다. 그는 다시 헤르필리스라는 여인과 결합해 아들 니코마코스를 낳았다(아리스토텔레스의 『니코마코스 윤리학』[*Nicomachean Ethics*][1]은 그의 이름을 딴 것이다).

기원전 342년, 아리스토텔레스는 마케도니아 왕 필리포스 2세에게 소환되어 왕의 아들인 알렉산드로스의 개인 교수로 임명되었다. 이 관계는 당시 지중해 세계뿐 아니라, 역사를 통해 서구 문명에도 지대한 영향을 미쳤다. 아리스토텔레스의 스타 제자 알렉산드로스는 철학자가 아니라 군사 지도자로서 뛰어난 면모를 과시했다. 알렉산드로스 대왕은 스승인 아리스토텔레스에게서 통합을 향한 열정을 배웠다. 그의 군사적 정복은 고대 세계에서 그리스어를 공용어로 결합된 통일된 문화를 창건하려는 그의 열망의 발로였다. 이같은 헬레니즘화가 팔레스타인까지 확장되었기에 신약 성경은 히브리어나 라틴어가 아닌 그리스어로 기록되었다.

알렉산드로스는 지식 습득에도 또한 관심이 있었다. 어떤 이들은 미국의 우주 프로그램 이전에 정부가 가장 많은 자금을 지원한 과학 탐사대가 알렉산드로스의 군사 탐사대와 관련 있다고 주장한다. 사실상 과학자들의 군대였던 그 탐사대는 동식물을 채집하고 그 표본들을 분류하고 분석한다는 명확한 목적하에 행진했다.

기원전 334년 아리스토텔레스는 다시 아테네로 와 자신의 학교 리케이온(Lyceum)을 세웠다. 이 학교는 나무로 뒤덮인 산책로인 페리파토스(Peripatos)로 유명했다. 아리스토텔레스는 이 산책로를 거닐며 뒤따라오는 학생들에게 강의를 하곤 했다. 이로 인해 리케이온에는 '돌아다니는 학교'(peripatetic school, 소요학파)라는 별칭이 붙었다. 길을 거닐면서 가르치는 이 방법은 후에 다른 사람들도 모방했는데, 가장 유명한 예가 나사렛 예수다. 예수의 제자들은 문자 그대로 그를 '따랐다.'

아리스토텔레스는 13년 동안 리케이온을 관장하면서 과학 연구와 저술 활동에 몰두해 방대한 양의 기록을 남겼다. 기원전 323년 알렉산드로스 대왕이 사망하자 반마케도니아 정서가 격렬히 일어났고, 알렉산드로스의 스승이었던 아리스토텔레스도 이 정서에 휩싸였다. 소크라테스처럼, 그도 불경죄로 기소되었다. 그는 칼키스로 도망쳤고 그곳에서 1년 뒤에 자연사했다.

논리학

아리스토텔레스의 이름을 들으면 우리는 흔히 '아리스토텔레스의 논리'를 먼저 떠올린다. 아리스토텔레스 시대 이후 좀 더 보완되고 수정된 논리 체계들이 개발되었지만, 그는 형식 논리의 기초를 닦았다.

콜럼버스가 아메리카 대륙을 '발명'하지 않은 것처럼, 아리스토텔레스는 논리를 발명하지 않았다. 아리스토텔레스가 한 일은 논리학을 정의하고 그 기본을 제시한 것이다. 어떤 의미에서 그는 논리학을 식물학, 물리학, 화학, 이 외 많은 분야와 같은 고유한 탐구 분야를 가진 별도의 과학으로 보지 않았다. 오히려 논리학을 모든 과학의 방법론적 원칙 또는 도구로 보았다.

방법론적 원칙으로서 논리학은 다른 모든 과학에 필요한 최고의 도구다. 그것은 과학이 가능하기 위한 필요조건이기도 하다. 논리는 이해 가능한 담론에 필수적이기 때문이다. 비논리적인 것은 이해할 수 없다. 이해할 수 없을 뿐 아니라 이해될 수도 없다. 비논리적인 것은 질서가 아닌 혼돈이다. 그리고 절대적 혼돈은 질서 정연한 방식으로 알 수 없으므로, 지식이나 과학이 명백히 불가능해진다.

논리 자체는 물질적 내용이 없으며, 이런 점에서 논리는 기호 논리학의 한 형태라 할 수 있는 수학과 매우 유사한 형식 과학으로 볼 수 있다. 논리는 진술이나 명제 사이의 관계를 측정하거나 분석한다. 논리는 삼단논법의 결론이 타당하거나 타당하지 않음을 보여 줄 수 있다. 논리는 결론이나 주장이 참인지 아닌지를 결정하지 않는다. 논증은 참이나 거짓이 아니라, 타당하거나 타당하지 않다. 진술은 참이거나 거짓일 수 있지만, 한 진술과 다른 진술의 관계는 타당하거나 타당하지 않다.

아리스토텔레스는 무모순의 법칙을 비롯한 논리학의 기본 법칙에 관해 썼다. 논리학의 주요 원칙은 무모순의 법칙이다. 이는 무엇인가가 동일한 의미나 관계로 존재하는 동시에 존재하지 않을 수 없는 것이다. A는 동시에 동일한 관계에서 A와 −A(A가 아님)로 있을 수 없다. 우리는 동일한 주제에 대해(긍정으로든 부정으로든) 많은 것을 서술할 수 있지만, 그 주제의 반대를 서술할 수는 없다. 예를 들어, 우리는 "그 사람은 키가 크다, 키가 작다, 부자다, 가난하다, 나이 들었다, 젊다, 형제다, 아들이다, 아버지다" 등으로 말할 수 있지만, "그 사람은 사람이 아니다"라고 말할 수는 없다. 마찬가지로, 어떤 사람에 대해 그가 "아버지인 동시에 아들이다"라고 말할 수 있지만, 동일한 관계에서는 그렇게 말할 수 없다. "나는 내 할아버지다"(I am my own grandpa)라는 대중적인 노랫말과 달리, 나는 내 생물학적 할아버지가 될 수 없다.

아리스토텔레스가 논리학의 법칙을 공식화할 때 그가 사물에 대한 우리의 생각뿐 아니라 우리가 생각하는 사물의 존재에도 관심을 가졌음을 이해하는 것이 중요하다. 아리스토텔레스는 결국 플라톤의 철학을 거부했지만, 확실히 생각과 실재 간의 관계에 관심을 가졌다.

우리는 논리학을 '형식' 과학이라 부르지만, 아리스토텔레스에게 논리학은 결코 형식적인 것이 아니었다. 진리에 대한 그의 관심은 곧 실재에 대한 관심이기도 했는데, 이 둘은 서로 나뉠 수 없기 때문이다. '진리'를 뜻하는 그리스어 '알레테이아'(alētheia)는 무엇보다 '실상'을 의미한다. 아리스토텔레스에 따르면 논리학의 법칙은 모든 현실에 타당하기 때문에 모든 과학에 적용된다.

이것은 합리적인 모든 것이 현실이라는 말은 아니다. 우리는 논리적이지만 현실과 일치하지는 않는 관념을 생각해 낼 수 있다. 예를 들어, '유니콘' 개념 자체는 비논리적이지 않지만, 유니콘은 현실에 존재하지 않는다. 하지만 현실에 존재하는 모든 것은 합리적이다. 비논리적인 것은 현실에 존재할 수 없다. 현실에 유니콘이 아닌 유니콘은 존재할 수 없다. 이것은 사람들이 무모순의 법칙을 결코 어기지 않아서 비논리적 사고에 결코 빠지지 않는다는 말이 아니다. 이런 일은 자주 발생한다. 하지만 우리가 이런 식으로 생각하기 시작할 때, 그 시점에서 우리는 현실과 접촉이 끊기게 된다.

예를 들어, 움직일 수 없는 물체라는 개념은 완벽하게 논리적이다. 저항할 수 없는 힘이라는 개념도 마찬가지다. 논리적이지 않은 것은 움직일 수 없는 실제 물체와 저항할 수 없는 실제 힘이 공존한다는 생각이다. 이 둘은 현실 세계에 동시에 존재할 수 없다. 저항할 수 없는 힘과 움직이지 않는 물체가 서로 만난다면 어떤 일이 벌어질까? 어떤 것은 양보해야 할 것이다. 저항할 수 없는 힘이 움직일 수 없는 물체를 움직인다면, 움직일 수 없는 물체는 실제로는 움직일 수 있다. 움직일 수 있다면 동시에 동일한 관계에서 움직이지 않을 수 없다. 반면 움직일 수 없는 물체가 움직이지 않는다면, 저항할 수 없는 힘은 실제로는 저항할 수 있다. 동시에 동일한 관계에서 힘은 저항할 수 있으면서 저항하지 못할 수 없다. 다시 말해, 현실은 그 자체로 움직일 수 없는 것과 저항할 수 없는 것을 포함할 수 있지만, 절대적으로 움직일 수 없는 것과 절대적으로 저항할 수 없는 힘을 모두 포함할 수는 없다.

아리스토텔레스에게 무모순의 법칙은 사고의 법칙일 뿐 아니라 존재의 법칙이기도 하다. 사실 무모순의 법칙은 먼저 존재의 법칙이 되기 때문에 정확히는 생각의 법칙이다. 숫자 5가 홀수인 동시에 짝수라고 말할 수는 있지만, 두 개념은 상호 배타적이기 때문에 홀수인 동시에 짝수일 수는 없다. 우리는 둘 다라고 말할 수는 있지만, 둘 다라고 명료하게 생각할 수는 없다.

범주

우리가 사물에 대해 생각하는 방법을 정의하면서, 아리스토텔레스는 '범주' 개념을 발전시켰다. 이는 언어를 이해하고 지식을 얻는 데 필수적이다. 지식은 현실 세계에 있는 대상에 대한 특정 의식을 뜻한다. 우리는 대상에 이름을 붙이거나, 단어를 사용해 대상을 설명한다. 관념에는 단어가 포함된다.

예를 들어, 생물학에는 분류학이라는 하위 부문이 있다. 생물학적 개체는 계(界), 문(門), 강(綱), 목(目), 과(科), 속(屬), 종(種)으로 구분된다. 우리는 동물계와 식물계를 구분한다. 동물계에서는 다시 포유류와 파충류, 척추동물과 무척추동물을 더 구분한다. 이 분류 과정 중에는 두 사항, 즉 유사점과 차이점에 주목한다. 유사점에 따라 모으고, 차이점에 따라 구분한다. 깃털과 날개가 있는 것들을 새로 묶고, 지느러미와 아가미가 있는 것들은 물고기로 묶는다. 하지만 모든 새가 딱따구리는 아니며, 모든 물고기가 잉어는 아니다.

분류학은 생물학뿐 아니라 모든 과학에 중요하다. 왜냐하면 분류학은 모든 지식에 중요하기 때문이다. 또한 모든 언어에 중요하기 때문에 모든 지식에 중요하다. 지식은 그 명료성을 위해 언어에 의존한다. 모든 의미 있는 단어는 유사점과 차이점의 특성을 반영한다. 모든 것을 의미하는 단어는 실제로는 아무것도 의미하지 않는다. 의미 있는 단어가 되려면 무언가를 긍정하고 무언가를 부정해야 한다. 그 단어인 것을 가리켜야 하고 그 단어가 아닌 것은 가리켜서는 안 된다. 이런 의미에서 모든 과학은 분류학이다. 분류학은 다른 개별 관념의 내용과 구분되는 개별 관념의 내용을 포함하기 때문이다. 지식이 복잡해지고 구별될수록 과학은 더욱 정확해진다. 의사가 소화 불량으로 인한 복통과 위암으로 인한 복통을 구별할 수 있다는 것은 각각의 치료법이 매우 다르기에 감사한 일이다.

우리가 어떤 대상에 대해 생각할 때는 주어와 술어(그 대상을 긍정할 수 있거나 부정할 수 있는)에 대해 생각한다. 이것이 아리스토텔레스가 범주론으로 이해한 것이다. 그는 범주가 특정 실체를 단언할 수 있는 관념을 말한다고 보았다. 범주에는 양, 질, 관계, 장소, 시간, 상태, 소유, 능동성, 수동성이 속한다. 예를 들어 우리가 "그는 키가 180cm이다"라고 말한다면, '그'는 우리가 묘사하는 실체다. '키가 180cm이다'라는 술어는 그의 양에 대해 말해 준다. 만일 "그는 무뚝뚝하다", "그는 재능이 많다"라고 말한다면 그가 지닌 질에 대해 말하는 것이다. "그는 마이애미에 있다"라고 말한다면 그가 있는 위치나 장소를 말하는 것이다.

아리스토텔레스에 따르면 이 9가지 범주는 어떤 사물에 대해 가능한 모든 술어를 나타낸다. 이 술어는 '–이다'와 연결되는 가능한 모든 의미다. 아리스토텔레스에게 열 번째(혹은 첫 번째) 범주는 실체 그 자체다. 내가 "소크라테스는 사람이다"라고 말한다면 나는 소크라테스의 실체(substance)에 대해 무엇인가를 단언하고 있는 것이다. 모든 실재(reality)는 반드시 실체가 있어야 하며, 그렇지 않으면 아무것도 아니다. 그 실체는 본질적인 실재다. 소피스트들은 무모순의 법칙에 반대해, 동일한 것이 사람일 수도 있고 쥐일 수도 있다고 주장했다. 다시 말해, 사람과 사람 아닌 것이 동일한 때에, 동일한 관계에 있을 수 있다고 주장했다. 아리스토텔레스는 이것이 터무니없다고 말했다. 무모순의 법칙을 반대하는 사람은 실체적 실재도 부인해야 한다.

아리스토텔레스는 한 개체(entity)는 실체와 술어, 혹은 그가 '우연'(accidens)이라고 부른 것으로 구성되었다고 했다. 사물의 제1범주는 사물의 실체, 사물의 본질적 성질이다. 어떤 남자는 키가 클 수 있고, 어떤 남자는 키가 작을 수 있다. 어떤 남자는 살이 쪘고, 어떤 남자는 말랐다. 어떤 남자는 부자고, 어떤 남자는 가난하다. 하지만 그들 모두는 남자다. 남성성은 모든 남자에게서 발견되는 보편적인 성질이다. 남자들은 특정 자질이나 범주가 다를 수 있지만, 그들에게는 모두 남성성의 기질이 있다. 이 실체(substance)는 그 모든 자질 '아래' 또는 '이면에' 있다.

아리스토텔레스의 용어는 기독교 교회에서 신학적 개념을 정의하는 데 많이 사용되었다. 한 예가 로마 가톨릭교회에서 미사의 기적을 정의하기 위해 사용하는 '화체설'(transubstantiation, 실체 변화)이라는 용어다. 아리스토텔레스는 사물의 실체와 우연을 구별했다. 실체는 사물의 본질적 성질이고, 우연은 지각할 수 있는 외적 성질이다. 떡갈나무는 키가 크고 재질이 단단한 우연을 지니고 있는데, 이는 이런 우연이 나무의 실체와 연결되어 있기 때문이다.

화체설은 미사 때 떡과 포도주의 실체가 기적적으로 그리스도의 몸과 피의 실체로 변하는 반면, 떡과 포도주의 외적 성질은 그대로 남는다고 주장한다. 여기에는 이중 기적이 수반된다. 성찬을 받는 사람은 한편으로는 그리스도의 몸과 피의 외적 성질 없이, 그리스도의 몸과 피의 실체를 받는다. 다른 한편으로는 떡과 포도주의 실체 없이, 떡과 포도주의 외적 성질을 받는다. 이것이 그 요소들이 여전히 떡과 포도주처럼 보이고, 떡과 포도주 맛이 나며, 떡과 포도주처럼 느껴지는 이유다.

비록 아리스토텔레스의 용어로 이 과정을 서술했지만, 화체설은 아리스토텔레스의 철학에서 완전히 벗어난 것이다. 아리스토텔레스는 개체의 실체와 우연을 구별했지만, (화체설에서 요구하는 것처럼) 그 둘을 분리하지 않았다. 그는 사물의 외적 성질은 사물의 실체로부터 발생하거나 흘러나온다고 주장했다. 떡갈나무에 도토리가 열리는 이유는 도토리가 떡갈나무의 실체에서 나온 우연의 일부이기 때문이다. 도토리의 존재는 코끼리의 존재가 아니라 떡갈나무의 존재를 나타낸다. 코끼리의 실체는 도토리의 우연을 생성하지 않기 때문이다. 이처럼 사물의 실체로부터 사물의 우연이 발생한다. 물론 로마 가톨릭 교회는 이 지점에서 아리스토텔레스의 철학을 이해했고, 실체와 우연의 자연적 연결을 초월하려면 기적이 필요하다는 점을 발견했다.

형상과 질료

아리스토텔레스의 형상 이론은 그가 플라톤으로부터 벗어났음을 가장 크게 보여 준다. 그는 플라톤이 파르메니데스와 헤라클레이토스, 곧 존재와 생성을 종합한 것에 만족하지 않았다. 플라톤은 존재와 생성, 영속성과 변화를 모두 설명하기 위해 다른 두 세계, 즉 관념의 세계와 수용체의 세계를 상정했다. 그 결과 본질적으로 이원론적인 철학이 탄생했다. 통합하고자 하는 열정이 있었던 아리스토텔레스는 플라톤과 결별하고 자신만의 형이상학을 수립하게 되었다.

아리스토텔레스는 모든 실체는 형상(form)과 질료(matter)의 결합이라고 보았다. 우리는 질료 없는 형상이나 형상 없는 질료와 마주치지 않는다. 형상이나 관념은 질료와 독립적으로 존재하지 않는다. 형상이나 관념이 그 자체로 존재하는 관념적인 영역은 없다. 그가 형상이나 관념이 실재하지 않는다고 말하는 것은 아니다. 보편은 마음이 생각해 낸 단순한 범주가 아니며, 주관적인 의견이나 이름(nomina)이 아니다. 형상은 실재이며, 개별적 개체 안에 존재한다. 인간다움의 형상은 실제로 개개인 안에 존재한다. 코끼리다움의 형상은 코끼리 개개에 존재한다.

아리스토텔레스는 사물의 형상(그가 '엔텔레케이아'[entelecheia]라고 부른)이 사물의 개별적인 구체성을 결정한다고 설명한다. 인간은 인간다움의 형상, 즉 인간다움의 엔텔레케이아를 담고 있기에 인간성의 속성을 나타낸다. 엔텔레케이아는 사물이 어떻게 되도록 지배하는 목적론적 힘 또는 원리다. 도토리는 코끼리다움이 아니라 떡갈나무다움의 엔텔레케이아를 담고 있기 때문에 코끼리로 자라지 않는다.

생성의 영역은 변화의 영역이다. 모든 변화는 일종의 움직임을 나타낸다. 변화란 어떤 것에서 다른 것으로 이동하는 것이지만, 그렇다고 반드시 위치가 바뀔 필요는 없다. 예를 들어 발생과 부패의 과정은 일종의 변화나 운동이다. 마찬가지로 노화의 과정 역시 일종의 변화나 운동이다. 무엇인가가 한 장소에서 다른 장소로, 한 상태에서 다른 상태로 변화하려면, 무엇인가가 그 변화를 일으켜야 한다. 생성의 과정은 인과 관계를 요구한다.

네 가지 원인

아리스토텔레스는 사물의 변화를 일으키는 네 가지 원인을 제시했다. 그가 제시한 네 가지 원인은 1) 형상인(formal cause, 사물이 무엇인지 결정하는 요인), 2) 질료인(material cause, 사물을 이루는 요인), 3) 작용인(efficient cause, 사물이 만들어지게 하는 요인), 4) 목적인(final cause, 사물이 만들어진 목적)이다.

예를 들어, 조각상을 만든다고 하자. 조각상의 형상인은 조각가의 아이디어나 계획이다. 질료인은 조각될 대리석, 작용인은 대리석을 깎아 조각상으로 만드는 조각가다. 목적인은 집 안이나 정원을 장식하는 것이다.

네 가지 원인

	정의	예
형상인	사물이 무엇인지 결정하는 요인	조각가의 아이디어나 계획
질료인	사물을 이루는 요인	대리석
작용인	사물이 만들어지게 하는 요인	조각가
목적인	사물이 만들어진 목적	집이나 정원을 꾸밀 장식품

변화는 형상 없는 질료와 질료 없는 형상의 결합으로 일어나지 않는다. 오히려 변화는 항상 형상과 질료가 이미 결합된 것, 새롭거나 다른 무언가로 바뀌는 것에서 일어난다. 화가는 무로부터(ex nihilo) 걸작을 창조하지 않는다.

이미 존재하는 캔버스에 안료를 배치하고, 물감을 칠해 그림이 창조한다.

아리스토텔레스에게 변화의 역동성은 가능태(potentiality)와 현실태(actuality)라는 관념과 결부되어 있다. 떡갈나무는 작은 도토리 하나가 자란 것이다. 도토리가 실제로 떡갈나무는 아니지만, 떡갈나무가 될 가능성이 있다. 그 가능성은 도토리가 떡갈나무가 될 때 현실이 된다. 하지만 어떤 것도 먼저 현실태를 지니지 않는다면 가능태를 포함하지 않는다. 현실태가 먼저이며, 가능태의 필요조건이 된다. 순수하거나 절대적인 가능태는 있을 수 없다. 그런 것은 잠재적으로 무엇이든 될 수 있거나 모든 것이 될 수 있지만, 실제로는 아무것도 아닐 것이다.

그러나 아리스토텔레스에 따르면 순수하거나 절대적인 현실태는 있을 수 있고, 있어야 한다. 이것이 바로 아리스토텔레스의 신, 혹은 순수한 존재에 대한 그의 개념이다. 순수하고 절대적인 현실태는 실현되지 않은 가능성이 없다. 그것은 변화, 성장, 돌연변이에 개방적이지 않다. 가능태가 없고 순수한 현실태만 있는 존재는 변화하지 않으므로 어떤 종류의 움직임도 없어야 한다. 이런 생각은 '부동의 원동자'(unmoved mover)라는 아리스토텔레스의 개념을 형성했다.

부동의 원동자

아리스토텔레스에 따르면 운동의 궁극적 원인은 순수한 존재 또는 순수한 현실태에 뿌리를 두어야 한다. 그것은 영원하고, 비물질적이고, 불변해야 한다. 부동의 원동자는 단지 일련의 움직임이나 원인 중 첫 번째가 아니다. 아리스토텔레스는 움직이지 않는 원동자가 단지 첫 번째 운동자라면, 그것을 움직이게 할 다른 무언가가 요청된다는 것을 깨달았다. 마찬가지로 움직이지 않는 원동자가 단지 첫 번째 원인이라면, 이것 또한 다른 원인을 요구한다.

아리스토텔레스는 무한한 소급이라는 비논리적인 혼란에서 벗어나려면, 운동의 궁극적인 원인은 원인이 없는 원인, 움직임이 없는 운동자여야 함을 이해했다. 존재가 생성보다 먼저여야 하듯이, 현실태는 가능태보다 먼저여야 한다. 그러므로 존재는 논리적 필연에 의해 생성에 선행한다. 이는 결국 신은 논리적으로 필연적인 존재(ens necessarium)라는 개념의 고전적 뿌리를 형성한다. 나중에 철학적 신학은 신이 논리적으로뿐 아니라 존재론적으로도 필요하다고 덧붙일 것이다. 즉, 순수한 존재는 자신 안에 존재의 힘을 갖고 있다. 그것은 자존하며, 존재하지 않을 수 없다.

아리스토텔레스의 신은 유대-기독교의 신 수준으로 올라가지 못했다. 그의 신은 일종의 비인격적 힘으로 남았다. 아리스토텔레스에게는 창조 교리가 없었다. 오히려 부동의 원동자는 빛이 나방을 끌어들이듯이 세상을 완력이 아닌 인력으로 움직이는, 영원한 질료의 궁극적인 형상이다. 이 끌어당기는 힘은 또한 세상의 사물을 '움직이는' 작용인이 된다. 아울러 부동의 원동자는 모든 것을 타당한 결말, 궁극적인 목적론적 목적으로 최종 인도한다. 그것은 세상을 응시하거나 간섭하지 않는 궁극적인 사고, 순수한 사고 그 자체다.

아리스토텔레스의 신 이해는 훗날 토마스 아퀴나스의 사상에 영향을 주었지만, 아리스토텔레스의 신과 토마스의 신을 동일하게 보는 것은 실수다.

윌 듀랜트(Will Durant)는 아리스토텔레스의 부동의 원동자를 영국 왕에 비유했다. 그는 아리스토텔레스의 신은 "아무것도 하지 않는 왕", 곧 "군림하지만 통치하지 않는 왕"과 같다고 말했다.[2]

The Consequences of Ideas

4.

아우구스티누스

은총의 박사

서구 문명은 소크라테스, 플라톤, 아리스토텔레스에 의해 '구원받았다'고 할 수 있다. 그들이 없었더라면 서구 문명은 야만으로 전락했을지도 모른다. 기독교와 기독교 철학의 출현도 이와 비슷한 건전한 영향을 끼쳤다.

그리스의 황금기는 아리스토텔레스의 죽음과 더불어 퇴색하기 시작했고, 이후 여러 철학 운동와 함께 곧 녹슬어 버렸다. 헤라클레이토스와 파르메니데스의 형이상학적인 딜레마가 회의주의와 소피즘(Sophism, 궤변론)의 시대를 낳은 것처럼, 플라톤과 아리스토텔레스의 딜레마는 철학적 회의주의의 새로운 물결을 일으켰다.

신약 성경에 언급된 유일한 철학 분파는 사도 바울이 아테네의 아레오파고스에서 만난 스토아학파와 에피쿠로스학파다(행 17:18). 스토아학파와 에피쿠로스학파는 기원전 300년경 거의 같은 시기에 세워진 라이벌 학파였다. 스토아학파는 키티온의 제논(Zeno of Citium)에 의해, 에피쿠로스학파는 에피쿠로스(Epicurus)에 의해 설립되었다.

두 학파 모두 아리스토텔레스 이후 대두된 회의주의로 기울지 않았지만, 궁극적인 실재에 대한 형이상학적 탐구로부터는 분명 그 초점과 강조점이 벗어났다.

스토아학파

스토아학파(the Stoics)는 물질주의적 우주관을 발전시켰다. 그들은 만물을 결정짓는 종자적인 불(seminal fire), 곧 '종자적 로고스'(logos spermatikos)에 관한 헤라클레이토스의 견해를 강조했다. 이 보편적인 로고스는 만물 안에 씨앗 또는 '불꽃'을 생성하므로, 모든 사람은 자신 안에 신성한 불꽃을 갖는다.

스토아 철학의 관심은 도덕 철학에 있었다. 미덕은 물질주의적 결정론에 사람이 어떻게 반응하느냐에서 발견된다. 사람은 자신의 운명을 결정할 수 없다. 그는 자신에게 일어나는 일을 통제할 수 없으며, 그의 자유는 자신에게 닥친 일에 보이는 그의 내적 반응이나 태도에 국한된다. 덕스러운 삶이라는 목표는 스토아학파가 에피쿠로스학파와 공유하는 철학적 아타락시아(ataraxia)였다.

'아타락시아'란 무엇인가? 이 단어는 약 이름('아타락스'[Atarax]라는 신경 안정제를 가리킴-역주)을 제외하면 영어로 거의 들리지 않는다. 이 그리스어는 대략 '마음의 평화' 또는 '영혼의 평정'으로 번역될 수 있다. 스토아학파와 에피쿠로스학파 모두 아타락시아를 추구했지만, 이를 얻는 방법은 서로 차이가 있었다.

스토아학파는 평온함과 용기로 운명을 받아들이는 '평정'(imperturbability)을 실천함으로써 아타락시아를 추구했다. 그들의 주제가는 "케 세라, 세라"(Qué será, será, '뭐가 되든, 될 것이다')였을 것이다. 지혜로운 사람은 의지의 힘에서 미덕을 찾는다. 선하고 행복한 삶의 비결은 우리가 통제할 수 있는 것과 없는 것을 아는 지식이다. 스토아학파는 소크라테스가 처형을 앞두고도 마음이 평온했기에 그를 영웅으로 여겼다. 나중에 에픽테토스(Epictetus)는 "나는 죽음을 피할 수 없지만, 죽음에 대한 두려움은 피할 수 없는가?"라고 말했다.[1]

고대 스토아학파의 견해는 현재 삶에 대한 금욕적 태도, 즉 어떤 것도 우리를 흔들거나 절망하게 하지 않는 '불굴의 정신' 철학으로 설명할 수 있다. 평정을 완전히 수행할 때, 영혼은 고요한 행복의 상태에 머문다.

에피쿠로스학파

반면 에피쿠로스학파(the Epicureans)는 물질주의적 결정론을 거부하고 인간의 자유를 더욱 넓은 범위에 걸쳐 긍정했다. 그들은 종교에 적대적이었다. 종교가 미신적인 두려움을 갖게 해 인간을 허약하게 만든다고 믿었기 때문이다. 그들은 철학이 인간을 종교의 속박으로부터 인도적으로 해방시킨다고 보았다.

에피쿠로스학파는 저속하거나 조잡한 쾌락주의가 아닌, 내가 '세련된 쾌락주의'라고 부르는 것을 통해 아타락시아를 추구했다. 세련된 쾌락주의는 선(善)을 쾌락의 달성과 고통의 회피로 정의한다.

고대 키레네학파(the Cyrenaics)는 조잡한 쾌락주의의 한 예였다. 그들은 육체적 쾌락을 최대한 추구한 대식가들이었다. 키레네학파의 사상은 음식과 포도주를 게걸스럽게 먹고 마시고, 목구멍에 손가락을 집어넣어 구토를 유도한 다음 다시 게걸스럽게 먹어 대는 고대의 주지육림과 향연을 묘사한 할리우드 영화에 묘사되었다. 키레네학파는 모든 정욕을 만족시키고 모든 식욕을 채우려고 음식, 술, 섹스를 물리도록 탐했다.

키레네학파와 달리 에피쿠로스학파는 적당히 탐닉하며 세련되고 정교한 쾌락을 추구했다. 그들의 사상은 "먹고 마시고 즐겨라, 내일은 죽을 것이니"라는 단순한 공식이 아니었다. 그들은 다양한 종류의 쾌락, 즉 육체적 쾌락과 정신적 쾌락이 있다는 것을 이해했다. 어떤 쾌락은 강렬하지만 순간적이다. 강렬하고 단순한 육체적 쾌락에 몰두하면 피할 수 없는 두 가지, 즉 불행과 고통이 생긴다. 에피쿠로스학파는 필연적으로 숙취로 이어지는 중독이 아니라, 육체적 고통의 부재와 마음의 평화의 존재를 추구했다.

에피쿠로스학파는 쾌락주의의 역설에서 벗어나고자 했다. 즐거움만 추구하다 보면 좌절(실패할 경우)이나 권태(성공할 경우)로 끝난다. 좌절과 권태는 모두 즐거움과 반대되는 일종의 고통이다. 에피쿠로스학파는 최대의 쾌락이 아니라 최적의 쾌락을 추구했다. 그들은 지혜로운 사람의 빵과 물이 대식가의 미식보다 더 행복을 가져올 가능성이 높다고 결론지었다.

회의주의자들

아리스토텔레스 이후 회의주의는 피론(Pyrrho)과 아르케실라오스(Arcesilaus)에 의해 부흥했다고 할 수 있다. 이들은 각각 피론주의(Pyrrhonism)와 아카데메이아 회의주의(academic skepticism)라는 두 유파를 세웠다.

회의주의자들은 플라톤과 아리스토텔레스의 업적에 의문을 제기했다. 기원전 3세기에 플라톤의 아카데메이아의 수장이 된 아르케실라오스는 플라톤의 형이상학을 거부했다. 그는 확실한 진리를 얻을 수 있다는 주장을 포기하고, 그 대신 개연(probability)의 철학을 창안했다.

회의주의는 기원전 200년경 섹스투스 엠피리쿠스(Sextus Empericus)에 의해 집대성되었다. 그는 모든 철학적 명제에는 그와 동일한 무게와 효력을 지닌 반대 명제가 주장될 수 있다고 했다(근대 이마누엘 칸트의 '이율배반'을 어느 정도 예상한). 회의주의자들은 진리 추구를 포기하지 않았다. 실제로 그들은 진리를 강력하게 추구했다. 그러나 그들은 어떤 결론도 내리지 않는 경향이 있었다. 그들은 항상 진리를 추구하지만 결코 진리에 도달하지 못하는 사람들에 대한 성경의 묘사를 상기시킨다(딤후 3:7). 그들은 진리를 끝 간 데까지 추구할 수 없다고 생각해 확고한 결론에 도달하기를 원하지 않았다. 인간의 감각은 너무 쉽게 속기 때문에 감각으로부터 결론을 도출하는 데 특히 신중했다. 도그마는 그들의 적이었다.

회의주의가 처음에는 아우구스티누스의 진리 탐구에 영향을 미쳤지만, 그 앞 세기의 지적 풍토를 재구성한 주요한 두 힘이 있었다. 첫 번째는 물론 기독교의 출현이었다. 초기 기독교 교회는 세상을 뒤집어 놓았고, 기독교는 놀랍도록 짧은 시간에 지배적인 세계관으로서 그리스 철학을 대체했다. 하지만 그리스 철학은 순순히 항복하지 않았다. 두 번째 주요 힘인 신플라톤주의가 등장해 기독교에 만만찮은 도전을 가했다.

신플라톤주의자들

플로티노스(Plotinus, 204-270)는 이집트 출신으로, 헬레니즘 유대교와 기독교뿐 아니라 고대 그리스 사상을 접할 수 있었다. 그는 40세에 로마로 이주했고, 의식적으로 기독교의 대안이 될 수 있는 철학을 발전시키려 했다. 그는 플라톤주의를 되살리되, 기독교 사상이 도입한 주요 문제인 '구원'을 다룰 수 있도록 플라톤주의를 수정하길 원했다. 다양한 철학 사상에서 여러 가지 요소를 빌려 온 그의 철학은 다양한 철학자들로부터 여러 요소를 차용한 절충적이고 혼합적인 철학이었다. 그는 스토아학파와 에피쿠로스학파의 물질주의, 아리스토텔레스의 형상-질료 도식, 유대-기독교의 창조 교리를 배격했다.

신플라톤주의(Neoplatonism)의 핵심에는 플로티노스가 '일자'(the One)라고 부른 신이 있다. 최종적으로, 플로티노스는 모든 실재는 일자로부터 흘러넘치거나 유출된다고 말했다. 그러나 일자는 창조하지 않는다. 창조는 변화의 행위에 일자가 관여하게 할 것이기 때문이다. 오히려 세계는 태양의 중심에서 태양 광선이 발산되는 것과 유사한 방식으로, 일자로부터 필연적으로 유출된다. 실재는 일자에서 유출되는 여러 층 또는 여러 형태로 구성된다. 일자의 핵심으로부터 먼 실재일수록, 그 실재는 더욱 물질적이 된다.

플로티노스는 모든 실재가 궁극적으로는 일자의 여러 형태라고 믿었기에 종종 일종의 범신론자처럼 비쳤다. 그러나 그는 일자에 대해 일종의 초월성을 주장했는데, 초월성은 하위의 존재 형태보다 순수한 존재 안에서 더 높다. 유출의 첫 번째 단계는 영원하고 시간을 초월하는 '누스'(nous), 곧 정신이다. 이것이 바로 플라톤이 말한 관념의 영역이다. 정신으로부터 영혼의 영역이 유출되고, 영혼으로부터 가장 낮은 단계인 물질의 영역이 유출된다.

일자 자체는 말로 표현할 수 없다. 일자는 이성으로 파악하거나 감각으로 지각할 수 없다. 단지 신비로운 직관이나 이해에 의해서만 '알려진다.' 일자는 긍정적인 속성을 부여할 수 없으며, 오로지 '부정의 방법'(way of negation)을 통해서만 설명될 수 있다. 다시 말해, 우리는 하나님에 관해 그분이 아닌 것에 대해서만 말할 수 있다.

이런 부정의 방법은 기독교 신학에서 어느 정도 기능한다. 기독교에 긍정의 방법도 있지만, 하나님을 무한하신(유한하지 않으신), 불변하시는(변화하지 않으시는), 자존하시는(창조되지 않으신) 분으로 묘사할 때는 부정의 방법을 사용한다.

아리스토텔레스 이후의 철학자들

	생몰 연대	출생지	주요 거주지	철학 사상	주요 저서
제논	기원전 334-262	키티온, 키프로스	아테네	스토아주의	『국가』
에피쿠로스	기원전 341-271	사모스	아테네	에피쿠로스주의	『자연에 대하여』
피론	기원전 365-275		엘리스, 그리스	피론주의	
아르케실라오스	기원전 316-240	피타네, 소아시아	아테네	아카데메이아 회의주의	
섹스투스 엠피리쿠스	3세기 후반 -2세기 초			회의주의	『피론주의 개요』
플로티노스	204-270		로마	신플라톤주의	『엔네아데스』

은총의 박사

아우구스티누스가 씨름했던 중요한 문제들을 더 잘 이해할 수 있도록 잠시 아리스토텔레스 시대와 아우구스티누스 시대 사이에 있었던 주요 철학적 움직임을 살펴보았다.

아우구스티누스(Augustine)는 354년 누미디아(오늘날의 알제리)의 타가스테에서 태어났다. 그의 아버지는 이교도였고, 어머니 모니카는 경건한 기독교인이었다. 아우구스티누스는 최고의 '은총의 박사'로 명성을 떨치다가 430년 사망했다. 그는 첫 번째 밀레니엄, 아니 기독교 시대 전체를 통틀어 가장 위대한 기독교 철학자이자 신학자였다.

아우구스티누스는 젊었을 때 지식에 대한 열정이 대단했다. 19세 때 키케로의 작품들을 읽은 후, 그는 진리 추구에 평생을 바쳤다. 성장과 격변의 시기를 뚜렷하게 겪었던 그는, 처음에는 기독교를 거부하고 마니교의 이원론적 철학을 받아들였다. 나중에는 회의주의를 받아들였고 그후 신플라톤주의를 겪었다. 386년 그는 기독교로 개종했다. 개종한 지 10년이 못 되어 주교가 되었고 죽을 때까지 그 역할을 담당했다. 그는 『참회록』(Confessions)과 『하나님의 도성』(The City of God) 등을 비롯해 방대한 저서를 남겼고,[21] 도나투스 논쟁이나 펠라기우스 논쟁에서 이단자들과 치열하게 신학적 투쟁을 함으로써 정통 기독교를 옹호했다.

아우구스티누스가 플라톤주의와 기독교의 철학적 통합을 이루었다고 말하지만, 그의 작업은 어떤 체계 자체를 제시하지는 않았다. 인식론, 창조, 악의 문제, 자유 의지의 본질에 대한 그의 성찰은 변함없이 중요하다. 그는 교회론, 삼위일체론, 구원의 은혜 교리 등의 발전에 공헌했다.

아우구스티누스는 고대의 모든 형태의 회의주의를 배격하고, 진리의 기초를 확립하고자 힘썼다. 마음 또는 영혼 안에 있는 진리를 추구했던 그는 심리적 성찰의 아버지가 되었다. 그는 단지 개연성 있는 지식이 아니라 영원하고 불변하며 독립적인 진리를 추구했으며, 감각을 통해 얻는 지식에 한계가 있다는 점과 감각이 우리를 속이는 경향이 있다는 것을 알았다. 그는 배의 노를 예를 들어 설명했다. 물속에 잠긴 노는 우리 눈으로 보기에 굽어 있지만 실제로는 반듯하다.

아우구스티누스는 확실한 영역을 찾았는데, 자의식(self-consciousness)에서 발견한 만큼 합리적이고 수학적인 영역에서도 그것을 발견했다. 자의식의 작용으로 마음의 객관적 실재는 즉시 확실하게 알려진다. 르네 데카르트가 유명한 격언 "나는 생각한다. 그러므로 나는 존재한다"(Cogito, ergo sum)를 제시하기 훨씬 전에 아우구스티누스는 그 논증을 공식화했다. 아카데메이아 회의주의자들이 보인 오류에 대한 두려움과 그들이 주장한 개연론(probabilism)에, 그는 "내가 오류를 범한다면, 나는 존재한다"고 반박했다. 그는 존재하지 않는 사람은 실수할 수 없다고 주장했다. 사람이 잘못하더라도 먼저 존재하지 않고는 잘못할 수 없다. 따라서 오류조차도 존재의 확실성을 증명한다.

그는 또한 무모순의 법칙은 논쟁의 여지가 없다고 주장했다. 무모순의 법칙은 이 법칙을 부정하려 할 때조차 이 법칙을 가정해야 하기 때문이다. 따라서 이 법칙을 부정하거나 반박하는 것은 사실상 이것을 긍정하는 것이다.

아우구스티누스는 수학을 객관적이고 의심할 여지 없는 진리의 원천으로 보았다. 논리학과 마찬가지로, 수학은 진리를 확립하기 위해 감각의 데이터에 의존하지 않는다. 2 더하기 3은 5와 같고, 2 더하기 3은 어떤 조건에서도 항상 5와 같을 것이다.

진리와 계시

신적 계시의 개념은 아우구스티누스의 인식론, 즉 지식 이론의 중심이었다. 그는 계시를 모든 지식의 필요조건으로 여겼다. 플라톤이 동굴의 죄수들이 동굴 벽 그림자의 실체를 알려면 햇빛 아래로 나와야 한다고 한 것처럼, 아우구스티누스는 지식을 얻으려면 신적 계시의 빛이 필요하다고 주장했다.

빛의 은유는 유익하다. 현재 지상의 상태에서 우리는 시력을 갖추고 있다. 우리에게는 눈, 시신경 등 보는 데 필요한 모든 기관이 있다. 하지만 아무리 시력이 좋아도 완전히 어두운 방에 있으면 아무것도 볼 수 없다. 따라서 무언가를 보려면 외부의 광원이 필요한 것처럼 무언가를 알려면 하나님으로부터 오는 외부의 계시가 필요하다.

아우구스티누스가 계시에 대해 말할 때 그는 단지 성경적 계시만을 말하지 않았다. 그는 일반 계시 또는 자연 계시에도 관심이 있었다. 성경에서 발견되는 진리가 하나님의 계시에 의존할 뿐 아니라, 과학적 진리를 포함한 모든 진리가 신적 계시에 의존한다. 이것이 아우구스티누스가 제자들에게 가능한 한 많은 것을 많이 배우도록 격려한 이유다. 그에게 모든 진리는 하나님의 진리이며, 진리를 만날 때 진리의 주인이신 하나님을 만나게 된다.

자의식이나 자기 인식(self-awareness)의 행위 안에서도, 하나님을 즉시 알게 된다. 내가 나 자신을 알 때 나는 내 유한성과 나를 만드신 하나님을 동시에 알게 된다. 아우구스티누스는 자아에 관한 지식과 하나님에 관한 지식을 철학의 목표로 삼았다. 아우구스티누스를 이어받은 장 칼뱅이 나중에 반영했듯, 자아에 관한 지식과 하나님에 관한 지식은 상호 의존적이고 공생적이다. 생각 가운데 나 자신을 먼저 인식하지 않고는 하나님을 알 수 없으며, 하나님과의 관계를 떠나서는 나 자신을 진정으로 알 수 없다.

아우구스티누스는 더 나아가 후에 칼뱅이 '신 의식'(sensus divinitatis)이라고 부른, 인간의 영혼 안에 있는 하나님에 대한 직관적 지식의 전제를 주장했다. 모든 사람이 하나님을 안다고 인정하지 않더라도, 하나님이 존재함을 안다. 그들의 근본 죄는 진실이라고 알고 있는 것을 인정하지 않음으로써 하나님을 하나님으로 공경하기를 거부하는 것이다. 하나님의 존재에 대한 사람들의 무지는 고의적이며, 따라서 죄 많은 무지다.

지식과 믿음

아우구스티누스는 믿음이 지식의 필수 요소라고 말한다. 그는 믿음의 개념을 우리가 흔히 말하는 종교적 믿음에 국한하지 않았다. 믿음은 사물을 검증하기 전에 지니는 사물에 대한 잠정적 신뢰도 포함한다. 그는 "나는 이해하기 위해 믿는다"(Credo ut intelligam)라는 유명한 강령을 채택했다.

이런 점에서 믿음은 이성보다 앞선다. 모든 지식은 믿음에서 시작된다. 어릴 때 우리는 배운 것을 믿음으로 받아들인다. 우리는 부모님과 선생님이 말씀하신 것을 스스로 시험해 볼 수 있을 때까지 그것을 믿는다. 우리는 냄비가 뜨겁다는 부모님의 경고를 의심할 수 있지만, 직접 손대고 난 후에는 그 경고가 사실임을 확실하게 알 수 있다.

우리는 잠정적인 신뢰나 믿음으로 배움을 시작한다. 이 시점에서 아우구스티누스는 믿음(faith)과 쉬운 믿음(credulity)의 차이에 주의를 기울인다. 어떤 의미에서 믿음은 이성보다 앞서지만, 다른 의미에서 이성은 믿음을 앞선다.

나는 명백히 비이성적인 것은 믿을 수 없다. 지식은 믿어지려면 이해할 수 있어야 한다. 그렇다고 해서 신비의 영역이 배제되는 것은 아니지만, 신비와 모순 사이에는 큰 차이가 있다.

나는 중력이나 운동의 신비를 다 이해할 수 없지만, 중력과 운동이 실재한다고 믿는 것은 불합리하지 않다. 마찬가지로, 삼위일체의 신비에 대해 포괄적으로 이해할 수 없어도 그 개념이 모순되거나 불합리하지는 않다. 나는 삼위일체의 진리가 신적 계시에 의해 주어졌다고 확신하기에 정신이 멀쩡한 상태로 이를 분명히 믿는다. 예를 들어, 하나님이 존재하시고 전지전능하시고 전적으로 의로우신 것을 내가 안다면, 그분이 분명하게 계시하시는 것을 의심하는 것을 어리석은 일이 될 것이다.

아우구스티누스에게 믿음은 쉬운 믿음처럼 맹목적이거나 자의적이지 않다. 쉽게 믿는 것은 부조리하거나 비합리적인 것을 믿는 것, 즉 정당한 이유 없이 믿는 것이다. 그는 올바른 믿음은 항상 합리적이라고 보았다. 계시는 도움 받지 않는 이성(unaided reason)으로는 얻을 수 없는 지식을 제공하지만, 이성의 법칙에 반하는 지식을 제공해 주지는 않는다.

창조

아우구스티누스는 그리스 철학에 맞서 성경의 창조 개념을 강력하게 옹호했다. 그는 하나님의 창조 사역이 자발적이고 목적이 있다고 말했다. 창조는 (그리스 사상에서처럼) 필연적이지 않고, 물질세계도 영원하지 않다. 우주에는 시작이 있었다. 다시 말해, 우주가 없던 '시간'이 있었다. 내가 시간을 따옴표로 묶은 이유는 시간이 공간과 물질의 결과이기 때문이다. "신이 세상을 창조하기 전에 무엇을 하고 있었느냐?"고 회의주의자들이 물으면 아우구스티누스는 "호기심 많은 영혼들을 위해 지옥을 만들고 계셨다!"고 대답하곤 했다.

아우구스티누스에 따르면, 하나님은 모든 것을 '무로부터' 창조하셨다. 그는 "무로부터는 아무것도 나오지 않는다"는 격언을 위반하지 않았다. 그는 전에는 아무것도 없었는데 갑자기 무엇인가가 생겼다고 주장하지 않았다. 이 같은 자기 창조 개념은 비합리적이며, 오로지 쉽게 믿는 사람들만 이런 개념을 긍정한다. 무엇인가가 스스로를 창조하려면 존재하기 전에 존재해야 하며, 동일한 관계 안에서 존재해야 하고 또 동시에 존재하지 않아야 해서, 무모순의 법칙을 명백히 어기는 것이다. 세상이 창조되기 전에는 영원하신 하나님이 존재하셨기에 '무로부터의 창조'는 '무에 의한 창조'를 의미하지 않는다. 인과 관계에 관한 아리스토텔레스의 용어를 빌린다면, 우주에는 형상인, 작용인, 목적인이 있지만, 질료인은 없었다고 말할 수 있다.

하나님은 선하시기 때문에, 그분이 원래 창조한 모든 것은 선했다. 물질은 플라톤주의에서 보는 것처럼 본질적으로 악하지 않다. 하나님은 인간을 포함한 우주 만물을 창조하셨지만, 그렇다고 그것이 영원히 선하도록 만들지는 않으셨다. 현재 세계는 타락했다.

악의 문제

아우구스티누스는 악의 문제와 씨름하면서 악을 순수하게 부정적인 용어로 정의하려 했다. 악은 선이 부재한 것, 결여되거나(privatio) 부정된(negatio)

것이다. 처음에 선했던 것만 악한 것이 될 수 있다. 악은 선이라는 개념이 우선해야 정의될 수 있다. 악은 그 정의 자체가 선에 의존한다. 우리는 부(不)정직, 부(不)정의, 무(無)법 관점에서 악에 대해 말한다. 적그리스도는 그 정체성을 그리스도에게 의존한다. 기생충이 숙주에게 기생해 생존하듯이 악도 선에 의존해 존재한다. 존재에 참여하는 모든 것은 그것이 존재하는 한 선하다. 따라서 비존재는 악이다. 어떤 것이 순전히 또는 절대적으로 악하다면 그것은 존재할 수 없다. 악은 실체나 사물이 아니다. 그것은 다만 선의 부재, 선의 결여다.

여기서 아우구스티누스는 순전히 존재론적인 용어로 악을 정의하는 것 같다. 만일 그렇다면 그는 악이 유한성의 필연적 결과라고 말해야 할 것이다. 하나님은 존재론적으로 '완전한' 존재를 창조할 수 없다. 그렇게 하면 또 다른 신을 창조하는 것이다. 두 번째 신은 정의상 피조물이기 때문에, 하나님조차 다른 신을 창조할 수 없다.

악의 존재론적 필연성을 피하기 위해 아우구스티누스는 자유 의지로 눈을 돌렸다. 하나님은 인간을 자유 의지(*liberum arbitrium*)로 창조하셨고, 그 안에서 완전한 자유(*libertas*)를 누리게 하셨다. 인간에게는 원하는 것을 선택할 능력이 있었다. 그는 죄를 지을 능력(*posse peccare*)과 죄를 짓지 않을 능력(*posse non peccare*)을 지녔다. 그는 자신의 정욕(죄에 기울어졌지만 죄는 아닌 성향)으로 인해 자유로이 죄를 선택했다.

처음 지은 죄의 결과로 인간은 자유를 잃었지만 자유 의지는 잃지 않았다. 인간은 하나님의 징벌을 받아 원죄로 알려진 타락한 상태에 빠져, 하나님의 일에 마음을 기울일 능력을 잃었다. 그 결과 인간은 하나님께 나아가려면 영혼 안에 있는 신의 은총의 역사에 전적으로 의지해야 했다. 타락한 인간은 죄에 속박된다. 그는 여전히 선택할 수 있는 능력, 강압으로부터 자유로운 의지를 가지고 있지만, 그의 욕망이 오직 죄를 향하고 하나님으로부터 멀어져 있기에 그는 이제 오직 죄에 대해서만 자유로울 뿐이다. 이제 '죄를 짓지 않을 능력'은 사라지고, '죄를 짓지 않는 데 무능력'(non posse non peccare)이 자리 잡았다. 아우구스티누스는 이런 관점에서 원죄를 부정한 이단자 펠라기우스와 싸웠다. 펠라기우스는 아담의 죄는 아담에게만 영향을 미쳤고, 모든 사람에게는 완전한 삶을 살 수 있는 능력이 있다고 주장했다.

아우구스티누스는 로마 가톨릭교회의 수호성인으로 남아 있지만, 마르틴 루터와 장 칼뱅 같은 권위 있는 개신교 지도자들은 그를 최고의 신학 스승으로 여겼다.

창조된 인간과 타락한 인간

	타락 이전	타락 이후
자유 의지	있음	있음
자유	있음	없음
죄를 지을 능력	있음	있음
죄를 짓지 않을 능력	있음	없음
죄를 짓지 않는 데 무능력	없음	있음

The Consequences of Ideas

5.

토마스 아퀴나스

천사 박사

지적인 영예의 정점은 그의 성(姓)으로만 알려지는 것이다. 박사니 교수니 하는 직함도 생략하고, 이름도 보통 지나친다. 우리는 데카르트의 이름이 르네였다거나 흄의 이름이 데이비드였다는 것을 굳이 알 필요가 없다. 그러나 아퀴나스의 경우에는 이 모든 것이 바뀐다. 이 위대한 학자를 인용하려면 그의 이름 토마스만 언급하면 된다. 실제로 그의 사상은 종종 간단하게 '토미즘'(Thomism)이라고 불린다.

가톨릭교회는 토마스를 성인으로 추대했을 뿐 아니라 그에게 '천사 박사'(Doctor Angelicus)라는 존칭을 부여했다. 그는 지성사의 거인으로 우뚝 서 있고, 그의 작품은 세속 대학에서든 신학 대학에서든 지금도 모든 대학에서 연구되고 있다. 역사상 위대한 신학자들은 각자 다른 스타일과 은사를 보여 주었다. 하지만 순전히 지성의 무게로만 본다면 나는 청교도 신학자 조너선 에드워즈(Jonathan Edwards)를 제외하면 그와 견줄 인물이 있을지 의심스럽다.

토마스 아퀴나스(Thomas Aquinas)는 1225년 이탈리아 나폴리 근처에서 태어났다. 그의 아버지는 아퀴노의 백작이었다. 토마스는 5세에 몬테카시노 수도원에 들어가 14세에 나폴리 대학에 입학할 때까지 공부했다. 대학에 있는 동안 그는 가르침에 헌신하는 수도사들의 모임인 도미니크 수도회에 입회했다. 18세에 그는 나폴리에서 파리 대학으로 진학했다. 당시 세계에서 가장 유명한 신학자는 '보편 박사'로 불린 알베르투스 마그누스(Albertus Magnus)였다. 플라톤에게 소크라테스가 있었고, 아리스토텔레스에게 플라톤이 있었다면, 토마스는 알베르투스 마그누스의 후견을 받았다.

토마스 아퀴나스는 알베르투스 밑에서 공부하는 동안 동료 학생들에게 조롱과 놀림을 당했다. 그들은 그를 '아퀴노의 우둔한 황소'라고 불러 알베르투스가 언젠가 이 우둔한 황소가 세상을 깜짝 놀라게 할 것이라고 말할 정도로 부아가 나게 했다. 한번은 동료가 창문을 열고 "이봐, 토마스, 소 한 마리가 날아다니고 있어"라고 말했다. 그 말을 듣고 토마스는 자리에서 일어나 창가로 다가갔다. 동료들이 그의 순진함에 웃음을 터뜨리자 토마스는 돌아서서 말했다. "나는 내 형제 중 한 명이 내게 거짓말을 할 수 있다고 믿느니 차라리 소가 날 수 있다고 믿고 싶네."

아퀴노의 우둔한 황소는 결국 스콜라 철학과 신학의 거장이 되었다. 새뮤얼 스텀프는 스콜라 시대를 중세 철학의 정점으로 평했다. 현대에 와서 스콜라주의는 다소 경멸적인 용어가 되었다. 아마도 지금이 기독교 역사상 가장 반지성적인 시대인 것 같다. 우리는 기술과 교육은 긍정하지만, 특히 종교적 영역에서 정신이나 지성의 역할은 무시하는 경향이 있다. 스콜라 사상가들은 우리에게 무미건조하고 메말라 보인다. 그들은 창의성이 부족해 보이며, 우리는 그들의 추상적 추론을 얼마나 많은 천사가 바늘 끝에서 춤을 출 수 있는가 따위의 황당한 논쟁으로 치부한다(근본주의자들은 천사들이 춤을 추지 않는다고 퍽 확신하기에 이런 질문에 대해 걱정하지 않는다!).

스콜라 철학은 일관되고 포괄적 사상 체계를 세우려고 노력했다. 스콜라 학자들은 조직적 사고의 전문가가 되었다. 그들은 단편적인 사고나 참신한 생각에는 그다지 관심이 없었다. 그들의 관심은 오히려 전통적 사고를 일관된 체계로 정리하는 데 있었다(현대 실존주의 철학에서 발견되는 '반체계' 정서는 진리에 이런 식으로 접근하는 것에 많은 사람이 편견을 갖게 했다).

스콜라 철학자들은 연역적 추론의 기술을 강조하면서 엄격한 논리에 크게 의존했다. 그들은 논쟁의 방식으로 자신의 사상을 표현하기를 좋아했다. 토마스 아퀴나스의 저서를 깊이 읽어 본 사람이라면 방대한 각주 없이 격렬한 논쟁만으로 논지를 뒷받침하는 순수한 힘에 놀랄 것이다. 이러한 전통 가운데 토마스는 논란의 여지 없는 대가로 떠올랐다.

세상을 변화시킨 철학자 4인

	생몰 연대	출생지	주요 거주지	멘토	직위
플라톤	기원전 428-348	그리스	아테네	소크라테스	아카데메이아 설립자
아리스토텔레스	기원전 384-322	트라키아, 마케도니아	아테네	플라톤	리케이온 수장
아우구스티누스	354-430	타가스테, 누미디아	히포, 누미디아	밀라노의 암브로시우스	히포의 주교
토마스 아퀴나스	1225-1274	아퀴노, 이탈리아	파리	알베르투스 마그누스	교수

로마 가톨릭교회의 사상가 중 개신교 비평가들, 특히 복음주의자들에 의해 토마스 아퀴나스보다 더 비방받고 오해받고 왜곡된 이도 없을 것이다. 대개 토마스가 저지른 가장 치명적인 실수는 자연과 은총을 분리한 것이라고 말한다. 하지만 이것은 터무니없는 비판이다. 그가 자연과 은총을 분리했다고 비판하는 것은, 특히 기독교 신앙에 대한 그의 기념비적인 옹호와 관련하여 그의 전체 철학의 핵심을 놓치는 것이다.

자연과 은총

토마스 아퀴나스가 자연과 은총을 구별한 것은 분명하다. 그런데 여기서 주목해야 할 것은 가장 중요한 철학적 구별 중 하나가 '구별'과 '분리'의 구별이라는 점이다. 예를 들어, 신학에서 우리는 그리스도의 인성과 신성을 구별한다. 그러면서도 두 본성이 완벽하게 일치해 존재함을, 그리고 이 둘을 분리하는 것은 네스토리우스 이단의 길임을 깨닫는다. 이 점을 더 생생하게 표현하자면, 내가 당신의 몸과 영혼을 구별한다면 나는 당신에게 해를 끼친 것이 아니다. 그러나 내가 당신의 몸과 영혼을 분리한다면 나는 당신을 죽인 것이다.

토마스가 자연과 은총을 구별한 것은, 분리하기 위해서가 아니라 이 둘의 궁극적 통합과 연결을 보이기 위해서였다. 그가 그토록 힘쓴 것은 자연과 은총을 분리하려는 생각에 정확히 반대되었다. 토마스는 기독교에 대한 이슬람의 위협이 점차 가중되고 있음을 예민하게 느끼고 있었다. 이슬람 철학자들은 당시에 이미 그리스 고전을 재발견함으로써 그들의 르네상스를 경험했다.

아베로에스(Averroës) 같은 주요 사상가들은 이미 이슬람 신학과 아리스토텔레스 철학을 종합했다. 그들의 작업은 아리스토텔레스와 이슬람을 통합했기에 '통합적 아리스토텔레스주의'로 알려졌다.

이슬람 철학자들은 '이중 진리'(double truth) 이론을 구성해, 신앙에서는 참인 것이 이성에게는 거짓일 수 있고, 철학에서 참인 것이 신학에서 거짓일 수 있으며, 종교에서 참인 것이 과학에서 거짓일 수 있고, 이 반대의 경우도 마찬가지라고 주장했다. 이 같은 지적 분열은 곧 자연과 은총을 극심히 분리했다. 오늘날 기독교인이 인간을 신앙(은총)의 관점에서 보면 하나님의 형상대로 창조된 목적을 지닌 존재이지만, 이성(자연)의 관점에서 보면 우주적 우연, 원시 점액에서 발생해 자란 세포, 존엄성이라고는 전혀 없는 존재라고 말하는 것과 닮았다. 이 혼란스러운 신자는 월요일부터 토요일까지 대진화를 긍정하다가 일요일에는 창조주 하나님을 찬양한다.

토마스 아퀴나스는 철학과 신학의 '고전적 종합'을 이루었다고 인정받는다. 우리는 중세 대학에서 신학은 학문의 여왕이었고, 철학은 그 시녀였음을 떠올린다. 아우구스티누스가 플라톤 철학과 기독교 신학을 종합한 것처럼 토마스는 아리스토텔레스 철학과 기독교 신학을 종합했다고 여겨진다. 토마스에 대한 이 같은 견해는 종종 쉽게 과장되는데, 그가 아리스토텔레스 철학의 많은 요소(특히 통합적 아리스토텔레스주의에 병합된 요소들)를 날카롭게 비판했기 때문이다. 아우구스티누스와 토마스의 차이점도 종종 과장된다. 토마스의 『신학 대전』(Summa Theologica)[1]을 대략 읽어 보아도 그가 여러 면에서 아우구스티누스의 어깨에 기대어 서 있음을 알 수 있다.

토마스 아퀴나스는 철학과 신학이 진리를 탐구하는 데 상호 보완의 역할을 한다고 믿었다. 은총은 자연을 파괴하지 않고 완성한다. 토마스는 두 분야 사이의 명확한 경계를 보았지만, 실재를 포괄적으로 이해하려면 두 분야 모두 필요하다는 것을 알았다.

토마스는 신적 계시가 우선한다고 믿었다. 그는 많은 사람이 주장한 것처럼 자연이 계시와 독립적으로 기능한다고 보지 않았다. 그는 자신의 이른바 '자연 신학'의 기초를 자연 계시에 두었다. 개신교 신학자들이 일반(자연) 계시와 특별(성경) 계시를 구별하듯이 토마스도 자연과 은총을 구분한다. 『신학 대전』에서 그가 자연과 은총에 관해 논한 내용을 살펴보면, 바울이 로마서에서 밝힌 하나님의 자기 계시에 관한 견해에 생각의 뿌리를 두고 있음을 알 수 있다. 같은 부분에서 토마스는 자연과 은총 양쪽 모두의 지식은 하나님의 계시에 의존하고 있음을 강조한다. 그는 눈이 사물을 보려면 빛에 의존해야 한다는 아우구스티누스의 비유를 인용했다. 이것을 볼 때 토마스가 자연 신학을 인간의 도움 받지 않는 이성의 작용으로 보았다는 생각이 불식된다. 모든 지식은 하나님의 계시에 달려 있고 그것에 의존한다. 그러나 이 계시는 독점적으로 성경에서만 발견되는 것이 아니라 우주 만물을 통해서도 더할 나위 없이 빛난다.

토마스 아퀴나스는 진리 가운데는 신학의 주요 현장인 성경을 통해서만 알 수 있는 진리가 있다고 주장했다. 천문학이나 점성술을 공부한다고 하나님의 구원 계획을 알 수 있는 것이 아니다. 하지만 다른 진리는 자연에서 발견되지만 성경에는 계시되지 않는다. 예를 들어, 몸의 순환계나 광양자의 운동 유형은 자연을 연구해야 발견할 수 있다(이런 발견은 자비로운 섭리 없이는 알 수 없는 하나님의 은총을 입증하는 것으로, 토마스는 이의를 제기하지 않을 것이다). 따라서 철학(과 과학)과 신학은 지식의 서로 다른 두 영역을 구성한다. 둘 다 계시에 의존하며, 서로 대립하지 않고 보완한다. 토마스에게 모든 진리는 하나님의 진리이며, 모든 진리는 최상위에서 만난다.

자연 신학에 관한 토마스 아퀴나스의 견해는 '혼합 조항'(articulus mixtus)에 관한 그의 견해 중 (하나님은 오직 믿음으로만 알 수 있다고 주장하는) 신앙주의자들의 가장 큰 반대에 부딪힌다. 혼합 조항은 자연 아니면 은총에 의해서, 철학이나 과학 아니면 성경으로부터 배울 수 있는 진리들이다. 이런 조항에는 하나님의 존재에 관한 지식도 포함된다. 이는 철학이 성경과는 별개로 하나님의 존재를 합리적으로 증명할 수 있음을 의미한다. 물론 성경은 하나님의 성품에 관해 훨씬 깊고 넓은 지식을 제공하지만, 토마스는 그분의 실제 존재는 성경 없이도 증명 가능하다고 보았다. 하나님에 대한 지식과 관련해 철학과 신학은 파트너로서 서로 협력할 수 있다.

진리에 대한 우리 지식의 원천

	신학적 진리	철학적, 과학적 진리	"혼합 조항"
범위	은총	자연	은총 또는 자연
예	하나님의 구원 계획	몸의 순환계	하나님의 존재
직접적 출처	성경	자연 세계	자연 세계 또는 성경
궁극적 출처	하나님(특별 계시)	하나님(일반 계시)	하나님(특별 계시 또는 일반 계시)

신의 존재 증명

신의 존재에 대한 개념에서 실제 존재로 나아가는 안셀무스의 초기 존재론적 증명에서 벗어나, 토마스 아퀴나스는 우주에서 다시 신을 추론하는, 우주론적 틀에서 신의 존재를 증명하려 했다.

토마스가 제시한 첫 번째 증명은 '운동을 통한 증명'이다. 그는 (제논이 주장한 바에도 불구하고) 세계 안의 움직임에 대한 증거에서 시작한다. 토마스는 주로 아리스토텔레스의 사상에 의지해 (우리가 관성의 법칙이라고 부르는 것을 기초로) 움직이는 것은 무엇이든 다른 것에 의해 움직인다고 주장한다. 그는 움직임을 가능태에서 현실태로 변화하는 것으로 정의한다. 정지한 물체는 움직일 가능성이 있지만 이 가능성이 실현되기 전까지, 실현되지 않는 한 움직이지 않는다. 그러나 토마스는 이미 가능태 상태에 있는 사물을 제외하고 어떤 것도 가능태에서 현실태로 변할 수 없다고 주장한다. 예를 들어, 불은 뜨거워질 가능성이 있는 나무를 실제로 뜨겁게 만들 수 있다. 가능태와 현실태를 동시에 지니는 사물은 없다. 실제로 뜨거운 것은 동시에 잠재적으로 차가울 수 있지만, 실제로 뜨거운 동안 잠재적으로 뜨거울 수는 없다. 잠재적으로는 실제보다 더 뜨거울 수 있더라도, 더 뜨거워지려면 더 뜨거운 상태로 움직여야 한다. 움직이는 것은 무엇이든 먼저 가능태에 의해 움직여야 한다. 이런 변화는 무한히 소급될 수 없는데, 그러면 움직임이 결코 시작될 수 없기 때문이다. 따라서 토마스는 제1원동자가 있어야 하며, 모든 이가 이를 신으로 이해한다고 결론 내린다.

토마스의 두 번째 증명은 '작용인을 통한 증명'이다. 인과 관계의 법칙은 모든 결과에는 반드시 선행하는 원인이 있다고 단언한다. 이는 (존 스튜어트 밀과 버트런드 러셀이 주장하는 것처럼) 모든 사물에는 반드시 원인이 있다는 것과는 다르다. 모든 일에 반드시 원인이 있어야 한다면 하나님 자신도 원인이 있어야 할 것이다. 인과 관계의 법칙은 결과에만 적용되며, 무모순의 법칙의 연장선상에 있다. 법칙은 정의상 참이기 때문에 형식상(formally) 참이다. 결과는 원인에 의해 생성된 것으로 정의된다. 결과는 원인이 없이 결과가 될 수 없다. 마찬가지로 원인은 (정확히 말하자면) 정의상 결과를 생성한다. 원인은 무언가를 유발하거나 생성하지 않는 한 원인이 될 수 없다. 원인이 없는(스스로 존재하는) 존재는 이성의 규칙에 위배되지 않지만, 원인이 없는 결과는 비이성적이고 불합리하다.

아리스토텔레스의 체계에서 작용인은 결과를 낳는 원인이다. 조각상을 예로 든다면, 조각가가 작용인이다. 조각가 없이는 조각상이 존재할 수 없다. 어떤 사건도 그 자체가 원인이 될 수 없다. 모든 사건은 선행되는 원인이 필요하다. 변화는 무엇이든 사건이며, 모든 선행 원인에는 반드시 그 원인이 있다(이전 사건 자체가 결과라면). 어느 시점에서 이런 인과 관계는 끝나야 한다. 무한히 소급하는 것은 불가능하다. 무한 소급이라는 개념이 원인 없는 결과, 무한히 중첩되는 부조리의 개념을 포함하기 때문이다.

토마스의 세 번째 신 존재 증명은 '필연적인 존재(ens necessarium) 증명'이다. 이것은 우주론적 증명의 일부로 여겨지지만, 존재로부터의 논증이기에 '존재론적 증명'이라 부르는 것이 더 적절하다. 자연에서 우리는 우연적인 것, 즉 존재할 수도 있고 존재하지 않을 수도 있는 것을 발견한다. 그러한 사물이나 존재가 항상 있는 것은 아니다. 그것들은 생성과 쇠퇴와 같은 변화를 경험한다. 내가 없던 때가 있었다. 어떤 것이 존재하지 않을 수 있다고 말하는 것은 과거에 존재하지 않았거나, 미래에 (적어도 개별 개체로) 존재하지 않을 수 있거나, 아니면 둘 다를 의미할 수 있다. 그렇다면 가능한 존재(possible being)은 존재하지 않을 수 있는 존재를 가리킨다.

단순히 가능한 존재는 스스로 존재하지 않으며, 그 자체로는 존재하는 힘을 가지고 있지도 않다. 현실 세계에서 모든 것이 오직 가능하기만 했다면,

한때는 아무것도 존재하지 않았을 것이다. 아무것도 존재하지 않은 시간이 있었다면, 아무것도 존재하기를 시작할 수 없었고, 오늘날에도 아무것도 존재하지 않을 것이다. 그러나 지금 무언가가 존재한다면 그것은 항상 존재해 온 것이다. 그 존재는 단지 가능한 것이 아니라 반드시 필요한 것임이 틀림없다. 그 존재는 존재하지 않을 수 없다. 그것은 다른 것으로부터 존재를 받지 않는다. 그러지 않은 적은 단 한 번도 없다. 다른 말로 하면, 지금 무엇인가가 존재한다면 그것은 그 자체로 존재할 수 있는 힘을 가지고 있어야 한다. 즉, 필연적인 존재를 지녀야 한다. 이런 존재는 논리적으로나 존재론적으로 신일 수밖에 없다.

　토마스의 네 번째 증명은 '완전의 정도를 통한 증명'이다. 여기서 그는 아우구스티누스를 많이 차용한다. 이 증명은 비교에 의한 논증이다. 우리는 좋은 것, 참된 것, 고귀한 것의 정도를 안다. 그러나 어떤 것은 최대 규범이나 기준에 의해서만 선하거나 참된 것으로 간주될 수 있다. 오늘날의 상대주의자들은 진리가 없는 진리, 선이 없는 선, 미덕이 없는 미덕, 목적이 없는 목적을 상정한다. 하지만 상대적인 것을 판단하는 절대적 기준이 없다면 그 어떤 것도 상대적이라고 말할 수 없다. 토마스는 어느 속(屬)의 최댓값이 그 속의 모든 것의 원인이라고 주장한다. 예를 들어, 열의 최대치인 불은 모든 뜨거운 것의 원인이다. 또한 모든 존재에게는 그들의 존재, 선, 그리고 다른 모든 완전함의 원인이 되는 무언가가 있어야 한다. 이를 우리는 신이라고 부른다.

　만약 이런 논리가 성립한다면, 세상의 상대적인 악의 정도를 설명하기 위해 신 역시 최대한 또는 완벽하게 악해야 한다는 반론이 있을 수 있다. 그렇기에 토마스는 아우구스티누스를 따라 악을 결핍과 부정으로 정의하는 것이 중요했다. 우리가 악을 판단할 궁극적 기준은 최대 악이 아닌 최대 선이다.

토마스의 다섯 번째이자 마지막 신 존재 증명은 '우주의 질서를 통한 증명'이다. 이것은 소위 목적론적 논증의 한 형태다. 목적론적(teleological)이란 용어는 '끝, 목적, 목표'를 의미하는 그리스어 '텔로스'(*telos*)에서 비롯되었다.

자연에서 우리는 지성이 부족하지만 질서 정연하고 목적에 맞게 기능하는 것들을 관찰한다. 이들은 특정 목적이나 기능을 달성하기 위해 예측 가능한 방식으로 움직인다. 바람에 날리는 민들레 씨앗은 식물의 번식을 위해 고안되었다. 이런 것들은 목적을 지니고 행동하는 것처럼 보인다. 우연한 목적이 있을 수 없고, 의도하지 않은 목적성을 가질 수도 없다. 가장 단순한 형태로, 목적론적 논증은 우주에 존재하는 설계의 증거에 근거한다. 설계에는 설계자가 필요하며, 이는 이마누엘 칸트와 데이비드 흄이 그들의 회의주의에도 불구하고 깊은 인상을 받은 아이디어였다.

토마스는 지성이 결여된 것은 지성을 지닌 것의 지시를 먼저 받지 않는 한 설계된 방식으로 행동할 수 없다고 주장한다. 화살은 궁수가 먼저 목표물을 겨냥하지 않는 한 스스로 목표물로 향하지 않는다. 스마트 폭탄(smart bombs)은 스마트한 사람이 프로그래밍하지 않는 한 실제로는 스마트하지 않다(그리고 그들마저도 항상 그렇게 스마트하지는 않다!).

토마스는 모든 자연적인 것들은 그들의 목적으로 이끄는 지성적인 존재가 있어야 한다고 결론짓는다. 이것이 그가 신이라고 부르는 것이다. 사물은 우연히 목적을 향할 수 없다는 점을 덧붙여야 한다. 우연은 아무것도 지시할 수 없는데, 아무것도 할 수 없기 때문이다. 우연은 아무것도 할 수 없는데, 아무것도 아니기 때문이다. 우연은 수학적 가능성을 설명하는 데는 완벽하게 의미 있는 용어이지만, 어떤 것에 영향을 미칠 수 있는 힘을 지닌 무언가를 설명하는 데는 교활한 괴물이 된다. 우연은 존재하지 않으며, 존재하지 않는

것은 아무것도 할 수 있는 힘이 없다.[2]

토마스 아퀴나스는 자연 신학을 발전시키면서 우리가 자연에서 끌어낼 수 있는 하나님에 대한 지식을 설명하기 위해 한정적인 용어를 사용한다. 그는 자연에서 얻는 하나님에 대한 지식은 참되기는 하지만 매개적이고 유비적이며 불완전하다고 말한다.

토마스는 매개적 지식(mediate knowledge)을 직관적 지식(immediate knowledge)과 구분했다. 어떤 것이 즉각적으로 알려졌다고 해서 그것이 즉시, 빨리 알려졌다는 것을 의미하지 않는다(그럴 수도 있지만). 대신 어떤 매체를 통해서가 아니라 직접적으로 알려졌음을 의미한다. 텔레비전 생중계로 농구 경기를 볼 때, 나는 경기장에서 멀리 떨어져 있더라도 그곳에서 진행되는 경기를 볼 수 있다. 나는 전송되는 경기 장면을 텔레비전이라는 미디어로 본다 (미디어는 우리와 보도되는 실제 사건 사이를 매개하기에 '미디어'[media]라 불린다).

토마스 아퀴나스는 자연 신학을 '매개적'이라고 보았다. 하나님의 계시가 창조라는 매체를 통해 우리에게 다가오기 때문이다. 하늘은 하나님이 하늘을 통해 자신의 영광을 드러내신다는 점에서 하나님의 영광을 선포한다. 사도 바울은 로마서에서 하나님이 "그가 만드신 만물"(롬 1:20) 안에 분명히 드러난다고 말했다.

아울러 토마스는 자연 신학을 '유비적'이라고 보았다. 이것은 언어의 기능을 염두에 둔 것이다. 그는 언어의 기능을 세 가지, 즉 일의적 기능, 다의적 기능, 유비적 기능으로 구분한다. 일의적 언어는 서로 다른 사물에 적용되더라도 항상 의미가 동일하다. 다의적 언어는 둘 이상의 사물에 적용될 때 그 의미가 달라지는 언어를 말한다. 예를 들어, 우리는 음식이 아무 맛이 없을 때 '무미하다'고 말할 수 있고, 이야기가 재미없을 때 '무미하다'고 말할 수 있다. 이야기가 '무미하다'는 말은 실제로 맛이 없다는 의미가 아니라, 재미나 긴장감이 없다는 의미다.

유비적 언어를 사용하면 서로 다른 두 존재를 묘사할 때 언어의 의미가 비례적으로 달라진다. 예를 들어, 집에서 기르는 개를 '착한' 개라고 한다면, 그 개가 미덕을 추구하고 양심이 예민하다는 뜻이 아니다. 주인이 부르면 오고, 대소변을 잘 가리고, 방문객의 다리를 물지 않는다는 뜻이다. 반대로 '착한 사람'이라고 말할 때 그 사람이 누군가가 부르면 오고, 대소변을 잘 가리고, 방문객을 물지 않는다는 뜻이 아니다. 선에 대한 사람의 능력은 개의 능력을 능가하므로, '착하다'는 말은 사람에 비례해 유비적으로 사용된다.

토마스는 하나님에 관한 우리의 지식이 유비적이라고 말했다. 이는 우리의 언어가 하나님을 온전히 묘사하기에는 부족하다는 뜻이다. 하나님은 무한하시지만 우리는 유한하다. 우리는 하나님과 다르지만 그분에 대한 우리의 언어가 무의미하거나 모호할 정도로 다르지는 않다. 유사하기 때문에 의미가 있다. 하나님에 대한 유비적 언어는 사람이 하나님을 닮은 어떤 감각이 있기에 가능하다. 토마스는 이를 인간과 하나님 사이의 '존재의 유비'(analogia entis)라고 부른다. 이 존재의 유비는 인간이 하나님의 형상대로 지음받았다는 사실에 뿌리를 둔다.

카를 바르트(Karl Barth)와 같은 현대 신학자들은 토마스의 존재의 유비 개념을 사정없이 비판했고, 그럼으로써 사신 신학 운동("death of God" movement)과 함께 역효과를 불러일으켰다. 토마스는 바르트의 주장대로 하나님이 '전적으로 다른' 분이거나 우리와 완전히 다르다면, 우리는 하나님에 대해 말할 방법이 전혀 없을 것이라는 점을 이해했다.

자연 신학에서 얻은 하나님에 대한 지식이 '불완전하다'고 해서 무가치한 것은 아니다. 토마스주의의 자연 신학을 비판하는 사람들은 자연을 통해 알려진 하나님은 기껏해야 부동의 원동자일 뿐 성경의 하나님이 아니라고 불평한다. 그러나 하나님에 대한 성경의 계시조차도 완전하지도, 포괄적이지도 않다. 자연 신학을 통해 하나님이 완전히, 심지어 구속적으로(redemptively) 알려지지 않았다고 말하는 것이 곧 하나님에 대해 전혀 알려지지 않았다고 말하는 것은 아니다. 토마스는 자연 신학이 비록 매개적이고 유비적이며 불완전하다고 해도, 그 한도 내에서 참되다고 주장했다. 신학, 특히 변증학에서 하나님이 자존하시고 영원하시다는 것을 증명하는 것은 큰 가치가 있다. 예를 들어, 하나님은 자존하는 것 이상이신 분이지만, 결코 자존하는 것 이하가 아니다. 또한 오늘날 유신론에 대한 대부분의 논쟁이 하나님의 자존과 그분이 필연적 존재라는 증거에 의해 강력하게 옹호되는 교리인 창조 문제에 초점이 맞춰져 있음을 아는 것도 중요하다.

The Consequences of Ideas

6.

르네 데카르트
근대 합리론의 아버지

13세기 토마스 아퀴나스의 고전적인 종합과 17세기 이성의 시대의 여명 사이, 서구 문명의 지형에 극적 변화가 일어났다. 종교, 정치 이론, 과학, 경제 구조의 변화는 중세 시대의 막을 내리게 했다.

이탈리아의 르네상스 시대에 고대 철학을 종교적 관심사를 고취할 뿐 아니라 철학이 신학으로부터 일정한 독립성을 지니도록 할 도구로서 부활시키려는 시도가 있었다. 로렌초 데메디치는 피렌체에 새로운 아카데미를 세웠다. 고대 철학의 부흥과 더불어 플라톤주의와 스토아주의에 새로운 관심이 일어났으며, 고대 피론주의와 같은 회의주의도 새로운 물결을 탔다. 섹스투스 엠피리쿠스의 작품이 16세기에 번역되었다. 새로운 회의주의는 객관적 진리를 주장하는 것은 끝없는 논쟁을 불러일으킬 수 있을 뿐 아니라 심지어 전쟁을 유발할 수 있다고 주장했다. 회의주의자들은 객관적 진리를 균등의 원리

(principle of equipollence)로 대체했다.

균등은 특정 명제와, 그 명제와 모순되는 명제의 균형을 맞추는 고의적인 기법이었다. 모든 명제에는 반대되는 명제가 있기 때문에, 각 명제의 진릿값은 똑같이 개연적이거나 비개연적이다. 이 도식은 철학자가 판단을 보류하도록 강요한다.

회의론자들은 우리가 감각으로는 존재를 직접적으로 파악할 수 없다고 가정하면서, 특히 신에 대한 지식에 반대했다. 우리는 사물의 외관만 알 수 있을 뿐, 사물의 실제 존재는 알 수 없다. 철학자들은 플라톤의 동굴 입구 앞에서 돌을 굴리며 다시 한번 동굴 속으로 후퇴했다. 이러한 회의주의는 급진적인 수준의 현상론(phenomenalism)이었다. 우리가 본 것처럼, 현상은 우리 감각에 분명하거나 명백한 것을 말한다. 현상론에 따르면, 현상 뒤에 있거나 현상을 넘어 실재로 가는 것은 불가능하다.

프랑스의 일부 신학자들은 새로운 회의론을 환영했는데, 이는 회의론이 믿음을 이성으로부터 해방시켰기 때문이다. 이 기독교 철학자들을 신앙적 회의주의(fideistic skepticism)라는 종교적 형태의 회의론을 받아들였다. 예를 들어 몽테뉴(Montaigne)는 자연 이성은 전적으로 감각을 통해 들어오는 미가공 자료에 의존하기 때문에 존재에 대한 지식을 얻는 데 무능하다고 주장했다. 신 존재에 대한 확신은 오직 종교적 믿음에서 비롯되어야 한다.

이러한 발전과 함께 학문의 여왕이었던 신학은 그 시녀였던 철학과 분리되었다. 여왕이 왕좌에서 완전히 물러나는 것은 시간문제였다.

이 밖에 다른 극적인 변화도 일어나고 있었다. 페르디난드 마젤란과 바스쿠 다가마와 같은 탐험가들의 놀라운 업적을 통해 세계는 점점 작아지고 있었다. 서양과 동양이 만나고 있었고, 중세의 획일적 문화가 바뀌고 있었다.

코페르니쿠스 혁명

가장 급진적인 변화 중 하나는 새로운 과학이 가져온 것이었다. 16세기는 프로테스탄트 종교 개혁뿐 아니라 코페르니쿠스 혁명도 일어났다. 프톨레마이오스가 『알마게스트』(*Almagest*)[1]에서 발전시킨 아리스토텔레스적 세계관이 거의 2천 년 동안 아무런 도전 없이 세계를 지배해 왔다. 프톨레마이오스가 생각한, 복잡한 '투명 구체'(crystalline spheres) 체계로 움직이는 하늘에 대한 정교한 천문학적 모델은 과학자들에게 별과 행성의 움직임을 예측할 수 있는 모델을 제공함으로써 '작동했다.' 이 고대 모델은 지구를 우주의 중심으로 보았다. 지구는 움직이지 않지만 별은 움직인다. 별은 매일 지구를 중심으로 축을 따라 움직이는 보이지 않는 수정 '지붕'에 고정되어 있다.

인쇄술의 발달로 고대 사상가들의 저술이 더욱 널리 유포되었다. 니콜라우스 코페르니쿠스 역시 더 많은 책을 수집함으로써 이득을 얻은 과학자 중 한 명이었다. 그는 특히 프톨레마이오스의 『알마게스트』에 감탄하며 이를 면밀히 연구했다. 그는 프톨레마이오스의 정확성에 감명을 받았지만, 그의 작품에 내재한 결함으로 인해 고민했다. 그는 오랜 숙고 끝에 우주의 모양에 관해 좀 더 정확한 진리를 찾았다. 그는 태양을 우주의 중심에 두었고, 천동설을 지동설로 대체함으로써 중세 질서를 뒤엎어 놓았다.

원이 가장 완전한 형태라는 고대의 개념에 충실했던 코페르니쿠스는 행성들이 원형 궤도를 따라 움직인다고 생각했다. 결국 그의 저서 『천체의 회전에 관하여』(*De Revolutionibus Orbium Caelestium*)[2]에서 그가 제안한 천체 모델은 프톨레마이오스의 모델보다 별로 나은 점이 없었다. 개신교 신학자들과 가톨릭 신학자들 모두 이 새로운 이론을 성경과 인간의 존엄성에 대한 모독이라고 비판했다. 이 세상은 더 이상 하나님이 만드신 우주의 중심이 아니었다!

하지만 진실은 밝혀지게 마련이다. 조르다노 브루노와 튀코 브라헤 같은 후대의 천문학자들은 코페르니쿠스의 이론을 계속해서 탐구했다. 브라헤의 견습생 요하네스 케플러는 화성의 역행 운동의 문제를 해결하기 위해 8년 동안 일했다. 그는 마침내 행성의 궤도가 원이 아니라 완벽한 타원이라는 사실을 발견함으로써 성공했다. 케플러는 행성의 타원 운동을 가정함으로써 코페르니쿠스의 천체 이론이 완벽하게 작동하도록 했다.

코페르니쿠스의 이론은 갈릴레오 갈릴레이의 실험과, 아마도 가장 놀랍게는 페르디난드 마젤란이 지구를 일주하면서 확인되었다. 마젤란의 선원들은 항해 일지에 적힌 날짜와 그들이 (날짜 변경선을 넘어) 정박한 항구의 날짜가 불일치하는 것을 발견했다. 이 현상은 지구가 일정한 축을 중심으로 회전하고 있음을 입증해 주었다.

과학의 격변과 더불어 프로테스탄트 종교 개혁으로 알려진 종교의 격변도 있었다. 16세기에 마르틴 루터의 "오직 성경으로"(*Sola Scriptura*) 관점은 교회의 절대적인 권위에 도전했고, 기독교 세계는 전에 없이 분열되었다. 프로테스탄트는 교황과 교회의 권위를 성경의 권위로 대체했고, 오류 없는 성경만이 신자의 양심을 구속할 수 있다고 보았다.

타고난 수학자

이 신학적, 과학적, 철학적 격변의 시기에 르네 데카르트(René Descartes)가 태어났다. '근대 철학의 아버지'라고 불리는 그는 1596년 프랑스 투렌에서 출생했다. 그는 라 플레슈의 예수회 대학에서 수학, 논리학, 철학을 공부했다. 그의 전공은 수학이었다.

세계를 바꾼 과학의 진보는 대부분 수학의 발전이 있었기에 가능했다. 새로운 코페르니쿠스의 이론을 이끈 것은 천문학을 위한 더 정확하고 일관된 수학적 모델에 대한 탐구였다. 자연 과학의 물질적 영역에서 발견을 이끌어 낸 것은 수학의 형식적 영역에서의 발견이었다. 수학은 어떤 의미에서 논리의 확장, 일종의 기호 논리라는 것을 우리는 기억한다. 이 같은 순수한 형식적 영역에서 감각 인식의 모호함은 극복되거나 초월되며, 회의론자들도 이 부분을 넘어갈 수 없다. 아무리 균등의 원리를 적용해도 3 더하기 4는 7과 같을 수밖에 없었다.

유럽 전역을 널리 여행한 후, 데카르트는 1628년 네덜란드에 정착했다. 그리고 그곳에서 『방법 서설』(Discourse on Method)[3]을 집필했다. 데카르트는 확실성에 대한 탐구에 이끌렸다. 당시 철학은 혼란스러운 상태였다. 과학은 종교와 충돌하고 있었다. 교회는 서로 권위를 주장하며 분열되어 있었다. 이러한 혼란 속에서 확실성을 얻으려고 했던 데카르트는 수학에 관심을 집중했다. 그는 수학적 모델을 모방한 사고 체계나 방법을 찾았다. 수학에서 정신은 진리를 명확하고 직접적으로 파악하여 수학적 진리를 명확하고 뚜렷하게 만든다.

수학적 모델의 두 기둥은 '연역'과 데카르트가 '직관'이라고 부르는 것이다. 연역적 추론은 보편적인 것에서 구체적인 것으로 이동하는 반면, 귀납적 추론은 반대로 구체적인 것에서 보편적인 것으로 이동한다. 다음의 고전적 삼단 논법을 검토하면 연역과 귀납의 차이를 설명할 수 있다.

전제 1: 모든 인간은 죽는다.

전제 2: 소크라테스는 인간이다.

결론: 그러므로 소크라테스는 죽는다.

첫 번째 전제는 보편적인 긍정 진술이다. 한 집단의 모든 구성원(인간)은 죽는다는 속성, 또는 술어를 가진다. 두 번째 전제는 구체적인 긍정 진술이다. 특정 개인(소크라테스)이 인간 집단에 속한다. 소크라테스가 죽는다는 결론(구체적인 긍정)은 논리적 확실성에 의해 내려진다. 직접 추론의 법칙(law of immediate inference)에 따라 집단의 모든 구성원이 특정 속성을 소유하면, 이 집단의 특정 개인도 해당 특성을 소유해야 한다.

삼단 논법은 참도 아니고 거짓도 아니다. 결론이 전제에서 나오는지 아닌지에 따라 유효하거나 무효하다. 다만 주어진 전제들로부터 추론된 결과에 의해 타당한가 타당하지 않은가를 알 수 있을 뿐이다. 오직 진술만이 참이거나 거짓일 수 있다. 논리가 측정하는 것은 진술 간의 또는 명제 간의 관계다. 위의 삼단 논법이 연역적으로 증명하는 것은 이것이다. 모든 인간은 죽을 수밖에 없고, 소크라테스가 인간이라면, 소크라테스는 죽을 수밖에 없다는 것은 의심할 여지 없이 참이다.

그렇다면 이것이 소크라테스가 죽는다는 사실을 입증하는가? 반드시 그런 것은 아니다. 삼단 논법은 전제가 참일 경우에만 결론도 참일 수 있다. 어떻게 우리는 모든 인간이 죽는다는 사실을 알 수 있는가? 이 보편적인 전제는 귀납법에 기초한다. 예를 들어, 1850년 이전에 태어난 모든 인간이 그 이후 사망했다는 것을 안다면, 우리는 사망률이라는 공통 속성을 보여 주는 많은 표본을 확보하게 된다. 그런데 지금 살고 있는 사람들이 불멸의 속성을 지닌 1세대라고 가정해 보자. 가능성은 매우 낮지만 이론적으로 불가능하지는 않다. 여기에 현재 살아 있는 사람들의 수가 1850년 이전에 태어난 모든 사람의 수보다 아마도 더 많으리라는 점을 더해 보라. 그러면 그 이전에 전체의 절반도 안 되는 사람들을 귀납적으로 연구한 후에 모든 사람에 대한 결론으로 '뛰어들었다'는 것을 알 수 있을 것이다.

핵무기로 인해 당신만 살아남고 지구상의 모든 사람이 죽었다고 가정해 보자. 그럴 경우에는 모든 사람이 죽는다는 사실을 귀납적으로 알 수 있을까? 그럴 수 있겠지만 절대적인 것은 못 된다. 당신은 보편적 진리를 반박할 수 있는 유일한 예외일 수 있다. 당신도 죽을 확률은 거의 확실하지만 절대적으로 확실하지는 않다. 당신도 죽고 아무도 남지 않은 경우에만 보편적인 전제는 참인 것으로 알려질 수 있다. 당신은 당신이 죽고 난 후에야 절대적인 보편성에 도달할 수 있다.

그렇다면 '소크라테스는 인간이다'는 두 번째 전제는 어떤가? 소크라테스는 플라톤이 그려 낸 상상의 인물이었을 수 있다. 아마 그는 외계인이거나 로봇이었을 것이다. 이런 이론적인 가능성은 극단적으로 터무니없지만, 아무리 가능성이 희박해도 철학적으로는 얼마든지 생각할 수 있다. 이런 점에서 귀납적 연구는 결코 철저할 수 없어 절대적인 형식적 확실성에 도달할 수 없다. 오직 (형상 또는 본질과 관련된) 형식적인 진리만이 철학적 확실성을 낳을 수 있다.

데카르트는 연역과 함께 직관적 지식을 추구했다. 직관이란 내면의 직감이나 정서를 의미하지 않는다. 그는 직관을 마음에 의심의 여지를 남기지 않는 명확하고 분명한 지적인 활동으로 정의한다. 직관적 지식의 한 예는, 삼각형은 세 변이 있어야 한다는 것이다.

『방법 서설』에서 데카르트는 진리를 탐구할 때 지켜야 할 네 가지 규칙을 말한다. 1) 의심의 여지 없는 참으로 알려지지 않은 것은 무엇이든 결코 참으로 받아들이지 말 것, 2) 검토 중인 각 어려움을 가능한 한 많은 부분으로 나눌 것, 3) 가장 단순하고 알기 쉬운 대상에서 조금씩 복잡하고 어려운 대상으로 올라가는 방식으로 사고할 것, 4) 빠뜨리거나 간과한 것이 없다고 확신할 만큼 완전하게 열거하고 전체적으로 검토할 것.

나중에 데카르트는 자신의 미완성 논문에서 목록을 확장한다. 『정신 지도를 위한 규칙』(Rules for the Direction of the Mind)[4]에는 다음을 포함한 규칙 21가지가 제시되어 있다. "다른 사람이 생각한 것이나 자신의 추측이 아니라, 분명하게 볼 수 있고 확실하게 추론할 수 있는 것을 탐구하라."

데카르트는 철저한 자기비판이 필요하다고 주장했다. 우리는 배우는 과정에서 수없이 많은 사상과 이론을 접하게 되며, 그중 많은 것을 무비판적으로 수용하게 된다. 우리는 가족, 친구, 친목 그룹에 우리를 묶어 두고 그들의 견해에 편향된 의견을 갖게 하는 유대감에 취약하다. 우리는 우리가 가장 좋아하는 선생님이 지지하거나 부모님이 믿도록 가르쳤다고 해서 어떤 것을 참이라고 절대 가정해서는 안 된다.

데카르트의 방법에는 다른 모든 것을 검증할 수 있을 정도로 확실하고 근본적인 진리를 끈질기게 추구하는 것이 포함되었다. 그는 근원적 진리가 너무나 잘 확립되어 외부 세계에 노출되지 않고도 나머지를 추론할 수 있기를 원했다.

이러한 근본적이고, 명석하고(clear), 판명한(distinct) 생각을 위해, 데카르트는 회의론자가 부러워할 만한 엄격한 체계적 의심의 과정을 확립한다. 그는 조금이라도 의심이 남는 것이라면 모두 거짓으로 판단했다. 예를 들어, 지금이 순간 내가 펜으로 글을 쓰고 있다는 사실을 어떻게 알 수 있을까? 내가 글을 쓰고 있다는 것이 단지 꿈을 꾸고 있는 것이 아니라는 것을 어떻게 알 수 있을까? 그는 깨어 있는 삶과 수면을 구별할 수 있는 결정적인 지표는 없다고 주장했다(때로 나 자신도 기억에 관한 까다로운 질문으로 골머리를 앓을 때가 있다. 언젠가 너무 생생하고 강렬한 꿈을 꾸어서 몇 년이 지난 지금도 내가 꿈을 기억하는 것인지, 실제 경험을 기억하는 것인지 확신할 수가 없다).

데카르트는 우리의 감각이 우리를 속이는 경향이 있다는 것을 잘 알고 있었다. 아우구스티누스는 물에 잠긴 노가 굽어 보인다고 말했다. 사막을 여행하는 여행자는 갈증에 시달려 신기루를 보기도 한다. 멀리 서 있는 사람을 엄지손가락으로 가늠해 보면 그가 내 엄지손톱만큼도 안 되는 것처럼 보인다.

꿈과 관련하여, 데카르트는 수학적 확실성에 의존한다. 내가 꿈을 꾸고 있든 깨어 있든, 4 더하기 3은 7과 같다. 하지만 사악한 신이나 악마가 우주를 지배해 내가 4 더하기 3이 7과 같다고 생각하게 한다면, 이것조차 잘못된 것일 수 있다.

종교 당국은 서로 일치하지 않기 때문에, 그들은 진실의 최종 중재자가 될 수는 없다고 데카르트는 말한다. 데카르트는 이와 같은 의심의 과정을 거치면서, 최소한 하나의 확실한 진리, 반박할 수 없는 제1원리로 기능할 수 있는 근원적 진리, 자명한 진리, 다른 진리를 얻게 해 주는 진리를 찾았다.

데카르트에게 유명한 것이 있다면, 그것은 그의 격언 "나는 생각한다. 그러므로 나는 존재한다"(*Cogito, ergo sum*)일 것이다. 데카르트가 모르는 것이 무엇이든, 그는 자신이 생각하는 사람이거나 생각하는 존재라는 것은 확실히 안다. 내가 생각하고 있다는 진실을 의심하려면, 내가 생각해야 한다. 내가 생각하고 있다는 것을 긍정하지 않고는, 내가 생각하고 있다는 것을 의심할 수 없다. 생각에는 생각하는 자가 필요하므로 생각하려면 나는 존재해야 한다.

이 제1원리('나는 생각한다. 그러므로 나는 존재한다')는 최소한 두 가지 암묵적인 가정을 수용한다. 첫 번째 가정은 무모순의 법칙이다. 데카르트의 격언의 자명한 진실 중 일부는, 생각하는 것과 생각하지 않는 것이 동시에 동일한 관계에 있을 수 없다는 것이다. 이 형식적인 진리는 자의식을 지닌 존재의 확실성을 뒷받침한다. 두 번째 가정은 인과 관계의 법칙이다. 이 형식적인 진리는 생각에는 생각하는 자가 필요하다는 결론을 도출한다.

신의 존재

제1원리를 통해 데카르트는 자신의 존재에 대한 확실성을 얻었다. 그러나 이것은 타인의 존재, 세계의 존재, 신의 존재에 대해 무엇을 말해 줄까? 데카르트는 어떻게 자의식의 한계를 넘어 다른 실재에 도달할 수 있을까?

데카르트는 자기의 의심을 분석하는 것에서 시작한다. 그는 자신이 의심하고 있다는 것을 알고 있다. 왜냐하면 그는 의심하지 않고는 자신이 의심하고 있다는 것을 의심할 수 없기 때문이다. 의심을 의심하는 것은 의심하는 것이다. 데카르트에게, 자신이 의심하고 있다는 것을 알려면 자신에게 확신이 부족하다는 것을 알아야 한다. 이러한 확실성의 결여는 완전한 것과 불완전한 것을 분별하는 것과 관련 있다. 이를 분별하려면, 그는 먼저 (확실성과 관련해) 완전성에 대한 개념을 가져야 한다고 추론한다. 완전함에 대한 이 명석 판명한 생각에는 원인이 있어야 한다. 그는 또한 원인에 있는 것보다 결과에 있는 것이 더 많을 수 없다고 추론한다. 완전한 존재만이 완전함에 대한 생각을 일으킬 수 있다. 완전의 관념이 실재라면, 그 원인도 실재임이 틀림없다. 데카르트는 신이 완전한 관념의 완전한 원인이라고 결론 내린다. 데카르트에게 이것은 "나는 생각한다. 그러므로 나는 존재한다"에서 "나는 생각한다. 그러므로 신은 존재한다"(Cogito, ergo Deus est)로 넘어가는 짧은 단계다.

신은 존재하고, 완벽하다는 확신에 도달한 데카르트는, 그의 마음에서 신은 위대한 사기꾼이라는 의심스러운 생각을 제거한다.

데카르트는 자신과 신의 존재로부터 외부 세계의 존재를 증명하기 시작한다. 그는 '연장'(extension)이라는 개념을 도입한다. 신의 비존재에 대한 관념은 터무니없지만(완전한 존재를 생각하려면 비존재가 아닌 존재로 생각해야 한다), 연장에 대한 생각은 존재하지 않는 연장에 대한 생각과 모순되지 않는다. 정신이 기하학적 형태의 연장을 생각할 수 있다고 해서 그런 형태가 현실에 존재한다는 것을 증명하는 것은 아니다. 연장 개념 외에도 우리에게는 몸이 있다는 감각을 포함한 감각을 지니고 있다. 우리는 우리가 느끼는 감각이 다름 아닌 우리의 (연장된) 몸에서 비롯된다고 믿는 압도적인 경향이 있다. 이런 경향은 신으로부터 오거나, 아니면 신이 속이는 것이다. 그러나 신은 속이는 자가 아니므로, 우리가 경험하는 감각과 연장에 대한 개념은 외부 세계로부터 우리에게 와야 한다.

생각과 물질

데카르트가 해결하고자 했던 주요 문제는 생각과 물질의 관계였다. 물리적 영역은 연장(extension)의 영역이다. 물질은 연장되어야 하며 공간을 차지해야 한다. 반면 생각은 확장되지 않는다. 아이디어는 공간을 차지하지 않고 무게도 없다(심지어 '무게 있는' 아이디어조차도).

데카르트는 생각과 행동이 어떻게 서로 관련을 맺는가 하는 질문에 직면한다. 정신과 몸은 어떤 관계를 맺을까? 예를 들어, 이 문장을 완성하려면 나는 계속해서 종이 위에 펜을 움직이기로 결정해야 한다. 글쓰기는 물리적 행동이다. 마음속에 어떤 단어를 쓸지에 대한 생각이 있고, 이 생각에서 글을 쓰는 행동이 흘러나온다. 나는 정신적인 것에서 육체적인 것으로 이동하고 있다. 조금 전 펜을 쥐고 있던 손가락 중 하나가 아파서 생각이 중단되었다. 아침 내내 글을 쓰다 보니 손가락이 아파, 생각을 멈추고 잠시 쉬어 볼까 생각하게 되었다. 이 경우 생각과 행동, 물질과 정신의 과정이 역전되었다. 내 손가락의 행동이나 물질적 감각이 생각을 불러일으켰다.

이런 일이 어떻게 있을 수 있을까? 하나(생각)는 연장되지 않고 비물질적이고, 다른 하나(행동)는 연장되고 물질적인 경우, 어떻게 생각은 행동을 낳고 행동은 생각을 낳을까?

이 문제에 데카르트가 접근하는 방법은 매우 독창적이다. 그는 수학적 지식을 바탕으로 생각과 행동의 전환, 즉 '상호 작용'(interaction)이 뇌의 송과선(松果腺)의 한 지점에서 일어난다고 주장했다. 수학에서 점은 공간을 차지하지만 명확하게 연장된 길이는 없다. 아마도 선에는 무한한 수의 점이 있을 수 있다. '점'은 물고기나 새도 아니고 연장되거나 연장되지 않지도 않으므로, 둘 사이의 전환 역할을 할 수 있다.

상호 작용 이론의 경우, 데카르트는 자신의 규칙에 따라 명석 판명한 결론을 얻지 못한다. 그는 정신과 육체 사이의 끈질긴 이원론을 극복하지 못했다. 하지만 연장과 비연장의 관계에 관한 그의 사색은, 그의 제자들과 다른 철학자들이 인과 관계의 중요한 문제에 대해 조사하게 될 토대를 마련했다.

데카르트의 추종자 두 명은 '기회 원인론'(occasionalism)이라 불리는 심신 이론을 고안했다. 둘 중 한 명인 아르놀트 휠링크스(Arnold Geulincx)는 모든 인과적 상호 작용을 부정했다. 정신과 육체는 서로 어떤 일을 하도록 직접 영향을 줄 수 없는, 별개로 나뉜 실체라는 것이다. 휠링크스는 사람이 팔을 움직이겠다고 결정하면 실제로 팔이 움직인다는 것을 인정한다. 그러나 그의 정신이나 의지가 팔을 움직이는 원인은 아니라고 말한다. 모든 행동의 근본 원인은 신이다. 내 정신이 내 팔을 움직이는 것을 생각할 때, 신이 그 움직임을 창조하거나 일으킨다. 이 이론은 정신과 육체 사이의 인과 관계를 부차적인 것으로 간주한다. 정신과 육체는 하나님의 일차적인 인과 관계로 인해 병렬적으로 작용한다.

The Consequences of Ideas

7.

존 로크
근대 경험론의 아버지

    17세기 사상계를 주도했던 합리론은 데카르트학파에만 국한되지 않았다. 유대인 철학자 바뤼흐 스피노자(Baruch Spinoza)는 데카르트의 작업을 바탕으로 했지만 새로운 방향으로 합리론을 발전시켰다. 스피노자는 기하학을 전문으로 하는 (데카르트와 같은) 수학자였고, 현실을 설명하는 데 사용할 수 있는 공리에 기초한 철학을 구축했다.

    데카르트가 상호 작용 이론으로 설명하고자 했던 정신과 육체의 관계에 대한 질문은 중요한 신학적 질문을 제기한다. 특히 인과 관계와 관련하여, 신은 어떻게 세계와 관련을 맺는가? 과학이 자연의 '법칙'을 설명하려는 시도가 진전을 보이면서, 자연은 마치 내장된 부품에 따라 작동하는 기계와 매우 유사하게 움직인다는 생각이 점점 대중화되었다.

    이러한 생각은 신을 우주의 창조자일 뿐 아니라 통치자로 보는 유대-기독교 신의 섭리관에 위기로 다가왔다. 역사적으로 자연의 법칙은 곧 신의 법칙으로 여겨져 왔다. 만물은 살아 움직이며, 신 안에 존재한다. 고전적 관점에 따르면 이 세상의 모든 힘은 신의 힘에서 비롯된다. 이는 우주가 신으로부터 독립적으로 기능하지 않으며, 기능할 수도 없다는 것을 의미한다. 우주는 그 기원과 존재의 지속을 위해 신의 능력에 똑같이 의존한다.

인과 관계와 관련하여, 17세기 기독교 철학은 근본적 인과 관계와 부차적 인과 관계를 구분했다. 신만이 모든 것의 근본 원인이지만 그는 부차적 원인을 통해 일한다. 부차적 원인이 실제 원인이지만 그 힘은 궁극적으로 신에게 의존한다. 예를 들어 비가 오면 풀이 젖는다. 관습적으로 우리는 풀이 젖는 인과적 힘을 비에 부여한다. 풀이 젖는 것은 비의 인과적 힘의 효과 또는 결과다. 이 과정에서 신은 무슨 역할을 하는가? 전통적인 대답은, 풀이 젖는 것은 궁극적으로 비가 내려 풀을 적시도록 하는 것은 신의 섭리라는 것이다. 이 같은 근본 원인이 없다면 부차적 원인(비)도 작용할 수 없기 때문이다.

이 같은 유신론적 세계관은 우주가 그 자체의 힘으로 기계처럼 작동한다는 개념을 배제한다. 신이 통치하는 유신론적 우주와 신의 간섭을 받지 않는 기계론적 우주 사이의 긴장은 당시 뜨거운 쟁점이었다. 이런 사실은 자연의 의존성과 그 '법칙'을 신의 활동에서 찾으려 한 데카르트적 관념론자들이 보여 주었다.

실체 철학

스피노자는 그 질문에 대해 그의 '실체 철학'(substance philosophy)에서 다른 접근 방식을 취한다. 신을 자연 전체와 동일시하는 그의 유명한 격언인 "신 또는 자연"(*Deus sive natura*)은 스피노자가 일종의 범신론(pantheism)을 옹호했다는 견해를 낳았다. 단순한 혹은 거친 용어로 범신론이란 모든 것이 신이거나 신이 모든 것이라는 것을 의미한다. 이 정의의 근본적인 문제는 '신'이라는 용어가 무의미해진다는 점이다. 만약 신이 일반적인 모든 것이라면 신은 특별한 어떤 것이 아니다. 만약 그가 개별화될 수 없다면 신이라는 단어에 어떤 의미를 부여할 필요가 없거나, 의미가 없다.

하지만 스피노자는 단순하지 않았다. 그는 신과 세상을 절대적으로 구분하지 않았지만, 자연의 두 가지 측면을 구분했다. 그는 신을 실체로 정의했다. 실체에는 무한한 수의 속성이 있다. 속성은 실체가 특정하게 발현된 것이고, 마음이 지각한 것이다. 모든 것은 신과 실체에 포함되어 있지만, 실체는 그 양태가 다르다.

스피노자는 '능산적 자연'(*natura naturans*)과 '소산적 자연'(*natura naturata*)을 구별했다. 둘의 차이는 무엇일까? '능산적 자연'은 신의 실체와 그가 행동하는 속성을 가리키며, '소산적 자연'은 신의 속성이 나타난 양태, 또는 신이 세상에서 자신을 표현하거나 드러내는 방식을 의미한다.

스피노자에게 속성은 실체가 특정하게 발현된 것이고, 양태는 속성이 특정하게 발현된 것이다. 그러나 이 세상에서 일어나는 모든 사고와 행동의 양태는 궁극적으로 신의 실체에 의해 결정된다. 현실의 모든 양태는 영원 전부터 고정되어 있다. 사고와 행동은 구분될 수 있지만, 분리될 수는 없다. 이 둘의 '상호 작용'은 실체에 뿌리를 두고 있다. 일어나는 모든 일은, 필연적으로 일어난다.

예정 조화설

1646년에 태어난 고트프리트 빌헬름 라이프니츠(Gottfried Wilhelm Leibniz)도 탁월한 수학자였다. 그는 아이작 뉴턴이 최초였다고 주장되는 가운데 미적분을 뉴턴보다 먼저 개발했다고 알려져 있다. 라이프니츠는 그가 '모나드'(monad, 단자)라고 부르는 실재의 원소 원자에 기초하여 복잡한 우주론을 발전시켰다.

사고와 행동의 관계라는 골치 아픈 문제와 관련해, 우리는 라이프니츠의 '예정 조화설'(preestablished harmony)을 살펴본다. 실재의 각 개별 단위 또는 모나드는 고유하고 창조된 목적에 따라 움직인다. 각 모나드는 다른 모든 모나드와 사실상 분리되어 존재하지만, 모나드는 교향곡처럼 조화를 이루며 함께 작동한다. 사건은 단지 가깝거나 즉각적인 원인을 살펴보는 것만으로는 충분히 설명할 수 없으며, 어떤 것의 즉각적인 원인만으로는 전체를 충분히 설명할 수 없다. 즉각적인 원인은 사건을 설명하는 효율적인 이유는 될 수 있지만, 충분한 이유는 아니다. 충분한 이유는 가까이 있지 않고 멀리 떨어져 있다(라이프니츠는 우주에 설계가 나타나는 이유, 즉 우주가 혼돈이 아닌 질서를 보이는 이유를 설명하고자 했다).

라이프니츠는 특정한 일에 대한 특정한 원인이 천문학적인 수만큼 있다 해도, 그 단순한 행동이나 사건의 원인은 설명할 수 있을지 몰라도 모든 원인이 어떻게 서로 맞물려 있는지는 설명할 수 없다고 말했다. 이것이 바로 하나와 다수, 통일성과 다양성에 대한 고전적인 질문이다. 여러 개의 특정 원인은 다중 우주를 생성할 수 있지만, 결코 우주를 생성할 수 없다. 전체에 대한 충분한 이유를 발견하려면 일련의 특정 원인의 바깥이나 그 너머에서 초월적인 원인을 찾아야 한다. 초월적 또는 '근원적' 원인만이 부차적 원인으로 간주될 수 있는 충분한 이유를 제공한다.

모든 모나드와 그들의 상호 연관성은 궁극적으로 신에 의해 조직되기에, 라이프니츠는 우리가 가능한 모든 세계 중 가장 좋은 세계에서 살고 있다고 주장할 수 있었다. 볼테르(Voltaire)의 팡글로스 박사(『캉디드』[*Candide*]에 등장하는, 낙천적 세계관을 지닌 인물 – 역주)의 모델이 라이프니츠였다는 것이 일반적으로 인정된다.[1]

로크의 사상

데카르트가 근대 합리론의 아버지라고 한다면, 존 로크(John Locke, 1632-1704)는 '근대 경험론의 아버지'라고 칭할 수 있다(일부는 프랜시스 베이컨[Francis Bacon]을 그렇게 칭하겠지만). 로크는 생애의 대부분을 17세기에 살다 간 인물이지만 그의 영향력은 일반적으로 영국 경험론의 시대라 불리는 18세기에 가장 많이 느껴졌다.

로크는 생득적 관념, 또는 선험적 지식을 고집하는 합리론에 도전했다. 이 주제에 관한 로크의 대표작이자 가장 유명한 저서는 1690년에 출간된 『인간 오성론』(*An Essay Concerning Human Understanding*)[2]이다.

로크는 인식론의 기본 질문들을 탐구해 들어갔다. 그는 인간이 어떻게 지식을 얻는지 알고자 했고, 데카르트처럼 인간이 무엇을 알 수 있는지 발견하려 했다. 두 번째 질문에 답하기 위해 그는 첫 번째 질문부터 시작해야 했다. 우리가 지식에 도달하는 방법이 우리가 알 수 있는 것을 결정한다.

데카르트가 "나는 생각한다. 그러므로 나는 존재한다"로 유명한 것처럼, 존 로크는 "백지"(*tabula rasa*)로 유명하다. 로크가 밟은 첫 번째 단계는 명석판명한 생득적 관념이라는 합리론의 이상에 도전하는 것이었다. 그는 생득적 관념의 보편성에 의문을 제기함으로써 생득적 관념 자체에 의문을 제기했다. 그가 보기에 모든 사람이 무모순의 법칙이나 인과 관계의 법칙 같은 것을 아는 것은 아니었다. 예를 들어, 어린아이나 정신이 약한 사람들은 이러한 법칙을 알지 못한다(이마누엘 칸트 등이 반박한 주장). 그러나 로크는 그러한 법칙에 동의할 수 있는 '보편적 준비'(universal readiness)가 있다고 인정했다(비평가들의 비판을 강화하는 데 도움이 된 인정).

로크에 따르면, 인간은 태어날 때 아무런 지식도 가지고 있지 않다. 신생아의 마음은 백지 상태다. 그의 마음에는 이미 아무것도 쓰여 있지 않다. 무모순의 법칙을 포함한 모든 지식은 경험을 통해 습득된다. 그러므로 모든 지식은 후험적이다(후험적 지식은 경험 이후에 얻어지고, 선험적 지식은 경험 이전에 얻어진다).

로크는 지식이 단순한 생각에서 시작한다고 말했다. 이 단순한 생각들은 모든 지식의 원재료 또는 구성 요소다. 그는 관념을 마음속에 있는 모든 것으로 정의했다. 이런 단순한 생각은 감각(sensation)과 반성(reflection)이라는 두 원천 중 하나에서 비롯되는데, 감각이 더 큰 원천이다.

오감은 시각, 청각, 촉각, 후각, 미각을 말한다. 감각 기관이 경험하는 오감을 통해 우리는 흰색과 파란색, 뜨거움과 차가움, 쓴맛과 단맛, 딱딱한 것과 부드러운 것, 향기와 악취 등과 같은 관념을 인식하게 된다. 오감이 인식하는 것이 '경험적' 실재다.

반성은 인식, 생각, 의심, 추론, 의지 등과 같은 마음의 활동을 포함한다.

모든 관념은 감각이나 반성에서 비롯된다. 그리고 모든 관념은 단순하거나 복잡하다.

단순한 관념은 혼합되지 않고 균일하며, 부분으로 나눌 수 없다. 예를 들어, 바흐의 음악은 개별 음표로 나눌 수 있는데, 음표 자체는 단순하지만 이를 칸타타로 배열하는 것은 복잡하다.

로크는 네 가지 종류의 단순 관념(simple ideas)을 식별한다. 첫째는 앞서 설명한 개별적인 감각 데이터다. 둘째는 개별적인 반성이다. 셋째는 감각의 협력을 통해 발견되는 특성이다(나는 그릴 위에서 구워지는 스테이크를 보는 동시에 냄새를 맡고 지글거리는 소리를 듣는다). 넷째는 감각과 반성의 협력에서 파생된 관념이다.

복합 관념

로크는 복합 관념(complex ideas)은 단순 관념의 원재료에서 파생된다고 설명한다. 단순 관념을 얻을 때 정신은 비교적 수동적일 수 있다. 마치 누군가가 그 위에 글을 쓰는 백지 같다. 백지는 단어를 만들지 않고 단지 수신한다. 단순 관념에서 복합 관념으로 이동하려면 발전할 때의 정신은 활성화되어 단순한 백지가 아닌, 컴퓨터처럼 기능해야 한다. 정신은 결합, 비교, 분리라는 기본 활동을 수행하며, 이를 각각 합성, 추상화, 관계화로 부르기도 한다. 이 과정에서 정신은 관념을 결합하고 개별화하고 분리한다.

예를 들어, 공간에 대한 단순 관념은 두 물체 사이의 거리를 인식하는 데서 비롯된다. 공간에 대한 반복적이고 단일한 경험을 통해 우리는 거대한 공간이라는 복합 관념을 구축한다. 우리는 영원을 경험한 적이 없음에도 순간 유사한 경험을 통해 영원이라는 복합 관념을 구축한다. 영원에 대한 관념은 선험적(즉, 영원을 경험하기 전)이지만, 그럼에도 영원에 대한 관념은 순간의 경험에 기반한 것이기에 후험적이다.

물론 공간이나 시간이라는 개념이 정말로 '단순한' 관념인지 질문해야 한다. 예를 들어, 우리는 두 대상의 단순한 감각을 연관시켜야 공간에 대한 관념을 얻을 수 있다(이 질문은 나중에 데이비드 흄이 제기할 것이다). 로크는 언어 현상 자체를 설명하기 위해 복합 관념의 형성을 설명해야 했다.

여기서 우리는 보편적인 것에 관한 오랜 질문에 다시 직면하게 된다. 로크는 보편적인 것은 실재하지 않으며, 오직 개체만이 존재한다고 주장했다. 하지만 그는 보편적인 것은 정신에 의해 생성된 이름일 뿐이라고 (유명론자들과 함께) 말하기를 꺼렸다. 그는 정신이 보편적인 것을 '창조한다'고 인정하지만, (형이상학적 회의론자들과 함께) 우리가 사물의 본질은 알 수 없다고 결론지었다.

로크는 순수한 주관주의나 상대주의를 피하기 위해 진리의 '대응' 이론을 받아들인다. 그는 '실재에 대응하는 것'을 진리라고 정의했다. 이것은 프랜시스 쉐퍼(Francis Schaeffer)가 '진정한 진리'(true truth)라고 부른 것이다. 쉐퍼의 이 말은 단순히 말을 반복한 것이 아니라. 믿는 주체에만 의존하지 않는 객관적 진리를 말한 것이다.

객관적 진리에 대한 로크의 문제는 현실과 맞닿은 지점에서 발생한다. 그는 고대의 주체-객체 문제에 직면해 있다. 객관적 진리는 주관적으로 수용되어야 한다. 현실이 나에게 보이는 그대로임을 어떻게 확신할 수 있을까? 내 생각과 외부 세계 사이를 이어 주는 다리는 내 오감이다. 나는 감각 지각에 의지해 객관적 세계에 도달할 수 있을까? 주체-객체 문제를 인식한 로크는 제1성질과 제2성질을 구분함으로서 문제를 해결하고자 했다.

제1성질과 제2성질

로크는 사물의 본질을 직접적으로 인식할 수 없다고 인정했기에, 우리가 어떻게 실재와 접촉하는지 설명해야 했다. 로크에 따르면 우리는 먼저 대상의 성질을 지각함으로써 실재와 접촉한다.

그는 제1성질과 제2성질을 구분했다. 제1성질은 사물 자체 안에 존재한다. 우리가 어떤 사물의 제1성질을 접촉하는 것은 곧 사물 자체와 접촉하는 것이다. 사물의 본질은 알 수 없지만, 사물의 제1성질을 접촉함으로써 객관적 실재에 대한 인식이 가능하다. 제1성질은 사물과 불가분의 관계를 맺는다. 아리스토텔레스에게 우연이 질료와 불가분의 관계에 있었던 것처럼, 이러한 제1성질은 사물 자체와 불가분의 관계에 있다. 예를 들어, 야구공은 둥글기 때문에 둥글게 보인다. 투수가 야구공을 던질 때 공이 움직이는 것처럼 보이는 것은 공이 움직이기 때문이다. 야구공은 또한 실제로 딱딱하기 때문에 딱딱하게 느껴진다. 단단함(야구공은 단단하기 때문에 단단하게 느껴진다), 모양, 크기, 운동과 정지, 개수(한 개의 야구공을 볼 때 동시에 두 개의 야구공이 아니기 때문에 그렇게 보인다) 등이 물체의 제1성질에 속한다.

제2성질은 대상 안에 내재한 성질이 아니라, 오히려 대상이 우리 안에 창조하는 힘을 지닌 성질이다. 예를 들어, 우리는 야구공을 흰색으로 묘사하지만 야구공 안에는 실제로 흰색이 없다. 불을 끄면 야구공은 아무런 색깔도 띠지 않는다. 마찬가지로 눈덩이는 차갑지만 눈덩이 안에는 차가움이 없다. 오히려 우리의 체온에 상대적으로 차갑게 느껴지는 것뿐이다(차가움이란 열이 부족한 상태라는 것이 나중의 연구에 의해 밝혀졌다). 찻잔에 얼음을 넣으면 차의 온도가 식는다. 얼음의 냉기가 뜨거운 차 속으로 퍼지는 것이 아니라, 얼음이 차의 열기를 흡수하기 때문이다. 겨울에 춥게 느껴지는 것은 공기가 차갑기 때문이 아니라, 주변 공기를 따뜻하게 하기 위해 내 몸의 열이 손실되기 때문이다. 로크에 의하면, 색, 소리, 맛, 냄새와 같은 것들이 제2성질에 속한다. 어떤 물체에서 악취가 나는 것은 그것이 내 후각을 자극했기 때문이다. 하지만 그 악취는 그 물체 안에 내재하지는 않는다. 어떤 사람은 브로콜리의 맛을 기분 좋게 느끼지만, 어떤 사람은 그 맛에 거부감을 느낀다. 이것은 주관적인 반응이다.

로크는 제1성질과 제2성질을 일으키는 실체에 대해 상식 선에서 인정한다. 그는 기본적으로 감각을 신뢰하는 것이 필요하다고 생각했다. 우리는 감각이 마음의 투영이 아닌 다른 것에 의해 야기된다고 가정해야 한다. 감각의 원천은 실체다. 실체적 실재가 없다면 감각도 있을 수 없다. 그는 생각하는 주체 없이는 생각도 없다는 데카르트의 논리에 의지한다.

유신론과 관련해 로크는 신에 대한 관념은 명석 판명하지 않으며 생득적이지도 않다고 보았다. 하지만 그는 신의 존재를 부인하지 않았고 경험론적으로 신의 존재를 주장했다. 신은 경험적인 감각으로 인식할 수는 없지만, 반성을 통해 얻어진 필연적 추론이라는 것이다. 신에 대한 관념은 실체에 대한 관념과 마찬가지로 다른 단순한 관념으로부터 추론된다. 신은 관찰이 아니라 증명을 통해 알려지는 대상이다.

신이 논증에 의해 알려지는 존재라는 사실은 직관적인 논리의 사용을 필요로 한다. 사각형은 원이 아니라는 확실한 지식 같은, 직관에 의한 지식을 통해 이를 인정한다. 우리는 직관을 통해 비실재는 실제 존재를 생성할 수 없다는 사실을 분명히 알게 된다. 영원 전부터 무엇인가가 존재하지 않았다면 지금 아무것도 세상에 존재할 수 없다. 로크는 신의 존재에 관한 지식은 직접적인 감각으로 느끼는 것보다도 더욱 확실하다고 주장했다.

정치 철학

사실 로크는 미국에서 그의 인식론보다 정치 철학으로 더 유명하다. 그의 『시민 정부론』(*Two Treatises of Civil Government*)[3]은 영국과 미국에 지속적인 영향을 미쳐 왔다. 로크는 모든 법이 자연법에 근거하며, 자연법은 영원한 신법(神法)에 근거한다고 말한다.

로크는 법을 세 가지 형태로 구분했다. 바로 사법(私法), 시민법, 신법의 형태였다. 사법은 대중적인 견해에 의해 형성된 관례를 말한다. 관례는 유행에 좌우되는 법으로, 그 시대에 유행하는 것이나 집단이 선호하는 것을 반영한다. 현대적인 표현으로 말하면, 이는 사회적인 기준이나 관습을 가리킨다. 사법은 시민법에 반영될 수도, 반영되지 않을 수도 있다. 사법은 법적인 절차를 받아 공식적인 법률로 인정받지 못하면 법적 효력을 지니지 못한다. 사법은 강제적 효력이 아닌 도덕적 효력을 지닐 뿐이다.

시민법은 정부가 지정하는 법 기관을 통해 집행된다. 아울러 시민법은 신법에 근거한 자연법에 의해 판단된다. 로크는 성경을 읽지 않고서도 신법과 그 안에 담긴 위대한 도덕적 원리들을 발견할 수 있다고 주장했다. 이성을 가지고 신법을 알 수 있는 이유는 신법이 자연법을 통해 나타나기 때문이다. 그는 신법이 수학적 법칙만큼 자명하다고 주장했다.

로크는 자명한 도덕법의 몇 가지 사례를 제시한다. 첫째, 사유 재산이 없으면 불의도 있을 수 없다. 사유 재산이란 개념은 권리를 암시한다. 인간의 권리가 침해되는 곳에서 불의가 발생한다. 둘째, 절대적인 자유를 인정하는 정부는 없다. 법이 없는 정부는 존재하지 않는다. 모든 법은 누군가의 자유를 구속하기 마련이다. 예를 들어, 도둑은 처벌을 받지 않고 물건을 훔치려는 자유를 누리려고 하지만 법은 그의 자유를 제한한다.

로크에 따르면, 사유 재산권은 시민법에 앞선다. 그 이유는 그것이 자연법에 기초하고 있기 때문이다. 어떤 사람(도둑과 같은)의 자유를 제한하는 것은 필요하다. 왜냐하면 자연 상태에서는 악이 존재할 수밖에 없기 때문이다. 정부가 없는 사회에서는 사람들이 저마다 자기의 법을 내세우는 혼란한 상태가 존재할 수밖에 없다. 이런 점에서 아우구스티누스가 주장한 대로, 정부는 필요악이 아니라 악의 존재 때문에 반드시 필요한 제도다.

시민법의 원천

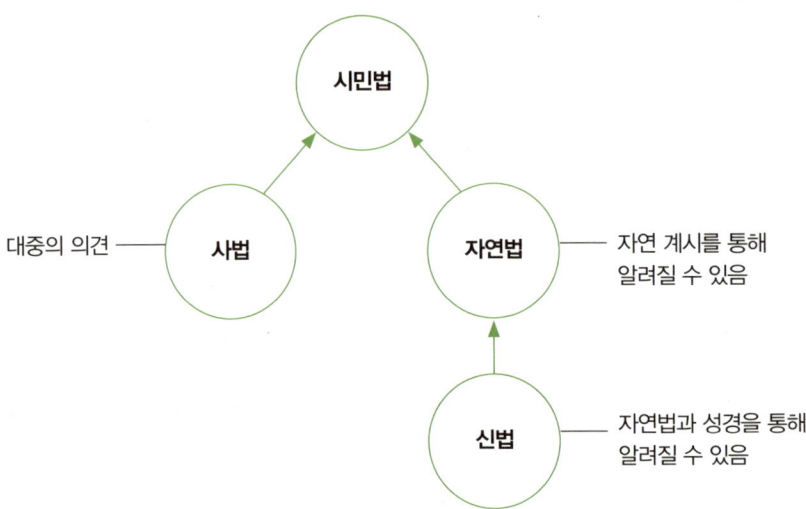

사람들은 질서 있는 정의 사회를 원하기 때문에 서로의 자유를 어느 정도 제한하는 데 동의한다. 이러한 자발적 동의 또는 '사회 계약'(social contract)에

의해 국가가 수립된다. 정부는 공익을 위해 설립된다. 사람들은 개인 간의 갈등을 조정하고 정의를 확립하기 위해 법원을 만든다. 사람들은 국가에 그들의 모든 자유를 포기하는 것이 아니라 생명과 사유 재산을 보존하고 행복을 추구하는 데 필요한 만큼의 자유만 포기할 뿐이다.

로크는 이성에 호소하면 대부분의 사람이 합리적인 방법으로 각자의 이익을 추구해 나가도록 할 수 있다고 믿었다. 그는 다수의 지지에 의한 정치 권력이 실현되는 국가 공동체(commonwealth)를 꿈꾸었다. 하지만 그는 다수가 지지한다고 해서 반드시 정의로운 시민법이 확립될 수 있다고 생각하지는 않았다. 자연법에 계시된 공공의 선을 추구하는 법이 정의로운 법이다. 자연법은 개인을 다수의 횡포로부터 보호한다. 바로 여기에서 공화제(법에 의해 통치되는 국가)와 민주제(다수의 뜻에 의해 통치되는 국가)의 차이점이 발견된다.

The Consequences of Ideas

8.

데이비드 흄

회의주의자

존 로크의 경험론과 데이비드 흄의 극단적 회의론 사이에는 조지 버클리(George Berkeley)라는 흥미로운 인물의 철학 이론이 존재한다. 버클리는 수학과 논리학을 배웠지만, 그의 주된 관심은 철학과 신학에 있었다. 1685년 아일랜드에서 출생한 버클리는 1700년 더블린의 트리니티 대학에 입학했다. 그는 성공회 성직자로 서품을 받은 뒤 1734년에 주교가 되었다. 그는 미국에서 3년을 지내는 동안 미국의 철학자 조너선 에드워즈와 자주 교제를 나누었다.

버클리는 "존재하는 것은 지각되는 것이다"(Esse est percipi)라는 명제로 유명하다. 그의 명제는 세심히 고안된 인식론적 공식이었지만, 많은 농담의 빌미가 되기도 했다. 예를 들어, 사람들은 "만일 숲에서 나무 한 그루가 쓰러져 넘어졌는데 그 소리를 듣는 사람이 아무도 없다면, 실제로 소리가 존재했을까?"라는 식의 질문을 던졌다.

"존재하는 것은 지각되는 것이다"라는 명제는 버클리 사상의 핵심을 요약해 준다. 그는 우리 밖에 무엇이 존재하든 존재하지 않든, 우리는 오직 감각을 통해 지각되는 것과 반성을 통해 알 수 있는 것만 알 수 있다고 주장했다. 그러므로 우리가 알 수 있는 것은 관념뿐이다. 그는 형이상학적인 본질이나 사물 그 자체에 대한 지식의 나무 뿌리에 도끼를 가져갔다. 버클리는 제1성질과 제2성질에 대한 로크의 구분이 터무니없는 것이라고 생각했다. 지각되는 것이 아니면 존재하지 않는다는 관점에서 볼 때, 사물의 성질은 모두 이차적인 것에 불과하다는 것이 그의 지론이었다.

근대 철학자들의 명제

르네 데카르트	나는 생각한다. 그러므로 나는 존재한다(Cogito, ergo sum).
바뤼흐 스피노자	신 또는 자연(Deus sive natura)
존 로크	백지(Tabula rasa, 태어났을 때의 마음 상태)
조지 버클리	존재하는 것은 지각되는 것이다(Esse est percipe).

하지만 버클리의 이론은 단순한 주관주의와는 거리가 멀다. 그는 객관적인 실재가 존재한다는 것을 부인하지 않았다. 다만 객관적 실재와 지각되는 실재는 서로 분리되어 존재하지 않는다는 것을 보여 주고자 했을 뿐이다. 그는 능동적인 지각 활동(percipere)과 외부에서 주어지는 수동적인 인상(percipi)을 구별했다. 전자는 인간의 주관적인 상상력의 산물이며, 후자는 인간의 주관적 의지와 상관없이 감각을 통해 지각되는 것을 말한다.

지난 밤, 잠자리에 들기 전에 나는 집 밖에 있는 연못에서 물고기들에게 먹이를 주었다. 오늘 아침에 잠자리에 일어났을 때도 바깥에 나가 물고기들에게 다시 먹이를 주었다. 그렇다면 내가 잠자는 동안, 즉 아무도 지각하는 사람이 없는데도 물고기들과 연못은 과연 존재했는가? 우리는 대개 아침에 가보니 물고기들과 연못이 여전히 그곳에 있기 때문에, 지난밤 내내 그것들이 그곳에 있었다고 생각한다. 바꾸어 말해, 연못과 물고기들에 대한 나의 경험을 통해 그것들이 지난밤에도 내내 그곳에 존재했다고 말할 수 있다. 이렇듯 사물에 대한 우리의 지각은 외부로부터 오는 인상에 의존한다. 우리는 주관적인 상상으로 연못과 물고기들을 만들어 낼 수 없다. 지금까지 많은 철학자가 연못과 물고기들이 계속해서 존재했다는 사실을 설명하기 위해 물질의 실체에 대한 온갖 추상적 개념들을 만들어 냈다. 하지만 그러한 추상적 개념들은 내가 결코 지각할 수 없는 것들이다.

  우리는 어떤 사물에 대한 우리의 개념과 지각이 갖는 규칙성 때문에 물질적 실체의 배후에 물리적 실재와 인과 관계의 법칙이 존재한다고 생각한다. 예를 들어, 과학에서는 조수 간만의 차이는 달의 중력 또는 인력에 의해 이루어지며, 물체가 낙하하는 이유는 그 자체로는 감지할 수 없는 힘인 중력 때문이라고 설명한다. 과학자들은 이 신비한 인력을 다음과 같이 공식화한다. "물질의 두 입자는 질량의 곱으로 서로를 끌어당기고, 그 힘은 두 입자 사이의 거리의 제곱에 반비례한다."

  20세기 기독교 철학자 가운데 한 사람인 고든 클라크(Gordon Clark)는 인력의 개념에 관해 다음과 같은 질문을 제기한 바 있다. "인력(끌어당기는 힘)이란 개념으로 인해 실제로 사물의 본질에 대한 우리의 지식이 넓어지는가? 소위 인력이란 개념은 하나의 원자가 다른 원자를 유혹하기(끌어당기기) 위해 립스틱을 바르고 향수를 뿌리고 머리를 아름답게 가꾸어야 한다는 뜻인가? 혹시 인력이란 용어는 사물의 본질에 대한 우리의 무지를 가리기 위한 속임수는 아닐까? '우연'(혹은 운명)이라는 개념을 다룰 때처럼 인력이란 개념에도 존재론적인 힘이나 존재를 부과하고 있는 것은 아닌가?"

18세기 사상가들의 글을 읽다 보면 신경계에 충동을 전달하는 '동물혼'(animal spirits)에 대한 언급을 자주 접하게 된다. 동물혼에 대한 이런 언급은 순진하고 말도 안 되는 개념으로 여겨져 우리가 웃음을 터뜨리게 한다. 하지만 이런 용어들이, 똑같이 지각되지 않은 현대의 용어들보다 더 무의미한 개념일까?

사건, 과정, 사물의 운동을 설명하기 위해 우리는 많은 용어를 만들어 내고 동원한다. 하지만 엄밀히 따지면 그러한 시도는 한갓 묘사에 불과할 뿐 설명이 되지 못한다. 심지어 수학적인 등식을 사용해 어떤 것을 묘사한다고 하더라도 그것이 실재에 대한 지식을 얻었다는 뜻은 아니다. 프톨레마이오스의 천동설의 경우처럼 오늘날 우리가 객관적이라고 믿는 온갖 이론들도 단지 사물의 현상을 묘사하는 것에 지나지 않을 뿐, 사물의 본질에 대한 정확한 지식을 전달해 줄 수는 없다.

에너지의 본성을 예로 들어보자. "에너지는 무엇인가?" 하는 질문을 던지면, 아마도 "일을 할 수 있는 힘"이라고 대답할 것이다. 하지만 질문의 의도는 에너지가 무엇을 할 수 있느냐가 아니라 에너지의 본성이 무엇이냐고 물은 것이다. 아마 어떤 과학자는 "$E = MC^2$"라고 대답할지도 모른다. 하지만 우리는 "우리는 수학적 등식을 물은 것이 아니오. 우리가 원하는 대답은 에너지의 본성에 관한 것이오. 에너지와 '원기'의 차이는 무엇이며, 에너지와 '생기'의 차이는 무엇이며, 에너지와 '인력'의 차이는 무엇이오?"라고 집요한 질문을 던질 수 있다. 우리는 직접적으로 에너지를 지각할 수 없다. 하지만 관찰에 기초한 현대 과학은 에너지의 본질을 알고 있는 듯이 말한다.

물론 이런 말을 하는 것은 에너지의 존재가 터무니없는 가정에 불과하다는 것을 알리기 위함이 아니다. 하지만 결국 에너지란 개념은 현상에서 관찰될 수 있는 사물의 운동을 설명하기 위한 이론에 불과하다. 물질의 본성이 지각될 수 없다면, 물질의 현상을 통해 추론된 개념인 에너지라는 말 역시 궁극적으로 우리의 지식을 더 넓혀 주지 못하는 것은 사실이다.

버클리는 인간의 정신 외부에 다른 사물들이 존재한다는 사실을 설명하기 위해 신의 존재에 의존한다. 그는 신이 우주 만물을 지각하는 전지전능한 영원한 정신이라고 말했다. 이는 진리 대응론(correspondence theory of truth, 진리는 실재에 대응하는 것이라는 이론)을 약간 수정한 것이다. 버클리는 사물을 지각하는 영원한 존재인 신이 있기 때문에 현실이 존재한다고 주장했다. 연못과 물고기들이 잠을 자고 있는 동안에도 계속 존재할 수 있는 이유는 신이 그것들을 항상 지각하고 있기 때문이다.

데이비드 흄

데이비드 흄(David Hume)으로 인해 영국 경험론은 죽음을 맞이했다는 말을 많이 한다. 그는 경험론을 회의주의로 발전시켰다.

많은 사람이 흄이 인과 관계의 법칙을 완전히 무너뜨렸으며, 그 결과 어떤 것이 다른 어떤 것의 원인도 될 수 있고 결과도 될 수 있다는 혼란을 초래했다고 믿는다. 인과 관계의 법칙에 관한 흄의 비판을 살펴보기 이전에 그의 인식론부터 살펴보는 것이 순서가 아닌가 싶다.

흄은 1711년에 스코틀랜드의 에든버러에서 출생했다. 그는 유럽 대륙에 건너가 프랑스 등지에서 오랜 세월을 보냈다. 그가 교제를 나눈 사람 중에는 장 자크 루소(Jean-Jacques Rousseau)와 애덤 스미스(Adam Smith) 등이 있었다. 그는 1739년에『인간 본성에 관한 논고』(A Treatise of Human Nature)[1]를 출판했지만, 실패작으로 끝났다. 하지만 그의『도덕과 정치론』(Essays Moral and Political)[2]은 상당한 성공을 거두었다. 그는 그 후에 다시『인간 본성에 관한 논고』를 개작해『인간 이해력에 관한 탐구』(An Enquiry Concerning Human Understanding)[3]로 내놓았다. 이 책은 철학적 고전의 위치에 올라와 있다. 이 밖에도 그는 여러 저서를 남겼으며, 그 가운데『자연 종교에 대한 대화』(Dialogue Concerning Natural Religion)[4]가 있다. 그는 1776년 에든버러에서 부자로 죽었다.

흄의 인식론에 따르면 정신 안에 형성된 모든 내용은 감각적 경험(혹은 지각)에 의해 주어진 자료로 환원될 수 있다. 감각적 경험(지각)은 인상과 관념의 두 가지 형태로 구성된다. 이 가운데 사유의 원초적 자료는 인상이며, 관념은 인상의 모사, 또는 기억에 불과하다. 정신이 기억하는 것(관념)은 사유의 원초적 자료인 인상이 얼마나 생생한가 여부에 달려 있다.

기억력 연구가들은 생생한 인상이 기억에 오래 남는다고 말한다. 그들은 숫자를 그림으로 나타내 좀 더 생생하고 덜 추상적으로 만든다. 외국어를 배우다 보면 동사보다는 명사, 전치사나 접속사보다는 동사가 더 외우기 쉽다는 사실을 금방 알 수 있다. 이는 명사가 동사보다 더 구체적이고 생생하기 때문이며, 동사가 전치사보다는 좀 더 강렬한 행위를 묘사하기 때문이다(어떤 사람들은 조너선 에드워즈가 지속적인 인상을 남기기 위해 설교에 이러한 방법을 적용했다고 주장한다).

흄은 인상이 없이는 관념도 있을 수 없다고 주장했다. 인간이 가지게 된 모든 관념은 최초에는 단순한 인상에 근거한 것이다. 하지만 모든 인상이 감각을 통해 오는 것은 아니다. 어떤 인상은 감각을 기초로 한 반성에서 비롯된다. 인간은 반성을 통해 얻게 되는 관념들을 통해 욕망과 감정과 열정을 갖게 된다.

인간은 단순 관념과 인상을 근거로 상상력을 발휘해 복합 관념을 형성한다. 인간은 상상력으로 구체적인 감각적 인상들을 조합하고 연결시키며, 감각적 인상을 통해 사물을 구별하고 분리한다. 예를 들어, 인간은 시각을 통해 나무와 나비의 차이를 인지하고, 그것들이 모순되지 않고 실제로 서로 구별된 상태로 존재한다는 것을 알게 된다.

관념이 뚜렷한 특성을 지닌 경우, 관념은 상상력에 의해 서로 연결될 수 있다. 이런 특성에는 1) 유사성, 2) 시간과 공간적인 근접성, 3) 원인과 결과가 포함된다.

예를 들어, 하나의 그림은 우리에게 본래의 사물을 생각나게 하며(유사성), 건물 속의 한 방은 그 건물 안에 있는(즉, 가까이 있는) 다른 방들에 대한 궁금증을 불러일으키고(근접성), 상처에 대한 기억은 상처로 인한 고통에 대한 성찰을 낳는다(원인과 결과). 이 세 가지 성질을 근거로 감각적 인상을 통해 얻은 관념들이 조합된다. 하지만 흄에 따르면 이 세 가지 성질 가운데서도 지식의 성립에 가장 중요한 것은 원인과 결과 개념이다. 이 개념에 모든 지식의 타당성 여부가 달려 있다. 그러므로 만일 인과 관계의 원리에 오류가 발견된다면, 확실한 지식은 결코 있을 수 없다.

인과 관계의 법칙

흄은 인과 관계를 탐구하기 위해 인과 개념이 최초에 어떻게 생겨났는지 묻고자 한다. 흄은 인과 법칙에 관한 이론이 제각기 다르다는 점을 지적했다. 데카르트 추종자들의 '기회 원인론', 스피노자, 라이프니츠, 존 로크, 버클리의 이론이 제각기 다르다. 일어난 사건이나 행위의 실제 원인에 대한 의견이 분분하다. 행위란 과연 정신과 육체의 상호 작용으로 인한 결과인가? 신이 과연 모든 현상의 원인인가? 결과나 현상을 설명할 때 실재, 속성, 양태라는 것은 무엇인가? '예정 조화설'이 과연 모든 사건과 행위의 원인을 규명할 수 있는 것인가? 사물의 존재는 과연 신이 그것을 지각하고 있는 탓일까?

흄은 인과 개념이 사물들의 관계에 대한 정신적인 반성에 의해 일어나는 것이라는 주장에서부터 시작한다. 인과 법칙에 따르면, "A가 B의 원인이다"라고 말한다. 하지만 어떻게 "A가 B의 원인이다"라고 말할 수 있는가? 우리의 인과 개념은 경험에 기초한다. 경험은 인과 관계를 말할 수 있는 세 가지 이유를 제공한다. 첫째, A와 B는 항상 공간적으로 서로 가까이 있기 때문이다(근접성). 둘째, 원인은 항상 결과를 선행하기 때문이다(시간의 선행성). 셋째, A 뒤에는 항상 B가 뒤따른다는 사실을 볼 수 있기 때문이다(항상 일정한 결합). 이러한 경험의 요소들이 결합해 "A가 B의 원인이다"라는 상식적 전제가 성립한다. 흄은 인과 개념이 이와 같은 상식적 전제에 근거해 있음을 밝히면서, 인과 법칙이 절대적으로 성립되는 개념은 아니라고 주장한다.

흄은 인과 개념이 무엇보다도 습관적 관계에 의존한다고 말한다. 예를 들어, 우리는 비가 온 뒤에는 잔디가 젖는다는 사실을 반복적으로 경험한다. 첫째, 비가 오는 것과 잔디가 젖는 일은 서로 공간적으로 가까이 있는 것처럼 보인다(근접성). 만일 앞마당에 비가 내리면 앞마당이 젖게 된다. 둘째, 비가 온 뒤에 잔디가 젖는다. 비가 오기 전에 잔디가 젖는 법은 없다(시간의 선행성). 셋째, 매번 비가 올 때마다 마당이 젖는다. 이런 현상은 비와 젖은 잔디 사이에 관습적 관계가 있음을 암시한다(항상 일정한 결합). 이런 사실에 기초해 우리는 비와 젖은 잔디가 필연적 관계를 맺는다고 믿는다.

흄은 포켓볼을 예로 든다. 나는 9번 공을 코너 포켓에 넣기를 원한다. 그래서 큐를 집어들고 초크를 묻힌 다음, 앞에 있는 공으로 9번 공을 맞추어 그것이 원하는 코너의 포켓에 들어갈 수 있도록 한다. 이 과정에는 일련의 연속적인 행위가 일어난다. 큐로 큐볼을 치기 위해서는 팔로 큐를 움직여야 한다. 나는 큐를 움직여 정지해 있는 큐볼을 때린다. 큐에 맞은 큐볼은 굴러가 9번 공과 부딪히고, (만일 정확하게 쳤다면) 그 공은 코너에 있는 포켓을 향해 굴러간다. 일련의 과정은 다음 그림과 같을 것이다.

포켓볼을 통한 흄의 설명

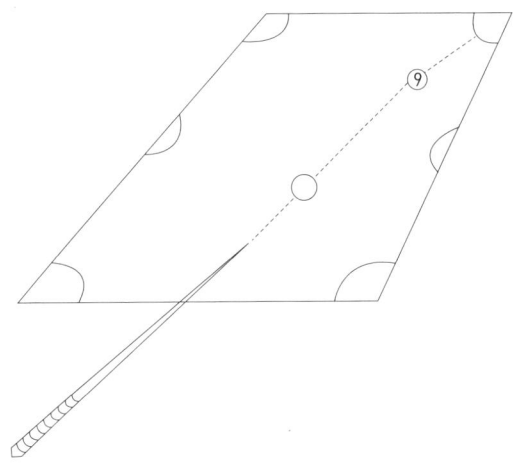

이 과정에서 나는 내 팔의 동작이 큐를 움직이고, 큐의 동작이 큐볼을 움직이고, 큐볼의 동작이 9번 공을 움직이고, 9번 공은 굴러가 포켓 속으로 들어갈 것이라고 가정한다. 말하자면, 두 물체의 근접 관계, 한 가지 행위가 또 다른 행위 이전에 일어난다는 시간의 선행성, 그와 같은 관계가 항상 일어난다는 일정한 결합을 전제하는 것이다. 하지만 "B가 A 뒤에 일어났기 때문에, B의 원인은 A다"라고 확실히 단정 지을 수 있는 근거가 어디에 있는가 하는 것이 흄의 질문이다. 즉, 태양이 뜨기 전에 항상 수탉이 운다고 해서 수탉이 태양을 뜨게 만드는 원인이 될 수 없는 것 아니냐는 논리다. 만일 그렇다면 모든 수탉이 사라지고 나면 태양은 더 이상 뜨지 않게 될 것이 분명하다.

하지만 어떤 결과의 원인을 잘못 추정했다고 해서 모든 원인이 잘못되었다고 말할 수는 없다. 흄은 잔디가 아무 이유 없이 젖는다거나 공이 저절로 움직여 포켓 속으로 들어간다고 주장하지 않는다. 사실 인과 관계의 법칙은 무모순의 법칙(어떤 것이 A이면서 동시에 A가 아닐 수 없다는 법칙)을 이론적으로 확장해 놓은 것이다. 인과 관계의 법칙을 논박하기 위해서는 무모순의 법칙을 논박할 수 있어야 한다. 하지만 아우구스티누스가 논증한 대로, 무모순의 법칙을 논리적으로 논박하려면 우선 무모순의 법칙이 타당하다는 사실을 전제해야 한다.

인과 관계의 법칙은 단지 모든 결과에는 선행하는 원인이 있다는 사실을 선언할 뿐이다. 따라서 이 법칙은 분석적인 관점에서 볼 때 참이며 논박할 수 없는 원리다. 논리상으로 보면, 결과는 항상 원인이 있어야 하고, 원인이 있으면 항상 결과가 뒤따르는 법이다. 따라서 논리상으로 보면 인과 법칙은 아무런 하자가 없다. 하지만 그렇다고 해서 인과 법칙이라는 실재가 존재하는 것은 아니다. 예를 들어, 아무런 결과가 없는 세상에 살고 있다고 가정해 보

자. 그런 세상에는 원인도 역시 존재하지 않는다. 반대로 아무런 원인이 없는 세상에 살고 있다고 가정해 보자. 그런 세상에는 역시 아무런 결과도 존재하지 않는다. 하지만 결과가 있는 세상에 살고 있다면 원인도 존재해야 마땅하다. 원인도 없고 결과도 없는 세상이 존재한다면 그런 세상은 모든 것이 스스로 존재하는 세상일 수밖에 없다. 하지만 모든 것이 스스로 존재한다고 해서 그것들이 스스로 원인이 되는 존재들이라고 단정할 수 없다. 어떤 것이 스스로 원인이 되거나, 동일한 관계에서 원인이면서 동시에 결과가 될 수는 없다. 실제로 어떤 것이 동시에 원인과 결과가 될 수는 있지만, 동일한 관계에서는 그렇게 될 수 없다. 큐볼은 목표로 삼은 공을 움직이게 하는 원인인 동시에 큐에 의해 타격을 받는 결과가 될 수는 있다. 하지만 큐볼은 스스로와의 관계에서 동시에 원인과 결과가 될 수는 없다.

흄이 말하고자 하는 요지는 원인이든 결과든(그것들이 제아무리 원인과 결과로 상상된다고 하더라도) 그와 같은 것들이 실재하는 객관적 속성을 갖는 것은 아니라는 점이다. 인과 법칙의 개념은 물체와 사건들에 대한 경험을 통해 성립된 것일 뿐이다. 따라서 인과 법칙은 선험적으로 자명한 원리가 아니다. 결국 우리는 어떤 일의 직접적인 원인을 지각할 수 없기 때문에, 그 원인이 무엇인지도 확실히 알 수 없다.

전문가들은 흄이 실제로 인과 법칙을 부정했는지, 아니면 단순히 "A가 B의 원인이다"라는 것을 확실히 알 수 없다는 점을 보여 주는 데 만족했는지를 놓고 의견이 엇갈린다. 대상을 개별적으로 생각할 때, 하나의 대상이 그 안에 다른 대상의 존재를 내포하고 있지 않다는 흄의 견해는 옳다. 하지만 원인의 개념에는 반드시 결과의 개념이 내포되어 있어야 한다. 다시 말하지만, 인과 법칙은 형식적인 진리다.

흄이 그의 회의주의에서 어떤 것이 다른 어떤 것을 '일으킨다'고 할 때, 흄은 과연 어떤 의미로 '일으킨다'는 말을 사용한 것일까? 이는 단지 '원인'이라는 말을 다르게 표현한 것일까? 아울러 흄은 '우연'이라는 말은 '무지'라는 말을 달리 표현한 것에 지나지 않는다고 말했다. 그렇다면 그는 우연이 어떤 것의 가능한 원인이 될 수 있다는 사실을 부정한 것일까?

흄의 회의주의는 인과 관계의 법칙에 관한 문제를 넘어서 자아, 실체, 신에 대한 관념에까지 확대된다. 왜냐하면 이들 중 어떤 것도 감각이나 인상을 통해 직접적으로 인식할 수 없는 것들이기 때문이다. 흄은 우리가 자아에 대한 개념을 가질 수 있다는 것을 부인한다. 그렇다면 흄은 우리가 우리 자신에 대한 아무런 의식도 가질 수 없다는 것을 말하려는 의도였을까? 이 문제는 그렇게 단순하지 않다. 흄은 단지 자아에 관한 관념이 인상이나 감각에 의존하는 본래적 관념이 아니라는 점을 말하고자 했을 뿐이다. 한마디로 자아는 경험적으로 알려질 수 없다는 것이 그의 지론이다. 흄의 이와 같은 회의주의는 이마누엘 칸트의 사상을 촉발시켰다.

기적의 가능성

흄은 기적이라는 개념이 유대-기독교 신앙에서 매우 중요한 것임을 잘 알고 있었다. 기적을 부인하는 것은 기독교 자체를 없애는 것과 같다. 일찍이 로크는 성경에 나타난 기적들은 '계시 전달자의 신뢰성'을 입증해 준다고 말했다. 즉, 기적은 신의 존재를 증명해 주는 것이 아니라(신의 존재가 증명되어야 그가 행한 일이 인정받을 수 있다), 신이 계시 전달자의 신뢰성을 높여 주는 것이다.

예를 들어, 모세에게 기적을 행하는 능력이 주어진 이유는 그의 메시지가 하나님에 의해 주어진 것이라는 사실을 입증하기 위해서였다. 마찬가지로 예수의 진리 주장도 기적, 특히 부활의 기적을 통해 입증되었다.

흄은 기적을 자연 법칙의 파괴라고 정의한다. 자연 법칙은 일관된 반복 경험에 의해 확립된다. 기적으로 여겨지는 사건은 이와 같은 자연 법칙을 거스르거나 파괴한다. 일관된 반복 경험은 법칙을 만들어 낸다. 아무도 일관된 반복 법칙에 어긋나는 경험을 할 수 없기 때문에 기적을 경험한 사람은 없다는 것이 흄의 주장이다. 흄은 자신이 설정한 논리적 순환에 매여 있다. 그는 처음부터 기적의 가능성을 배제한다.

흄은 소위 경험의 '확률'에 관해 말한다. 만일 숲속에 10만 마리의 다람쥐가 살고 있다고 해 보자. 어느 날 어떤 사람이 에나멜가죽 꼬리를 가진 다람쥐를 보았다고 주장했다. 그것은 정상에서 완전히 벗어난 주장이다. 그런 다람쥐가 있을 확률은 10만 분의 1이다. 이는 극도로 적은 확률이다. 기적이 일어날 확률도 이와 비슷하다. 결국 기적을 주장하는 것은 일관된 반복 경험의 원칙에서 어긋나기 때문에 신빙성이 없다.

예를 들어, 부활의 기적을 생각해 보자. 기독교의 대중적인 주장은 예수의 제자들이 예수의 부활을 확신해 기꺼이 죽으려 했기 때문에 부활에 관한 진실을 말하고 있었으리라는 것이다. 한 가지 관점에서 볼 때 제자들이 믿음을 위해 기꺼이 죽으려 했다는 것은 확실히 그들의 주장에 어느 정도 신빙성을 더한다. 하지만 그것이 결정적일까? 흄은 "망상에 빠진 광신자들이 자신의 망상을 위해 죽는 것과 사람이 죽었다가 다시 살아나는 것 중 어느 쪽이 더 가능성이 높을까?"라고 물었을 것이다. 대답은 분명하다. 모든 조건이 같다면, 망상 때문에 죽을 가능성이 그들 중 한 사람(또는 다른 누구든)이 무덤에서 살아 나올 가능성보다 더 높다.

하지만 예수의 부활은 스스로 현혹된 광신자들의 증거라고 치부하기 어려운 여러 가지 요소를 담고 있다. 예수의 부활을 부인하기에 앞서, 1) 하나님의 존재와 그분의 본성, 2) 죄와 죽음의 관계, 3) 그리스도의 무죄성, 4) 부활 사건에 대한 구약의 예언, 5) 부활을 목격한 많은 증인, 6) 증언의 신빙성 등과 같은 문제들을 생각해 보아야 한다.

흄이 불가능하다고 여겼던 것을 성경 기자들은 필요하다고 여겼다는 사실이 얼마나 흥미로운가. 신약 성경은 예수의 성품을 고려할 때 죽음이 그를 붙잡는 것은 불가능하다고 주장한다.

만일 흄이 기적을 비판한다면, 그것은 단지 기적만이 아니라 다른 모든 경험적 증거를 부인하는 격이 되고 만다. 그에 따르면, 반복이 없이는 '일관된 반복 경험'이 형성될 수 없다. 하지만 비가 올 때는 항상 잔디가 젖는다는 반복된 경험이 있기 위해서는 그러한 일이 최초로 발생된 때가 반드시 전제되어야 한다. 즉, 어떤 것이 반복되려면 최소한 같은 일이 두 번 이상 일어나야만 한다. 무슨 일이나 동일한 일이 두 번 이상 일어나려면 반드시 그 일이 일어난 첫 번째 경우가 존재해야 한다.

하지만 한 번 일어나고 다시 일어나지 않으면 그 일은 유일무이한 사건이 된다. 그런 일들은 흄이 내세운 '일관된 반복 경험'의 원리에 어긋난다. 따라서 그 진실성이 의심된다. '두 번째'가 있기 위해서는 '첫 번째'가 있어야 하지만, '첫 번째'만 존재하는 사건의 경우에는 받아들일 수 없다. 이것이 흄의 입장이다. 하지만 만일 그의 주장이 참이라면, 세상의 기원이나 '빅뱅'과 같은 유일무이한 사건은 절대로 참으로 받아들여질 수 없다는 결론을 내릴 수밖에 없다.

흄의 유산은 신과 종교뿐만 아니라 과학에 대한 회의주의였다. 이 회의주의는 이마누엘 칸트를 독단의 잠에서 깨웠다.

The Consequences of Ideas

9.

이마누엘 칸트

혁명적 철학자

이마누엘 칸트의 사상은 근대 철학의 분수령이다. 합리론과 경험론의 딜레마는 회의주의라는 철학적 위기를 불러일으켰다. 일찍이 플라톤이 헤라클레이토스와 파르메니데스의 철학을 종합했듯이, 칸트는 합리론과 경험론의 인식론적 종합을 시도했다.

칸트가 일으킨 철학적 혁명은 코페르니쿠스의 과학적 혁명이나, 미국의 정치적 혁명보다도 더 큰 영향을 미쳤다. 흥미롭게도 칸트의 철학적 혁명은 시기상 미국의 정치 혁명이 일어난 때와 같다. 칸트의 가장 중요한 작품은 1781년에 출판된 『순수 이성 비판』(Critique of Pure Reason)[1]이다.

칸트의 중요성은 합리론과 경험론의 종합을 시도했을 뿐 아니라 토마스 아퀴나스의 자연 신학을 와해시켰다는 데 있다. 많은 사람들은 칸트가 전통적인 신의 존재 증명을 무너뜨렸지만, 이성의 절대적 지위를 의문시하고 종교적 신앙의 여지를 남겨 놓았다고 평가한다.

칸트의 사상적 뿌리는 매우 이채롭다. 그는 필리프 슈페너(Philipp Spener)에 의해 시작된 독일 종교 운동의 하나인 경건주의의 영향을 받았을 뿐 아니라, 계몽주의, 그중에서도 특히 장 자크 루소의 영향을 많이 받았다.

18세기에 유럽(특히 독일, 프랑스, 잉글랜드)을 휩쓴 계몽주의는 근대적 사상의 지평을 새롭게 바꾸어 놓았다. 계몽주의는 인식론의 영역에 분석적인 방법을 도입했다. 분석적인 방법은 과학적 방법의 핵심이다. 계몽주의 시대의 분석적 방법은 귀납법과 연역법을 혼합해 '사실들의 논리'를 추구하는 방식으로 아리스토텔레스가 취했던 방법과 별로 다르지 않았다. 다시 말해 귀납적, 경험적 방법을 통해 모은 여러 가지 사실에서 보편적인 유형이나 원리를 찾아내는 것이 계몽주의 시대의 분석적 방법이었다. 몽테스키외(Montesquieu)와 애덤 스미스는 정치학과 경제학에 각각 이 방법을 적용했다.

크리스티안 볼프(Christian Wolff)와 같은 몇몇 계몽주의 사상가들은 종교적 신앙에 우호적이었다(칸트는 볼프의 책을 탐독했다). 하지만 대부분의 계몽주의 사상가들은 종교적 신앙에 적대적이었다. 그중에서도 프랑스의 백과전서파, 특히 드니 디드로(Denis Diderot)와 H. D. 돌바크(H. D. d'Holbach)와 같은 사상가들이 그랬다. 돌바크는 스스로를 가리켜 '신의 원수'라고 불렀다. 이들은 '신이라는 가설'이 더 이상 우주와 인간의 삶을 설명하는 데 필요하지 않다고 주장했다. 신의 존재나 창조론에 의존하지 않고도 우주의 기원과 현상을 얼마든지 설명할 수 있었다. 당시 사상가들은 우주가 '자발적으로 발생했다'고 믿었다. 이들의 주장은 그 후 많은 도전을 받았다.

노벨 물리학상을 수상한 한 물리학자는 우주의 자발적 발생을 확신할 수 있는 사람은 없다고 선언했다(나는 편의상 여기에서 그 물리학자의 이름을 밝히지 않겠다). 그는 대신 그 이론을 수정해 '점진적, 자발적 발생'으로 생각해야 한다고 주장했다. 과학적 설명에 따르면, 우주의 발생은 '공간과 시간과 우연의 합작품'이라고 한다.[21] 세계가 갑자기 스스로 원인이 되어 툭 튀어나왔다고 생각하는 것은 비과학적이고 부자연스러운 설명이다. 우주는 스스로를 발생시킬 수 없을 뿐 아니라, 하루아침에 발생할 수 있는 것도 아니다. 점진적으로 오랜 시간을 두고 천천히 발생했다고 하는 것이 더 설득력이 있다.

케이프케네디(Cape Kennedy, 미 공군 로켓 발사 기지-역주)에서 허블 우주망원경이 발사되었을 때, 세인의 존경을 받던 한 물리학자는 허블망원경이 120억 년 전과 170억 년 전 사이에 우주가 '갑자기 폭발하듯 존재하게 되었다'는 사실을 입증해 줄 것이라고 말했다. 만일 우주가 폭발하듯 존재하게 되었다면, 과연 어디로부터 폭발해 나온 것일까? 과연 비존재로부터 존재가 튀어나왔다고 생각해야 할까?

이러한 난점에도 불구하고, 계몽주의 시대의 사상가들과 과학자들은 우주의 자발적 발생을 마치 정설인 양 받아들였다. 그들은 신학을 의지하지 않고 우주의 기원을 설명할 수 있다고 자신했다.

고트홀트 에프라임 레싱(Gotthold Ephraim Lessing)은 '레싱의 구렁'(Lessing's Ditch)으로 알려진 주장을 제기했다. 레싱의 구렁이란 역사의 우연한 사건들은 영원한 초월의 세계가 존재한다는 것을 결코 지지하지 않는다는 주장이다. 다시 말해 소위 형이상학적이고 신학적인 세계와 이 세상 사이에는 도저히 메워질 수 없는 구렁이 존재한다는 것이다. 즉, 구렁이 너무 넓고 커서 그 어떤 다리로도 서로를 이을 수 없기 때문에, 그저 이곳은 이곳, 그곳은 그곳이라는 생각으로 만족해야 한다는 생각이다.

계몽주의 시대의 철학자들

	생몰 연대	출생지	주요 거주지	철학 외 분야	직위
장 자크 루소	1712-1778	제네바	파리	문학	
크리스티안 볼프	1679-1754	브로츠와프, 폴란드	할레와 마르부르크, 독일	수학	할레 대학 교수 (1741-1754)
드니 디드로	1713-1784	랑그르, 프랑스	파리	백과전서파	『백과전서』 편찬 (1751-1772)
H. D. 돌바크	1723-1789	에데스하임, 독일	파리	백과전서파	남작
고트홀트 에프라임 레싱	1729-1781		볼펜뷔텔, 독일	극작가, 비평가	도서관장 (1770-1781)

이런 사상적 분위기 속에서 칸트의 철학이 시작되었다. 그는 신을 믿는 자신의 개인적인 신앙을 파괴할 수 있는 것은 아무것도 없을 뿐 아니라, 동시에 순수 이성이나 과학으로 신의 존재를 증명할 수 없다고 주장했다.

칸트는 1724년 동부 프러시아의 쾨니히스베르크에서 출생해 그곳에서 일생을 보낸 뒤 1804년에 사망했다. 그는 자신의 집에서 100마일 이상 벗어나 여행하는 법이 없었다고 전해진다. 그는 놀라울 정도로 극기심이 강한 사람이었다. 매일 정확히 오후 4시 30분에 산책을 했는데, 동네 사람들은 그가 산책하는 것을 보고 시간을 맞추었다고 한다. 칸트는 아무리 생각해도 신비한 두 가지 문제를 철학적 과제로 삼았다. 그 두 가지란 '창공에 반짝이는 별들과 내면에 있는 도덕 법칙'이었다. 그는 뉴턴을 좋아했으며, 천문학에 관한 학술적인 논문들을 쓰기도 했다.

칸트는 자연 과학의 눈부신 진보에 매혹되었지만, 그럼에도 과학은 신의 존재와 인간의 도덕적 책임과 자유를 설명해 줄 수 없다고 주장했다. 그는 경험적 발견을 수용하기를 주저하고 오로지 선험적(혹은 수학적) 지식만을 주장하는 합리론의 독단적 태도를 못마땅하게 여겼다. 경험론에 대해서는 더욱 못마땅해했다. 인과 법칙에 관한 흄의 회의주의는 과학적인 지식을 불가능하게 만들기 때문이었다. 칸트도 뉴턴의 경우처럼 우주가 우연히 발생했다는 주장을 거부했다.

지식의 가능성

칸트는 그의 비판 철학에서 '선험적 방법'(transcendental method)을 사용했다. 선험적 방법이란 인식론의 문제를 초월하기 위해서는 지식이 필요할 뿐 아니라 가능하다는 전제에서 출발해야 한다는 의미를 갖는다. 칸트는 지식이 생겨나려면 무엇이 필요한가, 지식은 어떤 조건에서 가능한가 질문했다.

칸트는 합리론과 경험론의 종합을 시도했다. 그는 지식이 경험과 더불어 시작한다는 경험론을 수용했지만, 모든 지식이 경험에서 오는 것은 아니라고 주장했다. 왜냐하면 그가 보기에 선험적 지식은 존재하기 때문이었다. 그는 우리의 감각으로 인과 법칙을 경험할 수 없다는 흄의 주장에 동의하지만, 인과 법칙이 단지 원인과 결과를 연결시키는 심리적 습관에 불과하다는 주장에는 반대했다. 칸트는 인과 법칙은 순수 지성적 활동인 이성의 판단에 의해 성립된 개념이라고 말했다.

칸트에 따르면, 지식은 다양한 감각과 인상을 통해 시작된다. 하지만 감각과 인상은 이성 안에 있는 여러 가지 범주에 의해 분류된다. 지식은 감각과 이성의 협력 과정을 통해 생겨난다. 칸트는 인간은 시간과 공간에 대한 순수 직관을 가지고 있다고 말했다. 아무도 시간이나 공간을 인식할 수 없다. 우리는 시간과 공간 자체를 경험할 수 없다. 하지만 모든 지각은 시간과 공간 안에서 일어난다. 이와 같은 선험적 틀이 없으면 우리는 결코 사물을 구체적으로 인식할 수 없다. 예를 들어, 창문 밖으로 내다보면 사람, 나무, 연못, 숲, 꽃, 하늘 등이 서로 구별되어 보인다. 즉, '사람나무연못숲꽃하늘'로 모든 것이 뒤죽박죽 보이지 않는 이유는 바로 공간이라는 틀이 존재하기 때문이다. 공간과 시간이라는 순수한 인식의 틀이 없다면, 경험의 개체들을 구별할 수 없을 뿐 아니라 그것들을 구별지어 묘사할 수 있는 말을 생각해 낼 수 없어, 그저 무분별하고 정리되지 않은 감각들만 난무하게 된다.

감각적 경험을 통해 쏟아져 들어온 다양한 인상을 일목요연하게 정리하는 것은 바로 이성이다. 하지만 이때의 이성이란 나 자신의 이성이다. 다시 말해 이때의 이성은 인간 모두가 공통적으로 똑같이 가지고 있는 이성이 아니다. 지식을 얻는 주체는 '나'라는 자아다.

우리는 직접적인 감각을 통해 자아를 알 수 없다(우리는 자아를 보거나 만질 수 없다). 하지만 칸트는 경험을 통합하는 주체로서의 자아를 '통각의 선험적 통일'(transcendental unity of apperception) 또는 '자아의 선험적 통각'(transcendental apperception of the ego)이라고 부른다. 자아는 지각되는 것이 아니라 통각된다. 자아는 실제적 경험 속에 필연적으로 내포되어 있다. 우리는 자아를 자아로서 즉각적으로 의식한다. 이런 점에서 칸트는 자의식의 우선성을 주장했던 데카르트와 흡사하다.

지식의 한계

가장 잘 알려진 칸트 철학의 내용 가운데 하나는 현상(*phenomena*) 세계와 본체(*noumena*) 세계(또는 영역)의 구별이다. 칸트에 따르면, 지식이란 경험적 영역에 한정되어 있다. 지식은 다양한 감각적 경험을 통해 형성된다. 우리가 감각으로 경험할 수 있는 유일한 영역은 현상 세계다. 이미 살펴본 대로, '현상'이란 용어는 '나타나다'를 뜻하는 그리스어에서 파생했다. 이 용어는 우리의 감각에 자명하고 명백하게 나타난 사물들을 가리킨다. 우리는 때로 '현상적'이란 말을 '놀라운, 엄청난, 뛰어난, 위대한' 등과 같은 의미로도 사용한다. 하지만 철학에서 이 말은 지각할 수 있는 현상을 가리키는 의미로 쓰인다. 이처럼 현상 세계는 나타남의 세계, 즉 우리가 감각으로 경험할 수 있는 세계를 가리킨다.

칸트는 현상 세계가 실제적이지 않다고 주장하지 않았다. 그는 다만 우리의 지식이 현상 세계에만 국한된다고 말했을 뿐이다. 이 세상의 현상들을 경험할 때, 우리는 그것들을 선험적 사고의 범주라는 렌즈를 통해 본다. 객관적인 세계는 생각하는 주체에 의해 지각된다. 그렇다고 이 말이 유아론(*solipsism*)이나, 세계가 전적으로 주관적인 사고에 의해 만들어진다는 순수 주관주의를 주장하는 것은 아니다. 우리는 사물 자체가 우리 밖에 객관적으로 놓여 있다는 것을 알지만, 감각을 통해 이성이 경험하는 대상만을 지각할 수밖에 없다.

대상 혹은 칸트가 말한 "사물 자체"(*Ding an sich*)는 실제로 존재하지만 우리의 감각 범위를 넘어서는 본체 영역에 속한다. 우리는 사물 자체를 알 수 없으며, 다만 감각적 경험과 이성의 범주의 협력에 의해 제한된 지식만을 가질 뿐이다. 사물 자체를 인식할 수 있는 이성의 범주가 새롭게 제공되지 않으면 우리는 결코 그것을 알 수 없다.

앞에서 본 대로, 자아는 직접적으로 경험할 수 없는 것이기 때문에 본체 영역에 속한다. 자아나 사물 자체는 현상 세계에 속하지 않는다. 지식은 현상 세계에 한정되어 있고, 이성은 경험을 통한 인식들을 통합하는 것에 지나지 않기 때문에 우리는 자아나 사물 자체에 대한 지식을 결코 가질 수 없다.

철학사에서 칸트의 중요성은 신의 존재를 본체 세계에 속하는 것으로 분류한 데 있다. 칸트에 따르면, 신은 결코 지각될 수 없다. 바꾸어 말해, 신은 감각을 통해 경험될 수 없다. 사물 자체나 자아를 알 수 없듯이, 신도 역시 알 수 없다. 신, 자아, 사물 자체는 모두 본체 세계에 속한다. 과학적 탐구는 오로지 현상 세계에만 국한된다.

신이 감각을 통해 직접적으로 경험될 수 없다는 것은 철학이나 신학에서 새로운 생각이 아니다. 자연 신학과 칸트의 회의주의 사이에서 일어나는 논쟁은 신이 현상 세계라는 매체를 통해 간접적으로 알려질 수 있는가 하는 문제와 관련된다. 예를 들어, 토마스 아퀴나스는 신이 현상에 의해, 또는 현상을 통해 알려진다고 주장했다. 토마스는 바울의 한 구절을 인용함으로써 이와 같은 주장을 폈다. "이는 하나님을 알 만한 것이 그들 속에 보임이라 하나님께서 이를 그들에게 보이셨느니라 창세로부터 그의 보이지 아니하는 것들 곧 그의 영원하신 능력과 신성이 그가 만드신 만물에 분명히 보여 알려졌나니"(롬 1:19-20).

바울은 하나님의 '보이지 않는 것', 곧 지각될 수 없는 것이 '분명히 보여 알게 된다'고 주장한다. 이는 하나님이 감각을 통해 직접적으로 지각될 수 없지만, 창조 세계를 통해 간접적으로 지각될 수 있다는 말이다. 이를 철학적 용어로 바꾸어 말하면, 본체 영역이 현상 세계를 통해 알려질 수 있다는 뜻이다. 만일 칸트가 옳다면 바울의 주장이 틀리고, 반대로 바울이 옳다면 칸트의 주장이 잘못된 것이다. 둘 다 잘못일 수는 없다.

존재론적 증명

존재론적, 우주론적, 목적론적 증명은 고전적인 신의 존재 증명이다. 이 가운데 존재론적 증명은 안셀무스(Anselm)에 의해 제기되었으며, 그 후 데카르트와 볼프(칸트가 가장 잘 알고 있던 철학자)에 의해 다소 수정되었다. 안셀무스에 따르면, 신은 "그보다 더 위대한 것을 생각할 수 없는 완전한 존재이기 때문에 그와 같은 존재는 생각 속에는 물론 현실 속에 반드시 존재해야 한다"고 주장했다.

이에 대해 가우닐로(Gaunilo)는 단지 완전한 섬을 생각하는 것만으로 그러한 섬이 실제로 존재한다는 것을 증명할 수 없다고 안셀무스를 비판했다. 안셀무스는 가우닐로가 자신을 오해했다고 대답했다. 사실 그는 생각 속에 있는 것이면 무엇이든 다 존재해야 한다고 주장했던 것이 아니라, '그보다 더 위대한 것을 생각할 수 없는 존재'만을 주장했을 뿐이다.

안셀무스의 견해에 따르면, 실제로 존재하는 신은 단순히 생각에만 존재하는 비실재적인 신보다 더 위대하기 때문에 '그보다 더 위대한 것을 생각할 수 없는 존재'인 신은 반드시 존재해야 한다는 뜻이었다. 따라서 실제로 존재하지 않는 신은 안셀무스가 생각했던 신과는 거리가 멀다.

조너선 에드워즈는 나중에 안셀무스의 논증을 새롭게 다듬어 "존재는 존재하지 않을 수 없다"고 주장했다. 섬이나 달러(dollar)와 같은 사물은 존재하지 않을 수도 있지만, 존재가 존재가 되기 위해 반드시 존재해야 한다는 것이 그의 지론이었다(이것은 '필연적 존재'를 주장했던 토마스 아퀴나스의 사상과 맥락을 같이한다).

칸트는 "존재는 술어가 아니다"라는 주장으로 존재론적 증명을 일축했다. 존재란 형식적인 정의를 내리기에는 너무 애매하다. 이는 존재는 그것에 관해 부정적인 말이나 긍정적인 말로 이렇다 저렇다 정의를 내리기가 어렵다는 뜻이다.

어떤 사물에 대해 가능한 한 모든 술어를 동원해 그 본질을 설명할 수 있다 해도, 그것이 실제로 존재하는지는 여전히 알 수 없는 경우가 많다. 물론 생각 속에 존재하는 신이 존재할 가능성도 없지는 않지만, 그렇다고 해서 그런 존재가 반드시 존재한다는 사실을 알 수는 없다.

칸트는 존재는 술어가 아니라는 판단에 근거해 신의 존재론적 증명을 거절했다. 하지만 일상적인 언어 사용에서 우리는 존재라는 말이 술어의 기능을 하는 것을 얼마든지 찾아볼 수 있다. 즉, '신'이란 말을 하면서 또한 '신이 존재한다'는 식의 말을 얼마든지 할 수 있다. 다만 '존재한다'는 술어가 신의 어떤 속성을 밝히는 말인지에 관해서는 여전히 문제로 남는다.

우주론적 증명

칸트는 우주론적 신 증명도 거부한다. 존재론적 증명이 성립될 수 없다면 우주론적 증명도 성립될 수 없다는 것이 그의 주장이다.

역사적으로 볼 때, 우주론적 증명은 가장 널리 알려진 신 존재 증명의 방법이다. 우주론적 증명이란 우주(곧 창조 세계)로부터 우주의 원인인 신에게 거슬러 올라가는 방법이다. 간단히 말해 우주가 존재하는 것을 볼 때, 필연적인 존재가 반드시 존재해야 한다는 주장이다. 우주론적 증명은 아무것도 원인 없이 일어나거나 스스로 존재하는 것은 없으며, 항상 원인을 갖게 된다는 인과 관계의 법칙에 근거한다.

존재론적 증명은 부정확한 감각이나 경험이 아니라 순수한 사유에만 의존하는 신 존재 증명인 반면에, 우주론적 증명은 감각적 경험, 즉 물질세계에 대한 지각과 자의식에 의존하는 신 존재 증명이다.

우주론적 증명은 다음과 같이 간단하게 요약될 수 있다. 만일 우리가 어떤 것(자아, 세계, 세계 안에 존재하는 그 무엇)이 존재한다는 사실을 지각할 경우, 그에 대해 다음 네 가지 생각을 하게 된다(물론 이 네 가지 외에 다른 식으로도 생각할 수 있겠지만, 궁극적으로는 이 네 가지 가운데 하나로 요약될 수 있다).

1. 지각된 실재는 환상이다.
2. 지각된 실재는 스스로 만들어진 것이다.
3. 지각된 실재는 스스로 존재하는 것이다.
4. 지각된 실재는 스스로 존재하는 다른 존재에 의해 만들어졌다.

이 가운데 3번과 4번은 스스로 존재하는 존재를 상정한다. 2번은 논리적으로 불가능하다. 자신을 창조한다는 것은 논리적으로 잘못된 것이기 때문이다. 앞에서 살펴본 대로, 자신을 창조하거나 자신에게 원인이 되기 위해서는 어떤 상태로 존재하기 전에 반드시 그와는 다른 형태로 존재해 있어야 한다. 존재하면서 존재하지 않거나, 있으면서 있지 않는 것은 불가능하다(A라는 상태 이전에 B라는 상태가 있었고, B라는 상태 이전에 C라는 상태가 있었고… 하는 식으로 무한히 거슬러 올라가는 것도 2번의 논리를 확장한 것에 지나지 않는다).

2번이 논리적으로 불가능하다면, 스스로 존재하는 존재를 상정하기 원치 않을 경우 결국 남는 것은 1번밖에 없다. 모든 것이 환상이라면 아무것도 존재하지 않는 것이기 때문에 무엇을 알고 모르고를 걱정할 필요가 없다. 알아야 할 것이 없기 때문이다. 하지만 모든 것이 환상이라는 생각은 지성을 가진 인간으로서 직무 유기에 해당한다. 사실 지각이나 생각을 환상이라고 치부하더라도, 그와 같은 환상을 일으킨 원인이 반드시 존재하기 마련이다. 즉, 환상의 원인이 있어야 한다. 이 원인은 스스로 만들어진 것이거나 스스로 존재하는 것일 수밖에 없다. 따라서 1번은 어쩔 수 없이 3번과 4번을 요청할 수밖에 없다. 그러므로 논리적으로 가능한 선택은 3번과 4번밖에는 남지 않는다. 두 경우 모두 스스로 존재하는(필연적인) 존재를 상정한다.

모든 것은 무모순의 법칙과 인과 관계의 법칙에 달려 있다. 칸트는 이 점을 잘 이해하고 있었으며, 이성이나 인과 법칙을 무시하기를 원치 않았다. 그 대신 그는 그 법칙을 제한적으로 적용하고자 했다. 그는 이 법칙을 감각적 세상(즉, 감각으로 인식이 가능한 세상) 이외의 다른 것에 적용할 수 없다고 주장했다. 인과 법칙은 감각적 세상을 벗어나면 아무런 의미도 갖지 못한다. 인과 법칙은 오직 본체 영역이 아닌 현상 영역, 즉 형이상학의 영역이 아닌 물리학의 영역에만 적용될 수 있다는 것이다.

나는 항상 이 점에서 칸트가 잘 이해가 안 된다. 인과 법칙을 현상 세계에만 국한하는 것은 자의적으로 보인다. 현상 세계에 존재하는 개개의 사물이 원인을 갖는다면, 현상 세계 자체도 뭔가 원인이 있어야 하지 않을까? 데이비드 흄의 말대로 우리는 인과 법칙을 직접적으로 지각할 수 없다. 하지만 인과 법칙을 직접 지각할 수 없다고 해서 아무런 원인도 존재하지 않는다고 결론지을 수 없다. 인과 관계의 법칙이란 형식 법칙으로서 무모순의 법칙의 연장이다.

칸트는 여기에서 우주론적 증명을 존재론적 증명과 연결한다. 이성이 필연적 존재(논리적으로나 존재론적으로 필연적인 존재)를 요구한다고 해서, 필연적 존재가 현실 속에 존재한다는 것을 의미하지는 않는다. 마찬가지로 논리적으로 볼 때는 스스로 존재하는 존재가 있어야 하지만, 그렇다고 해서 그런 존재가 반드시 있어야 함을 의미하지는 않는다.

하지만 나는 우주론적 증명을 지지한 토마스 아퀴나스를 비롯한 사상가들을 옹호하고 싶다. 그들은 이성이 신의 존재를 요구한다는 것을 '단지' 증명하고 있었다. 나는 추론에서 어떤 것이 비합리적이기보다 합리적이고, 비이성적이기보다 이성적이라는 것 외에 무엇을 '합리적으로' 기대할 수 있는지 모르겠다. 조금 전에 말한 대로, 칸트는 인과 법칙을 형이상학적 또는 본체적 세계에 적용하기를 원치 않았다. 그렇다면 그는 인과 법칙을 현상 세계에도 적용하지 말았어야 했다. 한 수준에서 합리성을 추구한다면, 왜 두 수준에서는 안 되는가? 칸트의 주장은 이 점에서 일종의 회의주의와 일맥상통한다. 그는 유신론과 허무주의 사이에서 엉거주춤한 입장을 취한 셈이다.

목적론적 증명

전통적인 신의 존재 증명 가운데 흄과 칸트에게 가장 큰 인상을 준 것은 바로 목적론적 증명이다. 칸트는 세계가 질서와 목적을 가지고 있다는 사실을 보여 주는 일들로 가득하다는 점을 인정한다. 세계가 질서와 목적을 가지고 있다는 사실은 그것을 설계한 설계자가 존재한다는 생각을 갖게 만든다. 현대의 진화론자들은 이와 같은 세계의 질서와 목적을 우연이라는 말로 설명하고자 한다. 하지만 '우연적인 목적' 혹은 '의도하지 않은 의도'란 말들을 과연 할 수 있는지 의심스럽다. 칼 세이건은 우주가 혼돈이 아닌 질서를 갖는다고 했다. 이런 점에서 '혼란한 질서'란 말도 이상하다. 칸트는 질서가 존재한다는 것은, 곧 그것을 명한 명령자가 존재함을 암시해 준다는 점에 동의한다. 하지만 그는 이것이 인과 관계의 법칙에 의존하며, 결국 존재론적 증명에 내포된 문제로 다시 귀결될 수밖에 없다고 했다.

전통적인 신의 존재 증명

	시작점	요점
존재론적 증명	신의 개념	신은 그보다 더 위대한 것을 생각할 수 없는 존재다. 이러한 존재는 생각뿐 아니라 현실에도 존재해야 한다.
우주론적 증명	세상의 사물들에 대한 감각적 경험	만일 어떤 것이 존재한다면 절대적으로 필요한 존재(신)도 존재해야 한다.
목적론적 증명	질서와 목적에 대한 경험적 증거	세상에는 질서와 목적을 보여 주는 사물들이 가득하다. 세계가 설계되었다면, 설계자(신)가 존재해야 한다.

중요한 것은 칸트는 신의 존재를 부인하지 않았다는 점이다. 그는 신의 존재가 이성적으로 증명될 수 있다는 생각을 부인했을 뿐이다. 동시에 그는 신의 존재를 이성적으로 반증할 수 있다는 생각도 부인했다.

칸트의 형이상학적, 신학적 불가지론(agnosticism)은 그의 이율배반 이론에 의해 뒷받침된다. 엄밀히 말해 '이율배반'(antinomy)은 역사적 용어로 '모순'과 동의어다(지금은 때로 '역설'의 동의어로 느슨하게 사용되지만). 모순이라는 단어가 '대항하여 말하다'를 뜻하는 라틴어에서 파생된 것처럼 이율배반은 '법에 대항하다'를 뜻하는 그리스어에서 파생되었다. 이율배반이 작용하는 법칙은 무모순의 법칙이다. 그는 철학적 반성에서 다음과 같은 몇 가지 이율배반을 나열한다.

1. 세계는 시간과 공간에 한정되어 있다. 또한 그것은 시간과 공간이 무한하다.
2. 세상에 존재하는 합성물은 단순한 부분들로 구성되어 있다. 또한 그것은 단순한 부분들로 구성되어 있지 않다.
3. 자연법칙 안에는 인과 법칙이 존재하지만, 또한 자유도 존재한다. 모든 것이 자연법칙에 따라 일어나기 때문에 자유는 존재하지 않는다.
4. 세계의 한 부분, 또는 그 원인으로서 절대적으로 필요한 존재는 존재한다. 또한 절대적으로 필요한 존재는 존재하지 않는다.

칸트는 이와 같은 이율배반의 사례를 언급하면서 비록 형이상학자나 철학자들이 서로의 입장을 내세워 주장한다 해도 모두 사실이라고 단정짓기 어렵다고 주장했다.

철학자들은 각기 서로 다른 모순된 입장을 주장하지만, 그러한 주장이 반드시 타당하다고 볼 수는 없다. 합성물이 단순한 부분들로 구성되어 있지 않다고 주장하는 2번의 경우를 생각해 보자. 만일 합성물이 단순한 부분들로 구성되어 있지 않다면, 그것은 합성물이 아니다. 단순한 부분들로 구성되어 있는 것을 합성물이라고 부르는 것은 논리적으로 볼 때 사실이다. 아무리 강력한 주장을 편다고 해도 이 점을 부인할 수 없다. 우리는 세상에 합성물이 존재하지 않는다고 말할 수 있다. 하지만 합성물이 존재한다면 그것은 반드시 단순한 부분들로 구성된 것이어야 한다. 그렇지 않으면 합성물이라고 할 수 없다. 사람들은 난센스를 말할 수는 있지만, 난센스를 명료하게 말할 수는 없다.

칸트는 이러한 이율배반에 관한 여러 철학자들의 결론에 주목하지만, 여전히 신이 유익한 '규제적 개념'(regulative idea)이라고 주장한다. 칸트에 따르면, 규제적 개념이란 유익하지만 논증할 수 없는 개념을 말한다. 규제적 개념에는 신의 개념뿐 아니라 자아와 사물 자체의 개념도 포함된다.

칸트의 도덕적 신의 증명

칸트는 순수 이성 비판을 통해 이론적으로는 신의 존재를 증명할 수 없다는 점을 분명히 했다. 하지만 그는 동시에 실천 이성 비판을 통해 신의 존재를 확증한다.

칸트는 이론적 사고의 한계를 비판하면서 신을 정문 밖으로 내쫓았다면, 신이 다시 들어오도록 뒷문으로 달려간다. 그는 도덕 철학과 실천 철학에서 윤리의 근거를 찾았다. 그는 '정언 명령'(categorical imperative), 즉 인간 경험에 필수적이고, 인간에게 도덕적 책무나 절대적 의무를 부여하는 보편적 의무감을 주장했다. 칸트 버전의 '황금률'은 다음과 같다. "당신이 행하는 행위의 준칙이 자연의 보편 법칙이 되는 것처럼 행동하라."

칸트는 선험적 방법으로 인식론을 다루었듯이, 윤리학이나 도덕 철학도 그렇게 다루었다. 그는 "윤리나 도덕적 의무가 의미를 지니려면 무엇이 필요한가?"라는 근본적인 질문을 제기했다.

그는 윤리가 의미가 있으려면 반드시 정의가 존재해야 한다는 결론에 이르렀다. 하지만 정의는 이 세상에서 완전히 실현되지 않는다. 따라서 정의가 승리할 수 있는 미래가 반드시 존재해야 한다. 정의가 승리를 거두려면 도덕적으로 흠이 없는 재판관이 존재해야 한다. 왜냐하면 부패한 재판관은 완벽한 정의를 실현할 수 없기 때문이다. 또한 정의로운 재판관은 전지전능해야 하며, 결코 재판에 실수를 저지르지 않아야 한다.

간단히 말해, 칸트는 윤리가 의미를 지녀야 한다는 주장 위에 기독교의 신을 요청한다. 그는 신이 존재한다는 것을 알 수는 없지만, 실천적인 목적을 위해 마치 그가 존재하는 것'처럼' 살아야 윤리와 사회의 존립이 가능하다고 말한다. 칸트의 생각은 "신이 없다면 모든 것이 허용된다"는 표도르 도스토옙스키의 말과 일맥상통한다. 절대적인 윤리 규범이 없어진다면, 도덕은 한갓 기호로 전락할 것이며, 세상은 힘이 지배하는 정글로 변하게 될 것이다.

The Consequences of Ideas

10.

카를 마르크스

유토피안

　이마누엘 칸트의 철학은 철학사의 분수령을 이루었다. 칸트 이후의 모든 철학 학파가 그의 사상에 영향을 받았다고 해도 과언이 아니다.

　19세기, 형이상학에 대한 칸트의 회의론과 불가지론의 영향을 받은 많은 철학자들은 역사 철학으로 관심을 돌렸다. 칸트 이전의 철학은 주로 형이상학과 인식론에 관심을 두었지만, 칸트 이후에는 역사와 인간학이 철학의 주제였다. 물론 이 말은 칸트 이전에는 역사와 인간학을 다루었던 철학이 없었다거나, 그 이후에 형이상학과 인식론에 대한 탐구가 중단되었다는 뜻이 아니다. 모든 형이상학자가 사라지고, 칸트의 발밑에 무릎을 꿇은 것도 아니다. 하지만 칸트 이후에는 현상적인 것, 곧 이 세상의 일에 철학의 주된 관심이 집중되었다. 칸트 이후의 서구 세계는 회의주의로부터 형이상학을 구원해 낼 새로운 플라톤과 아리스토텔레스를 기다렸다.

칸트 사상의 영향을 받은 철학

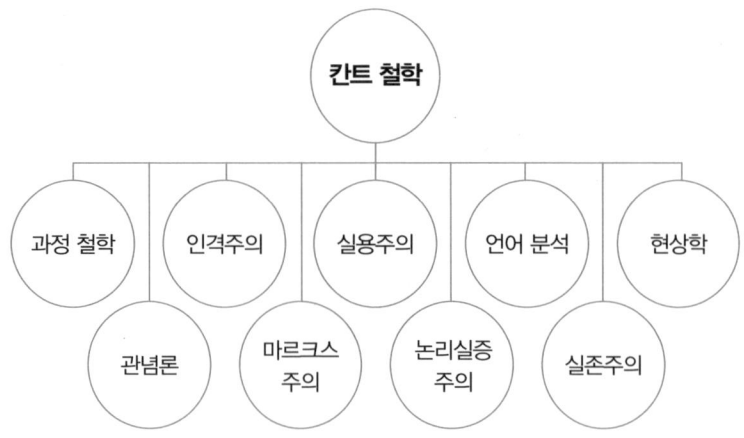

나는 이 책에서 한 장을 할애해 19세기 처음 50년간을 지배했던 G. W. F. 헤겔(G. W. F. Hegel, 1770-1831)의 철학을 다룰까 생각해 보았다. 하지만 그의 사상은 매우 복잡하고, 다루기가 어려워 될 수 있는 대로 간단하게 넘어가는 것이 좋겠다고 판단했다. 사실 이런 크기의 철학 책에서 그의 사상을 다 설명하기는 어렵다.

헤겔은 칸트 철학에 도전을 받고 형이상학을 재건하려고 시도했다. 그는 자신의 형이상학 속에 역사 철학을 포함시켰다. 그의 사상은 "이성적인 것은 현실적이며, 현실적인 것은 이성적이다"(What is rational is real, and what is real is rational)라는 말로 요약된다. 실제적인 모든 것이 이성적이라면, 인간의 이성을 통해 그것을 알 수 있다는 것이 헤겔의 지론이었다.

헤겔은 칸트가 하지 않은 중요한 구별을 했다. 그는 이성(reason)과 이해(understanding)를 완전히 다른 두 가지 힘으로 보았다. 이해는 이성과 같은 것이 아니라 단지 이성의 특정한 기능일 뿐이다. 이해는 모든 것을 대조의 관점에서 바라본다.

칸트의 말대로 이해는 무한한 것을 알 수 없으며, 절대적인 지식을 얻을 수 없다. 하지만 이성은 그런 식으로 엄격하게 한정되어 있지 않다. 이성은 무한하거나 절대적인 이성에 참여한다. 헤겔은 이성(Reason)을 대문자로 말했다. 이것은 순수한 사고 또는 절대적인 지식인 절대정신(Absolute Spirit)이었다. 우리가 알고 있는 세상은 일종의 진화적 혹은 유기적 과정에 놓여 있다. 절대정신이 역사 안에서 활동한다.

헤겔은 역사를 절대정신이 구체적으로 자신을 실현해 가는 과정으로 보았다. 인간의 이성은 절대정신과 연결되어 있으며, 그런 점에서 인간은 절대정신을 알 수 있다. 절대정신이 세계 속에 자신을 구체적으로 실현해 가기 때문에, 우리는 얼마든지 비유적인 방법으로 절대정신을 생각할 수 있다. 헤겔에 따르면, 절대정신은 자신을 변증법적인 과정을 통해 실현해 나간다.

헤겔의 변증법

변증법(dialectic)이란 용어는 사상들 간의 긴장 관계를 가리킨다. 어떤 사람들은 이 말을 '모순'이란 말과 동의어로 생각한다. 헤겔의 변증법은 '정'(正, thesis)에서 시작된다. '정'을 분석하면 그 안에는 반드시 모순되는 개념, 즉 '반'(反, antithesis)이 함축되어 있다. '정'과 '반'의 대립, 예를 들어 헤라클레이토스와 파르메니데스의 철학적 대립이나 합리론과 경험론의 대립은 서로 해결될 수 없는 듯이 팽팽하게 맞선다.

헤겔의 변증법

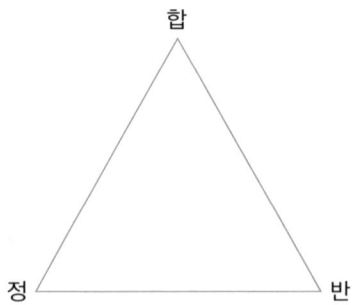

이러한 대립은 '합'(合, synthesis)에 의해 해결될 수 있다. '합'은 '정'과 '반'의 진실만을 종합해 대립을 와해한다. 즉, '합'이란 새로운 사상적 발전을 통해 '정'과 '반'을 종합하는 것이다.

헤겔의 역사관

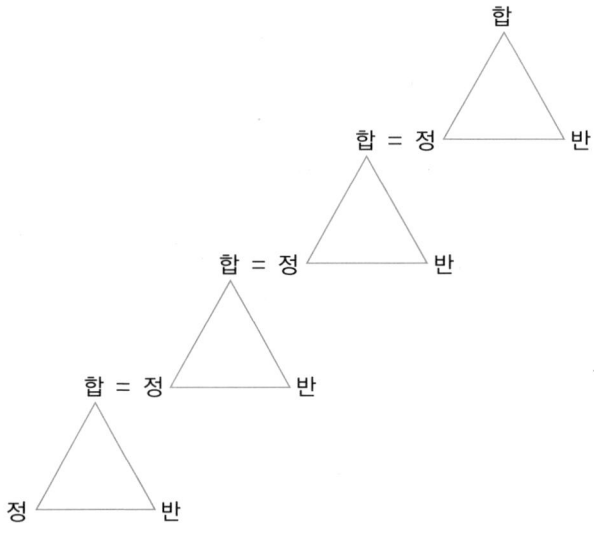

결국 헤겔에 따르면, 역사는 정-반-합의 관계를 통해 발전한다. '합'이 달성되면, 그것이 다시 '정'이 된다. 이것은 다시 새로운 '반'을 불러일으키고, 새로운 '합'을 탄생시킨다. 역사는 이런 변증법적 발전을 통해 끊임없이 진보한다.

카를 마르크스의 철학을 살펴보기에 앞서, 우리는 헤겔 철학을 '변증법적 관념론'(dialectical idealism)이라고 부르고자 한다. 진리와 역사는 변증법적 관계를 통해 더욱 나은 단계로 발전한다. 헤겔은 변증법적 삼자 관계를 통해 이 점을 설명한다. 존재는 이성이 형성할 수 있는 가장 근본적인 개념이다. 하지만 존재의 개념 가운데는 비존재라는 '반'이 존재한다. 이성은 존재와 비존재의 투쟁을 겪다가 생성의 개념으로 발전한다. 결국 새로 생성된 사상은 과거의 존재와 비존재에 의존한다.

헤겔에게 세계의 역사는 민족들의 역사이며, 우연이 아니라 이성적인 과정에 의해 진보한다. 역사 속에서 일어나는 이 모든 변화의 배후에는 절대 이성이 존재한다.

헤겔의 변증법적 삼자 관계

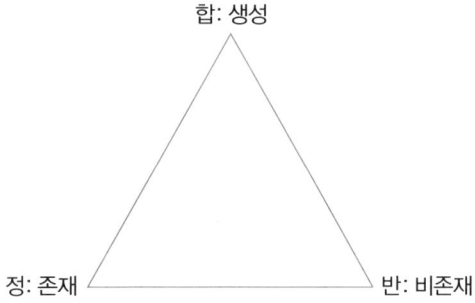

카를 마르크스(Karl Marx)는 역사상 가장 뛰어난 철학자 가운데 한 사람으로 여겨진다. 특히 그의 사상이 급속도로 세계 문화에 영향을 미쳤다는 점에서 더욱 그렇다. 내가 고등학교에 다닐 무렵 약 20억 명 정도였던 세계 인구가 내 나이 45세가 되자 엄청난 숫자로 증가했다. 무엇보다도 나를 놀라게 했던 것은 20억 명이나 되는 인구가 철의 장막에 갇혀 살고 있다는 사실이었다. 고등학교 시절에 전 세계 인구에 해당했던 숫자가 45세가 되었을 때 마르크스주의 정권의 지배 아래 살고 있었던 셈이다.

마르크스 철학은 '변증법적 유물론'(dialectical materialism)으로 알려져 있다. 그의 철학은 헤겔의 변증법적 관념론과 극명한 대조를 이룬다. 마르크스는 역사가 변증법적으로 발전한다는 헤겔의 생각에 동의했지만, 역사를 밀고 나가는 힘은 관념이나 이성이 아니라 경제(economics)라고 주장했다. 서로 대립되는 경제 이론이 갈등과 변화의 원인이라는 것이 그의 지론이었다. 하지만 마르크스는 대영 박물관에서 책장이나 넘기면서 역사가 저절로 이루어지기를 기다리지 않았다. 그는 변화는 행동과 실천에 의해 이루어질 수 있다고 확신했다. 즉, 그는 혁명만이 역사를 변화시킬 수 있다고 생각했다.

마르크스의 출발

마르크스는 러시아 혁명이 일어나기 약 100여 년 전이었던 1818년에 독일의 트리어에서 유대인 부모 밑에서 태어났다. 마르크스가 어렸을 때 그의 가족은 루터교가 지배적인 한 독일 마을로 이사했다. 마르크스의 아버지는 종교적인 신념보다는 사업상의 이유로 루터교로 개종했다. 이 일은 마르크스가 일평생 종교의 역할에 회의를 품게 한 계기로 작용했다.

마르크스는 23세의 나이로 철학 박사 학위를 취득했다. 그는 헤겔과 루트비히 포이어바흐(Ludwig Feuerbach)의 작품을 열심히 탐독했다. 포이어바흐는 인간이 신의 형상으로 창조된 것이 아니라, 신이 인간의 형상으로 창조되었다고 가르쳤다. 포이어바흐에 따르면, 모든 신학은 단순히 인간학에 지나지 않았다. 마르크스는 신이 아닌 인간이 역사 안에서 자신을 실현해 나간다는 포이어바흐의 사상을 수용했다.

마르크스의 역사 철학은 인간에 대한 철학이었다. 고전주의자들은 인간을 '호모 사피엔스'(*Homo sapiens*, 현명한 인간)로 정의하고 지성을 근거로 인간과 짐승을 구분했다. 마르크스는 인간을 '호모 파베르'(*Homo faber*, 창조하는 인간)라고 정의했다.

대개 우리는 어떤 사람을 처음 만나면 1) 이름이 무엇인가요? 2) 어디에 사세요? 3) 무엇을 하세요? 같은 세 가지 질문을 던진다. 세 번째 질문은 그가 하는 일, 곧 직업을 묻는 질문이다. 마르크스는 인간의 정체성을 노동과 결부시켜 생각했기 때문에 이 세 번째 질문이야말로 그의 주된 관심사였다. 마르크스에게 노동이란 인간의 자기실현을 위한 가장 우선되는 촉매제였다. 인간은 활동을 통해 자신이 생각하고 있거나 의지하고 있는 것을 만들 수 있기 때문에 위대한 존재라는 것이 그의 생각이었다. 노동은 인간과 자연 사이에서 이루어지는 역동적인 과정이다. 인간은 노동에 의해 생존한다.

마르크스는 무엇을 만들어 내느냐가 아니라 어떻게 만들어 내느냐에 의거해 역사적 시대 구분이 결정된다고 주장했다. 마르크스는 물건을 만들어 내는 일에서 도구의 역할이 매우 중요함을 인정했다. 예를 들어, 제3세계 농부들보다 미국의 농부들이 훨씬 더 많은 농작물을 수확하는 이유가 무엇인가?

그들 간에 체구나 연령이나 지성이 별로 큰 차이가 없다. 하지만 미국의 농부들은 농작물을 기계로 심고 거둘 뿐 아니라, 수확한 농작물을 냉방 장치가 되어 있는 트럭에 싣고 시장으로 내다가 판다. 이와는 달리 제3세계 농부들은 소의 힘을 빌려 쟁기질을 하고, 손으로 추수하고, 마차에 실어 가 시장에 내다 판다. 미국의 농부는 도구, 즉 '생산 수단'을 소유하고 있는 반면에 제3세계 농부는 그렇지 못하다. 이것이 미국의 농부와 제3세계 농부의 차이점이다. 산업 혁명은 도구들을 만들어 냄으로써 엄청난 생산의 증대를 가져왔다.

마르크스는 인간 사회가 노동의 분화에 의해 이루어졌다고 믿었다. 사람들은 서로를 위해 일한다. 노동은 상호 공존에 반드시 필요한 것으로, 서로 협력함으로써 이루어진다. 결국 사람들은 노동을 통해 서로 관계를 맺는다.

마르크스는 산업 혁명이 인간성을 파괴한다고 생각했다. 산업 혁명으로 인해 사람들이 농촌을 떠나 집단으로 공장이 있는 도시 지역으로 이주했다. 이로 인해 농업 사회가 붕괴되고 산업 사회가 시작되었다. 마르크스에 따르면, 농경 사회로부터 산업 사회로의 변화는 노동자의 비인간화를 가져오는 결과를 낳았다. 노동자는 농사를 지을 때는 스스로를 위해 일했다. 하지만 산업 사회에서 노동자는 생산 수단과 도구를 소유하고 있는 자본가에게 자신의 노동력을 팔아야 한다. 노동자는 노동의 매매를 통해 경제적 소외를 경험한다. 결국 인간 사회는 마치 심판이 없는 야구 경기처럼, 배트나 공을 가진 자가 '세이프'와 '아웃'을 제멋대로 결정짓는 상황에 처하게 된다. 생산 수단을 가진 자가 "이것은 내 배트야. 따라서 너는 아웃이야"라고 하면 그만이다. 한마디로, 이 체제에서는 수단을 거머쥔 자가 게임을 지배한다.

노동자가 원해서 농촌을 떠나 공장 지역으로 이주해 자본가와 '자유 계약' (일한 대가로 임금을 받겠다는 계약)을 맺더라도, 마르크스는 이것이 결코 '자유'에 의한 것은 아니라고 보았다. 자본주의 경제 체제가 노동자로 하여금 '어쩔 수 없이' 농촌 생활을 포기하고 스스로를 임금을 받는 노동자로 자본가에게 팔 수밖에 없게 한다는 것이 그의 지론이었다. 마르크스에 따르면, 노동자는 사실 임금을 받는 노예에 불과했다. 노동자의 노동이 다른 사람의 목적을 위한 수단으로 전락한다. 노동자는 더 이상 생산 수단(도구)이나 노동의 열매(만들어 낸 생산품)를 소유하지 못한다.

노동자의 소외

마르크스는 노동자가 겪는 소외를 네 가지로 분석했다. 그 네 가지란 1) 자연으로부터의 소외, 2) 자기 자신으로부터의 소외, 3) 인간성으로부터의 소외, 4) 다른 존재로부터의 소외다.

인간이 자신의 노동을 통한 열매를 소유하지 못하는 순간 자연과의 본래적 관계가 어긋났다. 노동이 사고팔 수 있는 상품으로 전락했다. 노동자의 노동은 더 이상 자신의 것이 아니다.

노동자는 근본적으로 자신의 소유권을 상실했다. 자본주의 사회에서 경제적인 힘을 갖는다는 것은 곧 소유권을 갖는 것을 의미한다. 하지만 노동자는 아무것도 소유한 것이 없다. 심지어 봉급을 많이 받는 노동자의 경우에도 고임금을 받는 경제적 노예에 불과할 뿐이다.

우리는 이와 같은 현상을 우리 문화 속에서 쉽게 찾아볼 수 있다. 다수의 사람들이 소유주가 아니라 노동자다. 심지어 간부 사원들의 경우에도 회사를 대신해 일함으로써 임금을 받는다. 고임금을 받는 고용 사장의 경우도 마찬가지다. 스톡옵션을 받지 못한다면 아무리 많은 월급을 받는다고 해도 회사를 소유할 수는 없다. 하지만 주식을 소유하는 경우에는 문제가 달라진다. 노동자도 주식을 소유함으로써 경영에 참여할 수 있다. 이것은 마르크스가 미처 생각하지 못했던 점이다.

자산이 자산을 벌어들인다는 것이 자본주의의 본질이다. 심지어 잠을 자고 있는 동안에도 부는 축적된다. 예를 들어, 농장을 소유하고 있는 농부는 낮에 열심히 일한다. 밤에 자고 있는 동안에도 농작물은 자란다. 결국 그로 인해 많은 수확을 할 수 있는 것이다.

내 경우에 나는 직원이면서 동시에 자영업자다. 고용된 노동자로서 나는 임금을 받는다. 회사가 이익이 나든 손실이 나든 상관없이 매월 정해진 액수를 받는다(물론 회사가 완전히 망해 버린 경우에는 직업을 잃게 되기 때문에 그 경우는 예외다). 나는 또한 책을 쓴다. 내가 쓴 책의 소유권 중 가장 큰 부분은 출판사의 손에 있다. 나는 상대적으로 작은 소유권에 대한 보상으로 인세를 받는다. 내가 이 책을 쓰고 있는 동안 이전에 쓴 책들이 나에게 인세를 벌어 주고 있다. 나는 또한 내 자본이 증가하길 바라며 이 인세 수입을 주식 시장에 투자할 수 있다.

소유권을 가졌다고 해서 그것이 또한 영구적이라고 할 수도 없다. 소유권을 상실하는 경우도 있다. 자산을 소유한 자는 투자를 한다. 투자로 인해 자산이 늘 수도 있고 반대로 줄어들 수도 있으며, 아예 완전히 파산할 수도 있다. 미국에서만 매해 50만 개의 새로운 사업이 시작된다. 1년 뒤에는 그 가운데 20퍼센트가 실패해 문을 닫는다. 10년 뒤에는 생존율이 단지 4퍼센트밖에는 안 된다. 실패율이 엄청나게 높다. 소유권을 가짐으로써 얻는 이점도 많지만, 위험도 뒤따른다. 대개 새로 시작한 벤처기업에 투자하는 것보다는 탄탄한 생산 및 재무 구조를 가진 기업에 투자하는 것이 더 안전하다.

또한 마르크스는 노동자가 자기 자신으로부터 소외된다고 말했다. 그 이유는 노동자가 자의에 의한 노동을 하지 않기 때문이다. 노동자에게 외부로부터 업무가 주어진다. 노동자는 주어진 업무로 인해 찌든 삶을 살아간다. 노동자에게는 월요일이 그렇게 싫을 수가 없다. 그는 항상 어서 주말이 오기를 바란다. 노동자는 휴식을 즐길 때만 자신이 인간임을 느낀다. '호모 파베르'라는 인간의 속성은 노동을 통해 실현되지 않는다.

인간은 자유롭고 의식적인 활동을 통해 자신의 속성을 실현시켜 나갈 수 있어야 한다. 하지만 그렇지 못하기 때문에 인간은 인간성의 소외를 겪을 수밖에 없다. 동물들은 대부분 자연적인 욕구를 충족시키기 위해 일한다. 비버는 댐을 만들고 새는 둥지를 만들지만, 인간은 그러한 기본적인 필요를 넘어선 것들을 생산한다. 인간은 예술과 지성을 이용해 다양한 것들을 창조하고 생산한다. 마르크스는 인간이 임금을 받는 노동자로 전락하는 순간 창조적인 자유를 잃게 되었으며, 단순히 먹을 것을 위해 노동하는 동물과 같은 삶을 살게 되었다고 했다.

마지막으로, 인간은 다른 인간들로부터의 소외를 경험한다. 사유 재산을 강조하는 자본주의 사회에서는 공공의 소유를 위한 협력 관계가 상실되고, 소수의 사람들만이 소유권을 갖게 된다. 이러한 이유에서 마르크스는 공산주의(communism)를 창안했다. 공산주의 사회에서는 모든 노동자가 공공의 이익을 위해 일하고, 공평한 분배를 받는다. 한마디로 공산주의 사회는 모든 사람이 모든 것을 함께 소유하는 사회다. 물론 모든 사람이 모든 것을 함께 소유한다는 것은 뒤집어 생각하면 그 어느 누구도 아무것도 소유하지 못한다는 의미가 된다. 이것이 공산주의 사회의 문제점이다.

사회 구조

마르크스에 따르면, 모든 사회에는 상부 구조와 하부 구조가 있다. 하부 구조는 건물의 토대, 상부 구조는 그 위에 세워진 건물에 비유할 수 있다. 토대, 즉 하부 구조가 그 위에 건축되는 상부 구조를 결정한다.

사회의 하부 구조는 생산 요인과 생산 관계라는 경제적, 물질적 질서를 갖는다. 역사적으로 생산 관계는 봉건 구조에서 자본주의 구조로 변천해 왔다. 생산 수단의 발전이 인간 상호 간의 관계를 결정한다. 돌도끼, 활과 화살 따위를 사용하던 시대에는 독립적인 생존이 가능했다. 하지만 농경 문화가 발달하면서 노동의 분화가 이루어졌다. 중공업이 발달하면서 노동의 분화는 더욱 심화되었다. 더욱 정교한 도구가 발달할수록 노동의 분화는 그만큼 심해진다. 노동의 분화로 인해 사회 계급이 생겨나고 계급 투쟁이 발생한다.

마르크스에 따르면, 자본주의는 크게 소유주(부르주아)와 노동자(프롤레타리아)라는 두 계급을 만들어 냈다(마르크스는 중산층의 형성을 미처 내다보지 못했다). 이러한 사회 구조로 인해 야기된 가치 체계가 소외를 더욱 부추긴다. 여기에서 '가치'라는 말은 요즘 우리가 사용하는 의미와는 약간 다르다. 요즘은 '가치'라는 말을 도덕과 결부시켜 사용한다. 하지만 가치란 말은 도덕과 분리되어 사용될 수 있다(물론 도덕과 가치는 궁극적으로는 서로 분리될 수 없다). 특히 경제 이론에서 가치란 말은 주관적인 의미를 갖는다. 즉, 개인마다 가지고 있는 서로 다른 취향을 의미한다. 내게 가치 있는 상품이나 용역을 다른 사람이 결정해 줄 수 없다. 나는 초콜릿 아이스크림을 좋아하는 반면, 다른 사람은 바닐라 아이스크림을 좋아할 수 있다.

가치의 주관성 때문에 물물 교환이든 화폐를 통한 교환이든 시장에서의 교환이 이루어진다. 물물 교환의 경우, 여분의 신발을 가지고 있지만 램프가 없는 사람은 여분의 램프를 가지고 있지만 신발이 없는 사람과 물품을 교환한다. 상품과 용역이 화폐로 거래될 때는 물물 교환의 경우보다는 좀 더 복잡하다. 구매자가 판매자가 제시하는 액수를 지불할 수 없는 경우에는 거래가 성립되지 않는다. 액수에 상관없이 물건을 더 갖고 싶은 마음이 들 경우에는 그 물건을 구입하겠지만, 물건을 갖고 싶어도 액수가 부담이 될 경우에는 물건을 사지 않는다.

자본주의 경제 체계에서는 노동 비용과 상품과 용역의 값이 수요와 공급의 시장 원칙에 의해 결정된다. 노동력이 많을수록 인건비는 저렴해진다. 이를 통해 상품을 인건비(및 재료비)보다 높은 가격에 판매할 수 있어 이윤이 발생한다. 이윤은 소유주가 챙긴다. 이것이 바로 마르크스가 '잉여 가치'라고 부르는 것을 생성한다. 마르크스는 상품을 생산하는 노동의 가치보다 더 많은 가치를 얻는 것을 노동 계층에 대한 착취로 간주했다. 이러한 착취는 자본주의의 필연적인 요소이며, 마르크스가 "임금의 철칙"(iron law of wages)이라고 일컬은 원동력이다.

노동의 시장 가치를 따지는 자본주의와는 달리, 마르크스는 '노동 가치설'을 주장했다. 그는 생산 가치는 시장성과는 상관없이 상품을 만들어 내는 데 소요되는 시간에 근거한다고 했다. 마르크스주의가 실패하게 된 근본적인 이유는 바로 '노동 가치설' 때문이라고 해도 과언이 아니다. 시간의 양을 기준으로 노동의 객관적인 가치를 평가하는 것은 인간의 본성과 맞지 않는다. 인간은 저마다 취향과 욕구와 필요를 가진다. 자본주의 체계에서 가격은 사람들이 가치를 두는 것, 즉 사람들이 갖고 싶어 하는 것에 의해 결정된다. 렘브란트는 나보다 훨씬 빠르고 능숙하게 오렌지를 그릴 수 있다. 내가 오렌지를 그리려면 렘브란트보다 훨씬 더 많은 노력과 시간을 소비해야 한다. 하지만 그럼에도 불구하고 시장에 내다 놓으면 사람들은 내가 그린 것보다 렘브란트가 그린 것을 훨씬 더 많은 돈을 주고 살 것이 틀림없다. 이를 볼 때, 상품과 용역의 질은 단순히 투자된 시간에 비례하지 않는다는 것을 알 수 있다.

마르크스는 자본주의 사회에 사는 노동자의 상황이 점점 더 악화될 것이라고 예언했다. 그는 대중이 혁명을 일으켜 생산 수단을 빼앗을 때까지 가난한 자들이 더 가난해지고, 부자들은 더욱 부자가 될 것이라고 했다.

하지만 마르크스의 생각은 잘못되었다. 그는 반드시 가난한 자를 희생시켜야만 부자가 될 수 있다고 생각했다. 이는 한 사람이 무엇을 얻으면 다른 사람이 그만큼 손실을 당한다는 생각이다. 이러한 생각은 노름판에서는 사실일 수 있지만, 실제 세상에서는 그렇지 않다. 더 나은 도구로 인해 생산이 증가함으로써 상품을 만들어 내는 비용이 절감된다. 결국 사람들이 상품과 용역을 얻는 것이 더 쉬워지고, 가난한 사람들의 삶의 수준이 높아진다. 삶의 수준을 높이는 데 자본주의만큼 효과적인 경제 체제는 지금까지 없었다.

사회의 상부 구조

마르크스는 상부 구조의 모양과 스타일이 경제적 하부 구조에 의해 결정된다고 주장한다. 상부 구조란 종교, 도덕, 법을 포함하는 사회의 이데올로기를 의미한다. 사회의 이념이 '물질적 질서'로부터 나온다는 것이 그의 생각이다. 사회를 형성하는 것은 신학도 이념도 아니다. 오히려 경제 구조가 사회의 이념과 신학을 형성한다.

법을 예로 들어 보자. 마르크스에 의하면 법은 종교적, 철학적, 자연적 근거가 아니라 지배 계급의 이익을 위해 성립된다. 자본주의 사회에서 법은 부르주아의 이익을 대변하기 위한 수단에 지나지 않는다. 마르크스의 말대로 요즘 돈을 뿌리며 법을 자신들에게 유익하게 제정하도록 로비 활동을 펼치는 사람들이 적지 않다. 하지만 이와 동시에 소수의 부르주아는 다수의 프롤레타리아와는 달리 누진세가 적용되어 많은 세금을 내야만 한다. 자본주의의 이와 같은 측면은 마르크스가 내다보지 못한 점이다. 여하튼 마르크스는 법이 정의보다는 기존 집단의 경제적 이익을 대변하기 위해 이용될 수 있다는 점을 예고한 예언자라고 할 수 있다.

마르크스의 사상 체계에서 보면, 형평보다는 평등이 더 중요하다. 평등이 이루어질 때 형평도 이루어질 수 있다는 것이 마르크스의 생각이다. 이는 게으른 사람도 부지런한 사람과 똑같이 파이를 나누어 먹을 자격과 권리가 있다는 것을 의미한다. 즉, 이는 "능력대로 일하고 필요만큼 받는다"는 원칙을 구체화한 것이다.

마르크스에 따르면, 종교는 '민중의 아편'에 불과하다. 다시 말해, 종교란 지배 계층이 프롤레타리아를 효과적으로 지배할 수 있게 만드는 일종의 마약과 같은 것이다. 바꾸어 말하면 프롤레타리아가 이 땅에서 부르주아의 파이에 손을 대지 않으면 하늘나라에서 약속된 파이를 마음껏 먹을 수 있다는 헛된 소망을 심어 주는 것이 종교다. 종교에 대한 블라디미르 레닌(Vladimir Lenin)의 생각도 마찬가지였다. 그는 공산주의자들이 신이 없다는 것을 당연하게 여긴다고 말했다. 그러나 만일 있다면, 그것은 그와 싸워야 할 또 하나의 이유일 뿐이었다. 그러므로 악이 그에게 귀속되는 것이다. 마르크스나 레닌에게 교회는 중세 시대의 유물을 간직한 박물관에 지나지 않았다.

마르크스주의와 종교를 종합해 보려는 많은 시도가 있어 왔다. 하지만 마르크스주의 자체를 종교화하지 않으면 이는 불가능한 일이다. 마르크스주의의 근본 원리는 유대-기독교와 결코 양립할 수 없기 때문이다.

변증법적 역사관에 기초한 마르크스의 종말론은 다음과 같은 연쇄 반응을 예측했다.

1. 자본주의가 과잉생산에 돌입할 것이다.
2. 임금이 삭감될 것이다.
3. 노동자의 구매력이 축소될 것이다.
4. 상품들이 남아돌 것이다.
5. 과잉 생산된 상품들을 소모하기 위해 전쟁이 일어날 것이다.
6. 전쟁 이후 자본주의 체제는 자멸하게 될 것이다.

마르크스의 궁극적인 목적은 생산 수단을 국가가 소유함으로써 사유 재산을 폐지하는 것이었다. 그는 계급 없는 유토피아를 꿈꾸었다. 하지만 그의 꿈은 소비에트 연방과 마오쩌둥주의의 중국에서 산산이 부서지고 말았다.

The Consequences of Ideas

11.

쇠렌 키르케고르
덴마크의 골칫거리

"도대체 실존주의(existentialism)가 무엇이죠?" 이는 철학을 가르치면서 가장 빈번하게 접하는 질문이다. 그때마다 나는 "실존주의는 존재에 대한 철학입니다"라고 대답한다. 그러면 질문을 던진 상대방은 십중팔구 어리둥절해하며 도대체 무슨 소리냐는 듯이 멍하게 쳐다본다. 당연한 반응이다. 실존주의를 존재에 대한 철학이라고 정의하는 것은 별로 도움이 안 된다. 사르트르가 불평한 바와 같이 실존주의란 용어는 오늘날의 문화 속에서 너무 광범위하게 사용되고 있기 때문에 사실 그 의미를 완전히 잃게 되었다고 해도 과언이 아니다.

실존주의는 설명하기가 매우 어렵다. 특히 끝에 붙어 있는 '주의'라는 말 때문에 더 그렇다. 대개 '주의'라는 말이 붙으면 특정한 사상 체계를 가리키는 것이 보통이다. 하지만 실존주의는 강력한 반체제적 성향을 지닌 철학이다.

사실 실존주의 철학자들이라고 불리는 사람들의 사상을 접해 보면, 실존주의라는 말 대신 그냥 실존주의자들이라고 하는 편이 낫다는 것을 알게 된다. 반면에 실존주의자로 분류되는 철학자들 가운데는 정교한 사상 체계를 세운 이들도 더러 있다.

앞서 살펴본 대로, 마르크스의 철학 사상은 세계에 지대한 영향을 미쳤다. 서구 문화에 급속하고 광범위한 영향을 미쳤다는 관점에서 보면 마르크스주의에 버금갈 만한 사상은 실존주의밖에 없다. 누구든지 서구 사회에 발을 디뎌 놓은 순간부터 실존주의의 영향을 받은 여러 가지 현상을 만나게 된다. 즉, 소설, 대중 가요, 영화, 텔레비전 쇼, 종교를 비롯해 거의 모든 삶의 측면에서 실존주의의 영향을 느끼게 된다. 실존주의는 다수가 하나를, 곧 다양성이 통일성을 누르고 승리한 여파로 생겨난 철학 사상이다. 바꾸어 말하면, 생성이 존재를, 유한이 무한을, 일시적인 것이 영원한 것을, 세속적인 것이 성스러운 것을 압도하고 승리를 거둔 셈이다.

요즘 우리 문화는 세속주의로 치닫고 있다. '세속'이란 용어는 종종 '교회라는 울타리 밖에 있는 영역', 곧 일반 사회를 가리킨다. '세속'이란 말 뒤에 '주의'라는 말이 붙으면 훨씬 더 급진적인 의미를 갖게 된다.

고대 라틴어의 경우에는 '문두스'(mundus)와 '사에쿨룸'(saeculum)이라는 두 개의 용어가 있었다. 둘 다 '세상'으로 번역할 수 있다. '문두스'는 지구라는 물리적 공간을 가리킨다. '문두스'로부터 '세속적인'(mundane)이라는 단어가 파생했다. 이러한 의미는 '세상을 상대한 아타나시우스'(Athanasius Contra mundum)라는 표현에도 잘 나타나 있다. 이와는 달리, '사에쿨룸'은 세상의 일시적 차원, 곧 '지금, 바로 이곳'을 의미한다.

세속주의는 이 세상에 존재하는 것이 전부라는 기본적인 사고에서 출발한다. 초월적이거나, 영원한 세상은 존재하지 않는다. 인간은 이 세상에 속박되어 있으며, 이 세상을 벗어날 탈출구는 없다. 바꾸어 말하면, 이 세상에서의 삶이 내게 주어진 단 하나의 삶이라는 말이다. 칸트의 용어를 빌려 표현하자면, 세속주의자들이란 보이는 현상에만 관심을 둔다. 이들은 본체적 실재 따위는 염두에 두지 않는다.

세속주의의 이와 같은 비관적 태도에 모든 실존주의자들이 동의하는 것은 아니다. 19세기 이후, 카를 야스퍼스(Karl Jaspers), 마르틴 부버(Martin Buber), 특별히 쇠렌 키르케고르(Søren Kierkegaard)와 같은 종교적 실존주의자들이 등장했다. 이와 더불어 실존주의 신학(파울 틸리히와 루돌프 불트만의 신학)과 변증 신학(카를 바르트와 에밀 브루너의 신학)을 종합하려는 많은 시도가 있어 왔다.

실존주의 철학이 현대 사회에 그토록 급속하게 영향을 미치게 된 이유 가운데 하나는 중간 매체를 거치지 않고 실존주의 철학자들이 직접 대중에게 자신들의 사상을 전했기 때문이라고 할 수 있다. 사실 추상적이고 전문적인 철학 사상을 대중에게 쉽게 전달하는 중간 매체의 역할을 해 온 사람은 바로 예술가였다. 미술, 음악, 드라마의 역사가 철학의 역사와 깊은 관계를 맺고 발전해 온 것은 결코 우연이 아니다. 예술가들은 새로운 철학 사상을 채택해 그것을 바탕으로 특정한 예술 운동을 전개함으로써 대중에게 접근했다.

하지만 실존주의의 경우에는 철학자들이 동시에 예술가의 역할을 수행했다. 예를 들어, 사르트르는 『존재와 무』(Being and Nothingness)라는 전문적인 철학서를 집필함과 동시에, 『닫힌 방』(No Exit)이라는 희곡을 썼다.[1] 이 밖에 카뮈나 키르케고르의 경우에도 자신들의 어려운 철학 사상을 직접 대중에게 전달했던 재능 있는 문학가였다.

또 한 명의 골칫거리

소크라테스가 '아테네의 골칫거리'였던 것처럼, 키르케고르의 별명도 '덴마크의 골칫거리'였다. 현대 실존주의의 아버지라고 불리는 키르케고르는 '실존주의'라는 용어를 만들어 낸 장본인으로 여겨지고 있다.

키르케고르는 여러 가지 면에서 비극적인 인물이었다. 그의 아버지는 아내가 죽자마자 하녀를 유혹해 결혼했으며, 그녀를 통해 일곱 명의 자녀를 낳았다. 그중 막내가 키르케고르였다. 그는 1813년에 태어났다. 자신이 저지른 죄로 인해 몹시 괴로워했던 키르케고르의 아버지는 자기 자녀들만큼은 엄격하게 종교적으로 키우려고 노력했다.

키르케고르는 젊었을 때부터 재기 발랄했다. 레기나 올센이라는 여성과의 약혼을 취소한 뒤 그는 『이것이냐 저것이냐』(Either/Or)[2]라는 그의 첫 번째 책을 저술했다. 이 책에서 그는 방탕한 삶을 선택할 것인가 완전한 영적 생활을 추구할 것인가 하는 갈림길에 서 있는 자신의 심정을 피력했다.

키르케고르는 심각한 우울증에 시달렸다. 그의 탁월한 문학적 재능과 철학적 통찰력은 개인적인 고통에서 비롯되었다. 그는 우리에게 다음과 같은 고대 신화의 한 토막을 들려준다. 한 죄인이 막대기에 매달려 화형을 당하고 있었다. 마음이 약한 왕은 화형을 당하며 소리를 지르는 죄인들의 끔찍한 목소리를 견딜 수 없었다. 그때 음악의 신이 그 죄인의 비명 소리를 아름다운 음악으로 바꾸어 주었다. 음악 소리를 들은 왕은 사형 집행인에게 더 많은 나무를 집어넣어 계속해서 아름다운 음악이 울리게 하라고 명령했다.

키르케고르는 또 극장에서 일했던 어릿광대에 대한 이야기를 들려준다. 무대 뒤에서 불이 일어나자, 극장 관계자들은 어릿광대를 보내어 관중을 대피하게 했다. 그는 불이 났다고 소리쳤다. 하지만 관중은 그가 농담을 하는 줄 알고 폭소를 터뜨렸을 뿐 피하려고 하지 않았다. 그가 더 큰 소리로 "불이야"를 외칠수록 관중은 더욱 배꼽을 잡고 웃음을 터뜨렸다.

키르케고르의 이야기는 예술가의 고충을 설명해 준다. 예술가는 고통을 통해 다른 사람들을 즐겁게 해 주는 아름다움을 창조한다. 하지만 사람들은 예술가의 열정을 몰라주고 이야기 속에 나오는 왕이나 관중과 같은 태도를 취할 뿐이다. 키르케고르는 1855년, 42세의 나이로 사망했다.

세 단계

키르케고르는 초기 작품에서 인생의 길에는 세 가지 단계가 존재한다고 말했다. 이는 인간 실존의 세 가지 차원을 논한 것이다. 사람들은 각자 세 가지 단계 가운데 한 가지를 선택하여 살아간다.

첫 번째 단계는 심미적 단계다. 이 수준에 있는 사람은 일종의 관객과 같은 삶을 산다. 관객은 사회 생활에 참여해 예술을 논하지만, 진정한 인간관계를 맺을 능력이나 뚜렷한 주관을 소유하지 못한 인생을 산다. 이런 사람은 행위자나 배우가 아니라 그저 관객일 뿐이다. 키르케고르는 이런 유형의 사람은 영적으로 무능력하며 결국 죄를 지을 수밖에 없고 절망할 수밖에 없다고 한다. 다시 말해, 이런 유형의 사람은 삶의 의미를 외부적인 상황이나 사건에 내맡기고, 다양한 감각적 쾌락을 통해 권태에서 벗어나 만족스런 삶을 살기 위해 몸부림친다. 심미적 단계는 오로지 충동과 감정에 따라 행동하는 일종의 향락주의적 단계다.

키르케고르는 영적인 것과 관능적인 것을 구분한다. 그는 건물을 비유로 삼아, 건물 자체를 영적인 것에, 방이나 지하실과 같은 곳을 관능적인 것에 비유했다. 심미적 단계에 사는 사람은 방에 살기를 좋아한다. 하지만 방에 사는 삶은 참된 실존을 살아갈 수 없다. 방에는 여러 가지 관심을 끌 수 있는 매력적인 것들이 존재한다. 진정한 실존적 결단을 내리려면 굳건한 의지로 방을 떠나는 길을 선택해야 한다.

두 번째 단계는 윤리적 단계다. 이 단계에 사는 사람은 충동과 쾌락에서 벗어나 보편적인 행위를 지향하는 삶을 산다. 그는 도덕적 책임을 느끼고 도덕법에 자신을 복종시킨다. 하지만 그는 관념적인 규범, 즉 추상적인 법에 매이게 된다. 그는 늘 양심의 갈등을 겪으며, 신으로부터 소외된 자신의 유한한 자아를 의식한다.

도덕법은 일종의 객관성을 부여한다. 즉, 도덕법 안에서는 보편적 기준이 개인을 지배한다. 이 점에서 키르케고르는 헤겔의 합리주의를 질타한다. 헤겔은 개인을 무시한다. 그는 보편적이고 절대적인 것을 내세워 개인을 말살한다. 보편적인 본질이 개인의 실존을 삼켜 버린다. 법을 준수하며 사는 것만으로는 추상적인 사회 관계 속으로 개인적인 특수성이 매몰되어 버린다. 법을 지키는 것만으로 의를 이룰 수 있다고 믿게 되면 윤리적인 것이 믿음을 방해하는 장애물이 된다. 죄의 현실은 개인을 이것이냐, 저것이냐를 결정해야 할 새로운 상황으로 몰아넣는다. 즉, 윤리적 단계에 머물든지, 아니면 가장 높은 단계인 종교적 단계로 나아가든지 둘 중에 하나를 결정해야 한다.

세 번째 단계인 종교적 단계는 단지 생각만으로 달성할 수 없다. 종교적 단계는 단호한 결단을 통한 전적인 헌신을 통해서만 달성할 수 있다. 키르케고르는 이것을 '신앙의 도약'이라고 불렀다. 신앙은 개인이 열정을 가지고 결단해야 할 주관적인 문제다.

이 점에서 키르케고르는 19세기 유럽 문화를 평가하면서 당시의 시대적 상황을 질타했다. 그는 당시 사회를 사악한 사회라기보다는 열정이 결여된 사회라고 꼬집었다. 당시 사회에 실망한 그는 구약 성경으로 되돌아갔다. 그는 구약 성경에서 거짓말하고, 도적질하고, 살인하고, 간음을 저지르는 인간의 현실을 목도했다. 하지만 그런 고통스런 현실 속에서도 신앙을 추구하는 참된 열정을 지닌 인간이 될 수 있다고 믿었다.

키르케고르의 신은 철학적, 이성적 신이 아니라, 살아 있는 인격체로서의 신이었다. 즉, 추상적인 신이 아니라 부버가 말한 대로 '당신'(thou)이란 호칭으로 부를 수 있는 인격적인 신이었다.

인생의 세 단계

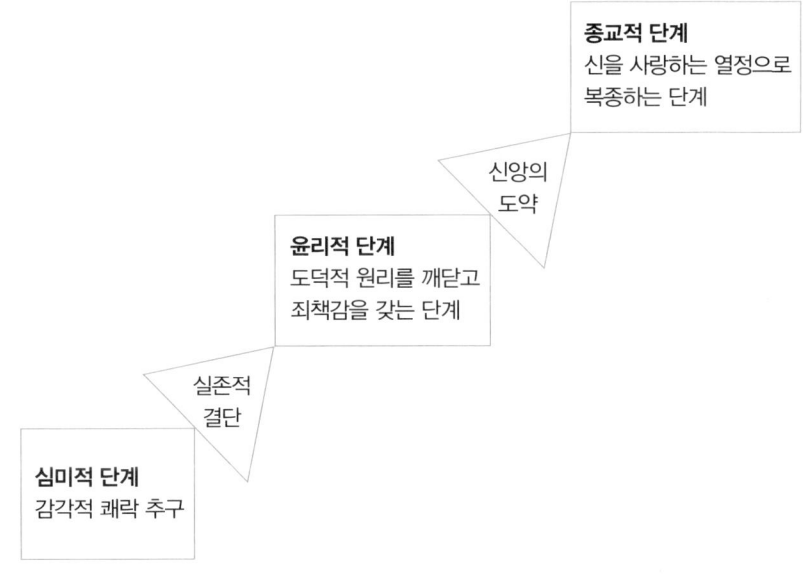

공포와 전율

키르케고르가 가장 고심했던 실존의 문제는 어떻게 하면 기독교인으로 살 수 있는가 하는 문제였다. 그는 전형적인 참신앙의 모습을 아브라함에게서 발견했다. 『공포와 전율』(Fear and Trembling)[3]이란 책에서 키르케고르는 이삭을 죽여 희생 제물로 바치라는 하나님의 불가해한 명령에 복종하는 아브라함의 모습을 다루었다(창 22장). 하나님의 명령에 복종하기 위해 아브라함이 견뎌야 했던 고통은 키르케고르가 레기나 올센을 포기하면서 겪어야 했던 고통과 비슷했다.

그는 아브라함과 이삭의 일화를 다루면서, "어떤 목적을 위해 윤리적인 것을 잠시 중단해야 할 상황이 존재하는가?"라고 물었다.[4] 이 말은 더 높은 목적을 위해 윤리적인 것을 일시적으로 중단해야 할 상황이 존재하느냐 하는 의미였다.

아브라함의 딜레마를 생각하면서, 키르케고르는 하나님이 아브라함에게 말씀하신 성경 본문을 인용했다. "네 아들 네 사랑하는 독자 이삭을 데리고 … 그를 번제로 드리라"(창 22:2). 하나님의 명령은 매우 구체적이었다. 아브라함의 가장 큰 축복은 바로 이삭이었다. 이삭은 그와 그의 아내 사라가 늙어서 얻은 늦둥이였을 뿐 아니라 약속의 자녀였다. 아브라함은 하나님의 약속을 이루기 위해 사라의 하녀인 하갈에게서 아들을 낳았다. 하지만 하나님은 이스마엘을 약속의 자녀로 인정하지 않으셨다. 결국 이스마엘은 광야로 쫓겨나는 신세가 되고 말았다. 그러셨던 하나님이 갑자기 사랑하는 독자 이삭을 번제로 드리라고 말씀하셨다. 만일 하나님의 명령에 조금만 융통성이 있었더라면 그는 이삭을 보호하기 위해 이스마엘을 희생 제물로 드렸을 것이다. 하지만 하나님의 명령은 정확했다. 하나님은 "네 아들 네 사랑하는 독자"라고 분명히 말씀하셨다.

공포와 전율에서 키르케고르는 계속해서 "아브라함이 아침에 일찍이 일어나 … 일러 주신 곳으로 가더니"(창 22:3)라는 말씀을 인용한다. 키르케고르는 아브라함이 하나님의 명령을 별로 어렵지 않게 복종했던 위대한 신앙의 소유자라고 추켜세우는 일반적인 성경 해석을 따르지 않았다. 키르케고르는 아브라함이 겪었던 심적 고통을 매우 현실적으로 묘사했다. 아브라함은 이삭을 바치라는 것이 진정으로 하나님의 뜻인지 몸을 뒤척이며 밤새 고민했을 것이다. 아브라함은 하나님이 시내산에서 모세에게 율법을 주시기 전에 살았던 인물이다. 잘 아는 대로, 모세의 십계명에는 "살인하지 말라"는 계명이 포함되어 있다. 하지만 비록 십계명은 없었지만, 아브라함의 마음에는 살인을 해서는 안 된다는 도덕법이 존재했을 것이 분명하다. 그러므로 그는 자기에게 주어진 하나님의 명령을 이해하기 어려웠을 것이다.

한때 마르틴 루터의 아내는 아브라함과 이삭에 관한 일화를 믿을 수가 없었다. 그녀는 남편인 루터에게 "나는 이삭을 희생 제물로 잡아 바치라고 하신 하나님의 명령을 도저히 납득하기 어려워요"라고 말했다. 그러자 루터는 "하나님은 자신의 아들을 희생시킨 분이라오"라고 대답했다.

결국 아브라함은 신앙의 열정으로 하나님의 명령에 복종했다. 그는 하나님과의 개인적인 신뢰 관계를 통해 윤리적 단계를 넘어서 종교적 단계로 도약했다. 이처럼 삶은 공포와 전율, 두려움과 불안으로 가득하지만, 믿음으로 그 모든 것을 뛰어넘어 진정한 실존의 삶을 살아갈 수 있다는 것이 키르케고르가 전하고자 했던 메시지였다.

키르케고르가 묘사한 종교적 단계를 반도덕주의나 윤리적 상대주의를 의미하는 것으로 이해하려고 해서는 안 된다. 그가 말한 종교적 단계는 하나님께 대한 복종을 요구한다. 예수는 "너희가 나를 사랑하면 나의 계명을 지키리라"(요 14:15)고 말씀하셨다. 복종이란 추상적인 도덕법을 따르려는 열정에 의해서가 아니라, "너는 이렇게 해야 한다"라고 말씀하신 하나님, 곧 도덕법을 주신 하나님을 사랑하는 열정에 의해서 이루어진다. 물론 키르케고르는 율법의 정신만이 중요하다고 말하지 않았다. 율법의 정신만 지키고, 문자적인 세부 사항을 무시하는 것이나, 율법의 정신은 무시하고 문자적인 세부 사항만을 지키려는 것이나 둘 다 잘못된 것이다.

위험과 불안이 가득한 현실 세계에서 믿음의 열정을 가지고 기독교인다운 삶을 살아가야 한다는 것이 키르케고르가 말하고자 했던 요지였다.

기독교국가를 공격하다

키르케고르는 국가 교회와 이름뿐인 기독교에 대해 강력히 반발했다. 키르케고르에 따르면, 교회와 국가의 종합을 시도한 헤겔은 '시민 기독교'라는 무미건조한 기독교를 만들어 냈다. 당시 덴마크에서는 단지 덴마크 사람이라는 이유로 기독교인이라고 간주되었다. 개인의 신앙이나 회심과 같은 것은 별로 중요하지 않은 듯했다. 키르케고르는 체포와 박해의 위협을 무릅쓰고 『기독교국가를 공격하다』(Attack upon "Christendom")[5]를 저술했다. 그는 국가 종교가 기독교를 공허한 형식주의와 외식주의에 빠뜨렸다고 주장했다. 그런 상황에서 사람들은 진정한 신앙을 가질 수 없으며, 마치 방관자와 같은 신앙 생활을 할 뿐이었다. 당시 기독교에 대한 키르케고르의 비판은 '진리의 주관성'이라는 그의 가장 중요한 철학적 주제를 다룬다.

진리에 대한 키르케고르의 견해는 많은 논쟁을 불러일으킨다. 그는 하나님이 진리라는 명제를 믿었다. 하지만 그는 개인이 하나님과 자신과의 긴장관계를 경험할 때만 진리를 발견할 수 있다고 주장했다. 그렇다면 그가 말한 '진리의 주관성'이란 과연 어떤 의미였을까? 진리란 주관적인 신념의 문제라는 의미였을까? 아니면 진리란 신앙의 주체자인 개인의 내적 경험을 통해서만 알 수 있는 것이라는 의미였을까? 만일 전자를 의미했다면, 그는 상대주의의 아버지라고 불릴 수 있을 것이다.

키르케고르는 "진리는 주관적인 것이다"라고 말했다. 이 말은 진리가 주관적인 측면을 갖는다는 것 이상의 의미를 함축한다. 언뜻 보면 이는 객관적인 진리를 전면적으로 거부하는 발언인 듯 보인다.

하지만 키르케고르가 객관적인 진리를 전면적으로 부인한 것 같지는 않다. 왜냐하면 그는 또한 "저 밖에는 객관적인 불확실성이 존재한다"는 말을 했기 때문이다. 외부적인 현실에 대해 객관적인 확실성을 얻을 수 없다는 말과, 객관적인 진리가 존재하지 않는다는 말은 엄연히 다르다.

키르케고르의 주관적인 방법은 사실적인 정보나 지식보다는 개인의 경험이 더 중요하다는 것을 보여 준다. 삶에 깊은 영향을 미치는 경험을 통해 믿음으로 진리를 주관적으로 이해할 수 있어야만 한다는 것이 그의 지론이었다. 키르케고르는 사유에서 존재를 추론해 내는 데카르트의 방법을 거부했다. 그에게 사유란 존재를 현실적인 것과 동떨어지게 만드는 것에 불과했다. 그는 사유에서 현실을 도출해내기보다는 현실에서 사유에 도달한다고 생각했다. 의자나, 또는 '의자의 실재'라는 추상적 개념은 실제로 존재하는 의자를 배제하거나 무시한다. 현실 속에 존재하는 특정한 의자의 속성(무게, 색깔,

모양 등)이 추상적 개념에 의해 흐릿해지거나 아예 사라지게 되기 때문이다. 키르케고르가 실존주의자라고 불리는 이유는 바로 이 때문이다. 그는 추상적인 본질(형이상학)이 아니라 구체적이고 특정한 존재에 관심을 두었다.

진리의 주관성을 주장한 키르케고르의 견해는 객관적인 역사성을 주장하는 전통적인 기독교의 견해를 위태롭게 한다. 기독교는 실제 역사와 관련되어 있다. 기독교는 실제로, 즉 역사 속에서 객관적으로 일어난 중요한 사건들을 근거로 한다. 기독교를 비역사화시킬 경우에는 기독교 자체의 존립이 무너진다.

현대 실존주의 신학은 신앙의 주관성만을 강조하는 극단에 치우친다. 실존주의 신학자들에게 역사적인 예수가 실제로 존재했느냐 하는 문제는 별로 중요하지 않다. 단지 '부활 신앙'이 신자들에게 미치는 실존적인 영향만이 중요할 뿐이다. 불트만과 같은 실존주의자에는 역사적으로 발전해 온 기독교보다 현재의 신앙적 결단이 더 중요하다. 불트만은 하나님이 '위로부터 즉각적이고 직접적으로' 우리를 만나신다는 초역사적인 신학을 발전시켰다.

비학문적 해설

키르케고르는 『철학적 단편에 부치는 비학문적 해설』(Concluding Unscientific Postscript)에서 기도하는 두 사람에 관한 이야기를 전한다.[61] 그중에 한 사람은 정통적인 신관을 고백하지만 그릇된 마음으로 기도하는 사람이다. 키르케고르는 이런 사람은 우상을 향해 기도하는 것이라고 말했다. 또 한 사람은 진정한 마음으로 우상에게 기도하는 이방인이다. 키르케고르는 그가 하나님을 향해 기도하고 있다고 말했다. 그 이유는 진리란 외형이 아닌 내면에서 발견되는 것이기 때문이다. 이는 마음에 진실한 열정이 가득하면 곧 진리와 통한다는 생각이다.

하지만 이런 생각은 "열정을 가지고 사탄을 숭배하는 사람도 기독교인이 될 수 있는가?"라는 의문을 낳는다. 물론 키르케고르가 이런 의미로 그런 말을 한 것은 아닐 것이라고 생각한다. 하지만 때때로 키르케고르의 진의가 의심되는 대목이 그의 저서에서 발견된다. 그는 『비학문적 해설』에서 "객관적으로 불확실한 것이라 하더라도 그것을 강렬한 내면의 열정을 통해 굳게 붙잡는다면 그것이 곧 실존자인 개인에게 진리가 된다"고 말했다.[7] 그렇다면 이 말을 키르케고르의 실존 철학과 헤겔의 본질 철학에 적용해 보자. 키르케고르의 논리에 따르면, 어떤 사람이 헤겔 철학에 대해 열정을 가진다면 그 자체만으로 헤겔 철학은 참이고 키르케고르의 실존 철학은 참이 아니라는 의미가 된다.

다른 곳에서도 키르케고르는 기독교를 객관적으로만 수용하는 것은 무분별한 행위이거나 이교도적인 행위나 다름없는 것이라고 주장했다. 만일 그가 의미한 바가 열정적인 주체적 헌신 없이 기독교를 단지 객관적으로 수용하는 것은 이교도의 행위와 다름없다는 것이었다면, 이교도라고 하더라도 열정과 헌신만 있으면 아무 문제도 없다는 식의 논리가 된다. 한편, 그가 의미한 바가 기독교의 진리 주장을 객관적인 사실로 받아들이는 것은 이교도의 행위와 다름없다는 것이었다면 키르케고르는 심각한 우를 저질렀다고 할 수 있다.

어쨌든 진리의 주관적 측면만을 강조하는 것은 문제가 있다. 왜냐하면 인간의 주관적 인식은 끊임없이 계속되는 새로운 경험에 의존하기 때문이다. 이는 마치 닻이 없는 배와 같이 이리저리 표류하는 상황과 다름없다. 키르케고르는 기독교의 역설을 신앙으로 굳게 붙잡아야 한다는 것을 강조하면서, 기독교 진리의 객관성을 무시하는 극단에 치우쳤다. 기독교는 신비와 역설을 포함하고 있지만, 그럼에도 불구하고 명백한 객관성을 지닌다. 신앙의 도약이라는 것이 제멋대로 진리를 확증하는 것이라면 이는 매우 위험한 일이 아닐 수 없다. 성경은 어둠에서 빛으로 나아가라고 말한다. 어둠 속에서 장님 문고리 잡는 식으로 진리를 알 수는 없다.

키르케고르는 '있는 그대로의 인간'과 '되어야 할 인간'을 구별했다. 그의 주장에 따르면, 인간은 본질적인 조건으로부터 실존적인 조건으로, 즉 본질에서 실존으로 나아가야 한다. 전통적인 신학은 이것을 원죄론에 입각해 설명한다. 원죄론에 따르면, 인간은 죄로 인해 그 본래 상태를 상실하고, 하나님과 소외되고 말았다고 한다. 오직 신앙의 도약, 즉 순수한 마음으로 오직 하나님을 사랑하는 행위(종교적 단계의 삶)를 통해서만 인간은 자신의 진정한 본질을 실현할 수 있다.

키르케고르가 헤겔의 본질 철학과 합리주의 철학을 거부한 데에는 이마누엘 칸트의 철학적 영향과 관계가 없지 않다. 칸트는 현상적 실재와 본체적 실재 사이에 극복할 수 없는 괴리가 존재한다고 했다. 인간은 이론적인 사고로는 이 괴리를 결코 뛰어 넘을 수 없다. 하지만 키르케고르는 신앙의 도약을 통해 이 괴리를 뛰어넘을 수 있다고 믿었다.

키르케고르를 기독교 실존주의의 아버지라고 한다면, 니체는 무신론적 실존주의의 아버지라고 할 수 있다. 이 두 사상가 이래로 실존주의 철학의 역사는 근본적으로 다른 성향을 지닌 두 가지 실존 철학을 발전시켜 왔다. 키르케고르가 사망한 지 75년이 지나서, 그의 작품은 카를 바르트와 에밀 브루너(Emil Brunner) 같은 신학자들에 의해 재발견되었다. '신정통주의' 혹은 '변증 신학'이라고 불리는 바르트와 브루너의 신학이 서구 신학을 장악하게 되었다. 브루너의 『만남으로서의 진리』(*Truth as Encounter*)[8]라는 책은 진리의 주관성을 주장했던 키르케고르의 견해를 근거로 한다. 후자가 **뼈대**를 세웠다면, 전자는 그에 살을 붙인 셈이다.

The Consequences of Ideas

12.

프리드리히 니체
무신론적 실존주의자

뉴욕의 한 지하철에 다음과 같은 낙서가 적혀 있다.

"신은 죽었다." -니체
"니체는 죽었다." -신

이른바 '사신 신학'(theothanatology)은 프리드리히 니체(Friedrich Nietzsche)의 사상에 뿌리를 두고 있다. 하지만 니체의 철학은 단순히 신의 죽음을 천명한 것으로 끝나지 않았다. 그의 사상은 금발과 푸른 눈을 가진 아리안 민족의 우월성을 주장했던 아돌프 히틀러에게 지대한 영향을 미친 것으로 추정된다(일부에서는 한때 예술가를 꿈꾸었던 히틀러가 총통이 되기 전에 자신의 측근들에게 『자라투스트라는 이렇게 말했다』[*Thus Spake Zarathustra*][1]를 성탄절 선물로 나누어 주었다는 주장을 제기한다).

니체는 1844년에 출생했다. 그의 할아버지는 루터교 목사였다. 프루시아 왕의 이름을 본 따 프리드리히라는 이름을 그에게 지어 주었다. 니체의 아버지는 그가 네 살 때 사망했다. 그는 어머니, 할머니, 누이, 노처녀였던 두 이모와 더불어 생활했다. 온통 여자들 틈바구니 속에서 성장한 셈이다. 어떤 사람들은 니체가 말 많고 시끄러운 여성들 사이에서 성장했던 탓에 인격상의 결함을 가지게 되었다고 말하기도 한다. 하지만 그와 같은 추측은 단순히 기우일 뿐이다. 니체는 젊었을 때부터 탁월한 지성의 소유자임을 보여 주었다. 그는 약관 24세의 나이로 바젤 대학의 교수로 임명되었다.

니체는 한때 바그너의 음악에 심취했다(히틀러의 경우도 마찬가지였다). 그는 "견딜 수 없는 심리적인 압박감에서 벗어나고자 할 때는 대마초와 바그너가 필요하다"고 말한 바 있다. 니체는 비교적 짧은 인생을 살았다(그는 56세의 나이로 1900년에 사망했다). 그는 늘 건강이 좋지 않았다. 34세에 질병으로 인해 대학 교수직을 그만두고 몸을 치료할 방법을 찾기 위해 유럽을 떠돌았고, 마지막 11년 동안 요양소 생활을 했다. 그는 뇌의 손상으로 인한 회복 불가능한 정신 착란 속에 살았다. 정신병을 앓는 동안 편지 마지막에 '십자가에 못박힌 자'라고 서명하는 등, 자신을 예수 그리스도와 동일시하는 착란 증세를 보였다. 전해지는 말에 의하면, 그를 돌봐준 누이동생은, 한때 유명했지만 정신병자가 된 오빠 니체를 직접 보기 원하는 사람들에게 티켓을 팔았다고 한다.

19세기 유럽의 시대 정신을 한마디 말로 설명한다면 '진화'(evolution)라고 할 수 있을 것 같다. 진화의 개념은 생물학에만 국한되지 않는다. 이는 헤겔과 마르크스 및 허버트 스펜서(Herbert Spencer)의 '사회적 다윈주의'에도 적용될 수 있다. 어떤 사람들은 니체를 '진화의 철학자'라고 부르기도 한다. 그는 다윈의 생각을 대부분 거부했지만, 그럼에도 불구하고 그의 영향을 많이 받았다. 니체는 진화의 가설을 생물학을 넘어서 종교와 철학과 논리에 적용했다. 하지만 그는 인류가 상향적으로 발전한다는 생각에는 반대했다. 니체는 진화가 어떤 목적을 향해 이루어진다고 생각하지 않았다. 니체에게 그와 같은 생각은 신이라는 개념이 남긴 잔재에 불과했다. 니체에게 진화란 우연적인 것이었다. 특히 인간의 경우에 우수한 종족으로 발전하기는커녕 오히려 방해를 받아 왔다는 것이 그의 생각이었다.

키르케고르의 경우처럼, 니체도 헤겔의 관념주의를 거부하고 19세기 유럽의 문화를 발전이 아닌 퇴보로 인식했다. 키르케고르는 자신의 시대를 열정이 결여된 하찮은 시대라고 질타했다. 니체 역시 자신의 시대를 가리켜 쇠퇴의 시대라고 일컬었다. 쇠퇴는 일종의 과정이다. 결국 니체는 19세기 문명을 발전이 아닌 퇴보의 과정으로 이해했다.

니체는 이러한 문명의 퇴보는 기독교의 부정적인 영향 때문이라고 생각했다. 그는 온유함과 신에 대한 복종을 강조하는 기독교 신앙이 인간의 근본적인 정신을 말살하는 계기가 되었다고 보았다. 그가 생각할 때, 기독교는 강한 것을 약한 것으로, 용감한 것을 연약한 동정심으로 대체해 버렸다.

니체는 키르케고르처럼 실존주의 철학자이다. 하지만 키르케고르는 종교적인 실존주의자였던 반면에, 니체는 무신론적 실존주의 철학의 아버지로 불린다. 니체는 신이 죽었다고 선언했다. 그의 생각에 따르면, 신이 죽게 된 이유는 연약한 동정심 때문이었다. 니체는 처음에는 올림푸스에 거주하는 신들처럼 많은 신이 있었다고 풍자적으로 말한다. 그런 다음 신들 중 하나(유대교의 야훼)가 일어나 "너는 나 외에는 다른 신들을 네게 두지 말라"고 말했을 때 유일신교가 등장했다. 니체는 이때 다른 모든 신들은 웃느라 죽었다고 말했다.

니체는 박사 학위 논문에서 고대 그리스 예술과 철학을 탐구했다. 그는 그리스 신화에 나오는 아폴로와 디오니소스의 개념 안에 갈등이 존재한다는 사실을 간파했다. 그에 따르면, 아폴로와 디오니소스는 인간의 내면에 존재하는 이성과 의지의 본질적인 대립 관계를 보여 주는 것이었다. 아폴로는 이성과 질서, 곧 조화를 강조한 그리스의 이상을 대표한다. 아폴로는 완전한 대칭과 비율을 통한 조화의 아름다움을 나타낸다. 이와는 달리 디오니소스는 혼란과 무질서를 대표한다. 로마 신화에서 바쿠스라고 불리는 디오니소스는 포도주의 신이다. 고대인들은 디오니소스를 숭배하는 의식을 행할 때, 술에 취해 거의 몽환의 경지에 도달함으로써 이성의 통제를 벗어나려고 했다. 인간은 디오니소스적인 충동을 통해 자신을 잊은 채 초월적 존재와 신비적 연합을 이룰 수 있다고 생각했다.

니체는 아폴로주의는 헤겔의 관념 철학을 통해, 디오니소스주의는 쇼펜하우어의 의지 철학을 통해 각각 구현되었다고 생각했다. 인간의 디오니소스적인 삶의 형태는 '열정'으로 압축될 수 있으며, 자아를 내던지는 느낌을 일으키는 예술에 의해 표현된다.

때로 니체는 디오니소스적인 삶의 형태를 아폴로적인 삶의 형태 위에 두는 것처럼 보인다. 하지만 이러한 니체 이해는 잘못된 것이다. 니체는 그리스 문화의 위대성은 이 두 가지 요소를 종합한 것에 있다고 생각했다. 그는 다만 현대 문화에서 디오니소스적인 요소가 정당하게 취급받지 못하고 있는 것을 개탄했을 뿐이다. 그는 디오니소스적인 요소가 억눌리게 된 결과는 기독교 신앙의 탓이며, 그로 인해 세상은 인간 실존의 완성을 위해 절대적으로 필요한 생의 활력을 근본적으로 부인하는 관념주의의 지배를 받게 되었다고 주장했다.

권력에의 의지

니체는 다윈이 보호 본능(또는 종족 보존)의 법칙에 지나친 의미를 두었다고 생각했다. 단순한 보호 본능만으로는 문화가 이어질 수 없다는 것이 그의 확신이었다. 니체에 따르면, 생명의 가장 근본적인 힘은 보호 본능이 아니라 권력에의 의지다.

권력에의 의지는 피라미드의 가장 높은 꼭대기에 서려는 인간의 본능과 관계가 있다. 한마디로 인간은 왕이 되고 싶은 욕구를 갖는다. 이는 바꾸어 말하면 '삶의 의미'를 찾고자 하는 인간의 본원적 갈망을 말한다. 사람들은 자신의 삶에 무언가 진정한 내용이 담겨 있기를 원한다. 사회적 지위와 존엄성을 추구하는 인간의 모습에서 이와 같은 심리적 갈망을 찾아볼 수 있다. 이렇듯, 권력에의 의지란 삶의 의미를 찾고자 하는 고귀한 열망이다.

니체가 보기에 다윈의 견해는 너무 수동적이었다. 다윈은 환경의 변화에 적응하는 과정, 즉 단순히 살아남으려는 의지만을 강조했다. 하지만 니체에게 삶은 단순한 생존이나 적응의 차원을 넘어선 성장과 확장을 향한 능동적이고 창조적인 과정이다.

기업의 세계에서 이와 같은 사실을 확인할 수 있다. 기업은 계속해서 성장하고 확장해 나가야만 성공할 수 있다. 기업이 현상 유지에 돌입해 현재의 상태에 머물려고 결정하는 순간 곧 죽음이 임박한다. 현상 유지란 어려운 상황을 피동적으로 대처하는 방책에 불과하다. 하지만 권력에의 의지는 더 많은 것을 더 빠르게 성취해 낼 수 있는 역동적인 힘을 제공한다. 한 생명이 살려면 다른 한 생명이 희생되어야 한다. 권력 투쟁에서 승리를 거둔 사람이 있다면, 반대로 패배한 사람이 있게 마련이다. 정복자가 있으면 정복당하는 자가 있게 마련이다. 이런 점에서 새로운 형태의 삶을 만들어 내는 힘은 생명과 동시에 죽음을 가져온다.

하지만 니체가 말한 권력에의 의지는 다소 지나친 감이 없지 않다. 그는 "생명을 향한 가장 강하고 가장 높은 의지는 단순히 생존을 위한 비참한 투쟁에 머물지 않는다. 그것은 곧 투쟁에의 의지다"라고 했다. 이런 관점에서 기독교와 유대교가 부과한 절대적인 도덕법은 비인간적이고 인간의 가치를 저하시키는 것이다. 평화를 강조하는 도덕법은 인간에게 근본적인 삶의 활력을 제공하지 못한다. 종교는 인간의 가장 근본적인 욕망을 죄로 취급한다. 인간의 근본적인 욕망을 부인할 경우 결국 삶은 엉망진창이 될 수밖에 없다는 것이 니체의 생각이었다.

노예의 도덕

니체는 '노예의 도덕'과 '주인의 도덕'을 구분한다. 전자는 안정을 추구하는 자들의 도덕이다. 노예의 도덕은 사회에서 가장 약하고 천한 자들의 도덕이다. 약한 자, 억압당하는 자, 자신감이 결여되어 있는 자들이 노예의 도덕을 신봉한다. 노예의 도덕은 고통과 괴로움을 달래줄 수 있는 미덕을 추구한다. 즉, 동정심, 인내, 친절, 겸손 등과 같은 행위들이 노예의 도덕을 구성한다(이러한 도덕적 행위는 갈라디아서 5장에 나오는 성령의 열매 가운데 일부인 것 같다).

니체에게 노예의 도덕은 공리적인 차원을 지닌다(공리주의는 최대 다수의 최대 행복을 추구하는 사회 윤리다. 이러한 윤리 체제 아래서는 다수를 위해 우수한 소수의 욕망이 희생될 수 있다). 노예의 도덕은 약자를 위한 도덕이다. 노예의 도덕을 수용하는 자들은 마치 생각 없는 가축이나 양과 같다. 이들은 오로지 편안함과 안전만을 추구한다. 노예의 도덕은 공포심에서 비롯된다.

노예의 도덕은 강하고 용기 있는 사람들을 악한 자들이라고 규정하며 주인의 도덕을 인정하지 않는다. 말하자면 노예의 도덕은 부를 축적하는 자를 탐욕스럽다고 규정하고 권력을 가진 자를 독재자로 몰아붙인다.

니체에 따르면 주인의 도덕은 노예의 도덕과 크게 대조된다. 주인의 도덕은 노예의 도덕과는 달리 고상하다. 그 이유는 주인의 도덕은 귀족의 도덕, 즉 강한 자의 도덕이기 때문이다. 강한 자에게는 평범하고 속된 것이 악으로 간주된다. 강한 자는 보통 사람과는 달리 스스로 자신의 가치관과 도덕을 창조한다. 그는 자기 운명의 주인이다. 그는 스스로 자신의 운명을 통제한다. 그는 자신의 행위에 대한 평가를 집단에 의존하지 않는다. 그는 자신의 행위를 스스로 판단한다. 그는 권력에의 의지를 통해 스스로의 영광을 구한다. 그는 자신을 향해 뿔을 들이밀며 도전해 오는 모든 수사슴의 공격을 물리치는 우두머리 수사슴과 같은 존재다. 그는 권력을 존중하며, 강한 힘을 덕으로 생각한다. 그는 최선을 다하며, 자신의 힘을 강하게 하기 위해 어려운 일에 뛰어들어 그것을 극복하기를 즐긴다.

니체는 과거 야만족들 사이에 고귀한 귀족적인 도덕성이 존재했다고 말한다. 왜냐하면 그들은 자연 그대로의 순수한 권력에의 의지를 지니고 있었기 때문이다. 그들은 힘으로 사람들을 지배했지만, 무엇보다도 강한 정신력으로 권력에의 의지를 실현해 나갔다. 그들은 한마디로 완성된 인간들이었다. 하지만 이들 야만족은 결국 역사의 뒤안길로 사라졌다. 그 이유는 평화와 평등을 사회적인 규범으로 삼는 약한 인종들이 등장했기 때문이다. 약자들은 스스로의 운명을 개척할 능력도 없고, 혼자서는 자신을 보호할 수 없기 때문에 집단의 힘을 빌려 인간의 가장 본능적인 충동, 곧 권력에의 의지를 갈망하는 강자들을 악으로 규정했다. 결국 노예의 도덕이 등장함으로써 인간의 가장 기본적인 본능이 부정되었다. 니체의 말에 따르면 이는 곧 삶에 대한 부정이다.

니체는 노예의 도덕이 역사적으로 승리를 거두게 된 것은 속임수를 사용했기 때문이라고 질타했다. 그는 속임수를 사용해 노예의 도덕에 승리를 안겨 준 가장 우선적인 책임이 유대교와 기독교에 있다고 했다. 니체는 "나는 기독교를 지금까지 존재했던 어떤 거짓말보다도 더욱 치명적이며 유혹적인 거짓말이라고 생각한다. 기독교의 거짓말이야말로 가장 심하고 가장 불경한 거짓말이다"라고 말했다. 프로타고라스는 "인간은 만물의 척도다"라고 했지만, 니체는 하찮은 사람들의 도덕이 만물의 척도가 되었다고 선언했다. 니체는 신약 성경의 윤리가 신의 이름을 빙자해 서구 문명에 적용됨으로써 도덕의 타락을 가져왔다고 믿었다.

예를 들어, 기독교는 원수를 사랑하라고 가르친다. 하지만 이는 자연의 명령과 모순된다. 그 이유는 권력에의 의지를 실현하는 데 방해가 되는 원수들을 미워하는 것은 당연한 일이기 때문이다. 이처럼 기독교는 인간의 가장 자연스런 생물학적인 본능을 부정함으로써 강한 자의 생명력을 앗아갔다. 다른 무엇보다도 먼저 신을 사랑하라는 기독교의 가르침은 강한 자를 마치 거세당한 인간으로 만들어버렸다. 더욱이 이 세상과 이 세상의 것들을 미워하라는 기독교의 가르침은 모든 가치 기준을 전도시켜 버렸다.

니체는 도덕의 가치를 바로잡아야 한다고 생각했다. 하지만 그는 절대적인 규범에 근거한 새로운 도덕 체계를 요구하지 않았다. 그는 모든 체계를 거부했다. 그는 단지 노예의 도덕을 뒤집어엎고자 했다. 그는 노예의 도덕에 감추어져 있는 위선을 드러내고자 했다. 노예의 도덕이 겉으로는 매우 선한 것처럼 보이지만, 실제로는 그렇지 않다. 그것은 다만 약함을 가리기 위한 위장에 불과하다. 삶은 권력에의 의지 외에 아무것도 아니다. 인간은 자유롭게 자신의 본성을 실현시켜 나가야 한다.

니체가 전통적인 도덕의 가치를 부정직한 속임수라고 불평한 것은 적지 않은 모순을 안고 있다. 그는 정직을 주인의 도덕을 규범 짓는 초월적 덕성으로 생각했다. 그렇다면 정직과 권력에의 의지가 서로 충돌하게 될 경우에는 어떻게 해야 할까? 정직을 포기해야 하는가? 니체는 일반적인 사회 규범을 노예의 도덕이라고 규정짓고 있으면서 자신이 극복하려고 했던 도덕적 가치 기준 가운데 하나(정직)를 다시 내세우는 잘못을 범한 것 같다.

초인

니체의 '초인'(Übermensch, superman)은 만화책에 등장하는 영웅과 같은 존재는 결코 아니다. 만화책에 나오는 슈퍼맨은 공중을 날아다니며, 높은 담이나 건물을 단번에 훌쩍 뛰어넘고 총알보다 빠르고 기관차보다 힘이 센 초인적인 힘을 지닌 존재로 그려지지만, 니체의 초인은 그런 초인과는 전혀 다르다.

니체의 초인은 정복자다. 니체의 초인은 단순히 생존하기에 급급한 대중과는 달리 인간의 본원적인 본성을 실현하고자 하는 존재다. 천재적 재능을 지닌 소수만이 그와 같은 초인이 될 수 있다. 아울러 니체의 초인은 인종 개발 프로그램과 같은 것을 만들어 훈련을 시킨다고 해서 만들어질 수 있는 존재가 아니다. 니체의 초인은 역사상 잠시 그 모습을 드러냈다가 사라져 간 영웅들에게서 발견된다. 예를 들어, 율리우스 카이사르, 알렉산드로스 대왕, 나폴레옹 등이 그 예다.

니체는 초인을 가리켜 최상의 용기를 지닌 존재라고 정의했다. 니체는 이러한 용기를 가리켜 '변증법적 용기'(dialectical courage)라고 일컬었다. 초인은 모순된 긴장 속에서 그것을 극복하며 자신을 실현시켜 나가는 용기를 가진다. 니체는 종종 허무주의의 아버지로 일컬어진다. 그 이유는 그가 인간에게는 궁극적인 의미나 초월적인 목적(또는 가치나 도덕)이 존재하지 않는다고 믿었기 때문이다. 그에게 마지막에 남는 것은 '인간 존재의 무'밖에 없다. 이런 점에서 궁극적으로 용기 자체도 무의미하다. 니체가 초인의 용기를 가리켜 변증법적 용기라고 일컬었던 이유는 초인의 용기가 이와 같은 모순적인 현실 속에서 발현되는 것이기 때문이다. 용기가 무의미한데 왜 용기를 내야 하느냐고 묻는다면, 니체는 "그래도 여하튼 용기 있게 살아야 한다"고 대답할 것이다.

니체의 초인은 아무런 가치나 궁극적 의미가 없다는 사실을 잘 알고 있기 때문에 자신의 가치를 스스로 만들어 나간다. 니체의 초인은 망망대해에 배를 띄우고, 베수비오 화산이 있는 곳에 집을 짓는다. 그는 마치 죽음을 무릅쓰고 황소 뿔을 부여잡은 투우사나 어니스트 헤밍웨이(Ernest Hemingway)의 영웅인 바다에 홀로 나간 노인과 같은 존재다. 『도버의 백색 절벽』(The White Cliffs of Dover)이란 책에는 제임스 캐그니라는 인물이 등장한다. 전투기 조종사인 그는 하늘에서 적군과 공중전을 벌이다가 총탄에 맞아 흔들리는 기체를 안고 도버의 백색 절벽을 향해 떨어져 내린다. 그는 떨어져 내리는 동안 깨어진 조종석의 유리창으로 적군을 향해 침을 뱉는다. 이튿날 아침, 태양은 다시 떠오르고 깎아지른 듯한 백색 절벽은 태연한 자태를 드러낸다. 그리고 바다 밑바닥에는 제임스 캐그니의 시체와 파괴된 기체의 잔해가 깊이 가라앉아 있다. 니체의 초인은 바로 이런 사람에 비교될 수 있다.

니체의 초인은 아폴로적인 요소와 디오니소스적인 요소가 적당히 균형을 이루고 있는 존재다. 그는 진화의 산물이 아니다. 니체는 역사가 직선적으로 움직여 나간다고 믿지 않았다. 그는 그 대신 역사는 순회한다고 믿었다. 영화 "그들은 말을 쏘았다"(They Shoot Horses, Don't They?)에서는 경제 대공황 시기에 춤 경연대회가 열리는 장면이 묘사된다. 즐거움을 얻으려는 사람들과 경연에서 이겨 상금을 타려는 사람들이 대회에 참여해 이상한 몸짓으로 춤을 춘다. 사회자는 게임을 좀 더 재미있게 하고, 좀 더 많은 사람들을 탈락시키려고 마룻바닥 가장자리를 속보로 돌게 만든다. 사회자는 마이크에 대고 매우 즐거운 듯한 목소리로 "자, 도세요. 빙빙 도세요. 어느 곳에서 멈추게 될지 아무도 모르지요"라고 외친다. 참가자들은 사회자의 주문에 따라 빠른 속도로 빙빙 돌다가 그중 한 사람이 심장마비로 쓰러진다. 이 영화는 실존주의 철학을 주제로 삼고 있다. 다시 말해 이 영화는 시간이 순환한다는 철학적 견해가 만들어 낸 인간의 절망을 그리고 있다. 구약의 전도서에도 보면 이와 비슷한 주제가 다루어지고 있는 것을 보게 된다. 전도서 저자는 "해 아래" 새것이 없다고 말한다. 그는 태양이 끊임없이 뜨고 지는 순환 속에서 인생의 절망과 궁극적인 무의미를 느끼게 된다고 했다.

니체는 역사가 어떤 목표에 도달하더라도 다시 그 시점에서 새로 순환하기 시작한다고 주장했다. 시간은 무한하며, 세계의 상황은 계속해서 재현된다. 프랑스 혁명과 같은 것이 계속적으로 다시 일어날 것이며, 나폴레옹과 같은 인물이 다시 나타날 것이다. 세상은 끊임없는 생성이 반복되는 현장이다. 이러한 역사적 순환 속에서 변함 없이 지속되는 것은 권력에의 의지다.

니체의 영원 회귀(eternal recurrence)는 신의 죽음을 필연적으로 요청한다. 신은 인간의 상상력이 만들어 낸 절대적인 것에 대한 환상이다. 초인의 등장은 이러한 환상을 산산이 깨뜨린다. 신을 창조한 인간은 다시 신을 죽여 없애야 한다. 신이라는 관념을 의도적으로 깨부수어야 하며, 신이란 관념을 기초로 세워진 도덕 체계도 역시 파괴해야 한다.

니체의 우상이었던 자라투스트라는 산에서 내려와 신이 죽었다는 끔찍하지만 기쁜 소식을 전한다. 그의 선언을 듣는 사람들은 자신들이 죽은 신의 그림자 아래서 살고 있다는 사실을 깨닫고 허무주의로 치닫게 될 것을 두려워한다. 신은 믿을 수 없는 존재다. 왜냐하면 더 이상 인간의 지지를 받을 가치가 없는 존재로 전락했기 때문이다. 니체는 "역사나 자연 안에서나 혹은 자연의 배후에서 신을 찾을 수 없다고 해도 우리에게는 별다른 차이가 없다. 우리가 신으로 떠받들어 온 것은 사실 신이 아니라 비참하고 부조리하고 해로운 것에 불과하다. 그런 신을 믿는 것은 잘못일 뿐 아니라 삶에 대한 범죄다. 우리는 그 어떤 절대적인 신도 믿지 않는다. 만일 기독교의 신이 절대적인 신임을 입증할 수 있다고 하더라도 우리는 그런 신을 믿을 수 없다"고 했다.

니체의 논리

니체의 사상을 평가하기 위해서는 먼저 그의 사상이 어디에 기초해 있는지 살펴보아야 한다. 한마디로 그의 사상은 삶의 부조리에 근거한다. 처음부터 삶의 부조리를 선언한 철학자를 논박할 수 있는 방법은 어떤 면에서 간단하다. 나는 삶의 부조리와 허무를 주장하는 사람들을 대할 때는 "삶이 부조리하고 허무하다면, 그렇게 기를 쓰고 목소리를 높여 다른 사람들에게 말할 필요가 무엇이 있겠소?"라고 묻곤 한다. 이미 삶이 부조리하다고 단정 지은 이상 그러한 부조리를 애써 입증할 필요는 조금도 없다. 삶의 부조리를 느낀 사람은 오히려 가만히 입을 다물고 있는 것이 일관된 태도일 것이다. 아무것도 의미가 없는데, 굳이 말을 계속하는 이유가 도대체 무엇인가? 하지만 부조리의 철학자들은 자신의 주장을 내세우는 글쓰기를 계속한다. 그들은 자신들의 입장이 진리라고 주장하지만, 이미 그들은 타당성의 원칙을 포기했기 때문에 자신들의 주장이 지니는 타당성 여부를 놓고 왈가왈부할 필요가 없다.

이런 말로 부조리의 철학자들에게 반론을 펴면, 그들은 현실이나 진리가 일관되지도, 합리적이지도 않기 때문에 굳이 일관된 태도나 합리적인 자세를 취할 필요가 없다고 대답한다. 하지만 그들의 논리는 자신들의 불합리한 주장을 합리적으로 옹호하는 격이 되고 만다. 합리적인 논리를 내세워 불합리한 주장을 옹호한다는 것은 자기 모순이다. 자신들이 공격의 대상으로 삼은 것을 내세워 스스로를 옹호하려는 태도이기 때문이다. 이는 이것도 아니고 저것도 아닌 어정쩡한 태도다. 불합리한 것을 주장하는 사상가는 논리를 전개하다가 모순이나 일관되지 못한 점이 발견되면 "내 입장이 본래 불합리하니 어쩌겠소?"라고 교묘하게 회피해 버릴 가능성이 없지 않다.

만일 자가당착 이론의 대가였던 엘레아의 제논이 이런 사상가들을 다루었다면, 그는 아마도 다음과 같이 물었을 것이 분명하다. "당신들은 무엇 때문에 이미 부조리하다고 한 것을 무한히 많은 부분으로 쪼개어 애써 부조리함을 다시 증명하려고 하는 것이오? 그것은 시간 낭비가 아니겠소?" 나는 처음부터 부조리를 주장하고 나서는 사람들에 대해 이렇다 할 논박의 필요성을 느끼지 못한다. 다만 그들에게 자신의 입장을 좀 더 큰 소리로 분명하게 말해 달라고 할 수밖에 없다. 만일 그가 유신론의 대안이 오직 부조리밖에 없다고 다시금 대답한다면, 그저 서로를 바라보며 어색한 웃음을 지을 수밖에 없다.

하지만, 이상하게도 부조리를 주장하는 사상가들은 자신들이 부조리하다고 생각하지 않는다. 그들은 자신들이 내세우는 이론이 부조리하다는 비판을 받게 되면 버럭 화를 낸다. 그들은 삶이 부조리하다는 사실을 논리적으로 일관성 있게 설명할 수 있는 사상가라는 평가를 받고 싶어한다. 하지만 부조리한 것을 논리적으로 조리 있게 설명할 수 있다는 것은 역으로 말하면 비합리가 아닌 합리가 존재한다는 사실을 반영한다. 결국 니체를 비롯해 부조리를 주장하는 사람들의 말이 충분한 합리성을 지니고 있다면, 그것은 곧 부조리에 대한 그들의 신념이 잘못된 것임을 보여 준다.

사도 바울은 "하나님을 알 만한 것이 그들 속에 보임이라 하나님께서 이를 그들에게 보이셨느니라 … 그러므로 그들이 핑계하지 못할지니라"(롬 1:19-20)고 말했다. 하나님을 알 수 있는데도 그것을 인정하지 않으려 하기 때문에, "그 생각이 허망하여지며 미련한 마음이 어두워졌나니 스스로 지혜 있다 하나 어리석게"(롬 1:21-22) 되고 말았다. 토마스 아퀴나스와 니체는 모두 탁월한 지성을 소유한 철학자이다. 하지만 이 두 철학자는 서로 정반대되는 세계관을 제시했다. 한 사람은 유신론을 주장했고, 다른 한 사람은 허무주의를 주장했다. 어떻게 똑같이 탁월한 지성을 소유한 두 사람의 천재적 사상가가 그렇게 다른 주장을 펼 수 있었을까? 우리는 그 대답을 위에서 인용한 바울의 말에서 찾아볼 수 있다.

처음부터 하나님의 존재를 부인하는 철학자는 탁월한 지성을 소유한 자일수록 그의 사상이 더욱더 하나님과 멀어지게 된다. 하나님의 존재를 부인하는 세속 철학자들은 전통적인 유신론을 변형해서 만든 나름대로의 종교관을 가지고 살든지, 아니면 허무주의에 빠지든지 둘 중의 하나에 귀결된다. 사실 신본주의와 인본주의를 혼합한 어정쩡한 사상보다 신의 존재를 전면적으로 부인하고 나서는 허무주의는 비록 합리성을 결여하고 있지만 사람들에게 더 많은 영향을 끼친다.

나는 기독교 신앙을 아무런 전제 없이 수용할 수 있다고 생각하지 않는다. 하지만 나는 유신론의 입장을 주장하기 위해서는 신의 존재를 반드시 인정해야 한다고 믿는다. 허무적 세계관을 주장하지 않는 한, 우리는 신의 존재를 인정하지 않을 수 없다. 허무주의를 제외한 모든 세계관은 신의 존재라는 전제 위에 구축된다. 신의 존재를 인정하지 않으면 남은 대안은 허무주의밖에 없다. 허무주의는 마음이 어두워져 어리석게 된 생각에서 비롯된다.

철학적 관점의 범위

The Consequences of Ideas

13.

장 폴 사르트르

문학가이자 철학자

20세기 후반의 철학은 한편은 실존적(또는 현상학적) 철학이, 다른 한편은 분석 철학이 지배했다. 현상학적 측면에서 두 지배적인 사상가는 마르틴 하이데거(Martin Heidegger)와 장 폴 사르트르(Jean-Paul Sartre)였다.

철학사를 돌이켜보면, 하나의 학파 내에서 두 사람 이상의 거장이 나오는 예는 매우 드물다. 고대에는 소크라테스, 플라톤, 아리스토텔레스가 있었다. 그들의 사상은 다른 모든 철학 학파의 사상을 압도해 버렸다. 소크라테스 학파의 거장 3인에는 다소 못 미치지만, 실존주의 학파에도 거장 3인이 존재한다. 다름 아닌 후설, 하이데거, 사르트르다. 이 3인은 공통된 사상적 맥락에 속해 있으며 그 시작은 후설이다.

에드문트 후설

후설(Edmund Husserl, 1859-1938)은 대개 현대 현상학의 아버지라고 일컬어진다. 프란츠 브렌타노(Franz Brentano) 밑에서 수학한 그는 할레 대학에서 처음 강의를 시작했고, 나중에는 괴팅겐 대학에서 활동했다. 그는 1916년에 프라이부르크 대학으로 옮겨 1928년까지 그곳에서 강의했다. 그는 유대인이었기 때문에 1933년 이후에는 독일에서 학문 활동을 금지당했다.

후설은 데카르트의 경우처럼 자아 의식에서 철학적 사고가 출발한다고 생각했다. 그는 의식의 본질을 '지향성'(intentionality)이라고 규정했다. 그는 자아 의식이 존재한다는 자명한 진리가 모든 지식과 이해의 확실한 근거가 된다고 주장했다. 그는 내면의 의식을 외부에 존재하는 다른 모든 것과 구별해야 하며, 의식의 '지향성'으로 인해 모든 의미가 창출된다고 했다.

후설은 데카르트의 경우처럼 의식이 존재한다는 단순한 발견에 만족하지 않았다. 후설이 생각한 의식은 항상 '어떤 것에 대한 의식'이다. 이는 의식의 본질이 항상 어떤 대상을 지향한다는 생각이다. 인간의 의식은 객관적 세계에 대한 의식을 의도적으로 '묶어 놓는다'(bracket). '묶어 놓는다'는 것은 객관 세계에 대한 모든 견해들로부터 초연한 태도를 추구하는 현상학적 방법론을 가리키는 용어다. 후설은 세상이 존재한다든지, 존재하지 않는다든지 하는 일체의 주장을 거부한다. 그는 "세상은 곧 내가 의식하고 있는 것이며 내 사고 활동 속에서 타당하게 보이는 것에 불과하다"고 말했다.

후설은 현상에 대한 자아의 경험을 통해 의미가 발생한다고 주장했다. 그는 철학의 범위를 현상학적 경험에 국한시켰다. 세계는 자아 의식이 의도적으로 규정하는 것일 따름이다. 사물에 대한 우리의 이해가 사물의 본질을 규정하는 것이지, 사물의 본질이 우리의 이해를 규정짓지 않는다. 우리는 여기에서 '경험이 본질에 앞선다'는 실존주의 철학의 모토가 생겨난 배경을 알게 된다.

하이데거

후설의 제자였던 마르틴 하이데거(1889-1976)는 1920년에 프라이부르크에서 그의 조교로 일하다가 1927년에 그의 뒤를 이어 교수가 되었다. 그는 자신이 실존주의자가 아니라고 주장했지만, 철학계에서는 그를 실존주의 철학자로 분류한다. 그의 주된 관심은 새로운 존재론을 구축하는 것이었다. 하이데거의 대표작은 두말할 것도 없이 『존재와 시간』(Sein und Zeit)[1]이다. 히틀러 정권 초기에 그는 나치를 지지했다. 하지만 나중에는 나치의 환상에서 벗어났다. 전쟁 이후에는 나치와 연루되었던 경력 때문에 독일에서 강연 활동이 허용되지 않았다.

하이데거가 제시한 존재론의 출발점은 인간이다. 그는 인간을 "다자인"(Dasein)이라는 말로 정의했다. 이 말은 '저곳에 있는 존재'라는 의미다. 인간은 물건이 아니라 존재다. 하지만 인간의 존재는 항상 세상 안에 있다. 인간은 관념이나 추상이 아니라 '저곳에 있는' 존재다. 하이데거는 인간이 세상에 '던져졌다'고 말한다. 인간은 세상에 피동적으로 던져진 상태로 존재한다. 삶의 한복판에 던져진 인간은 자신의 실존의 의미를 스스로 획득해야 하는 책임을 지닌다. 키르케고르의 말을 빌리면, 인간은 "이것이냐 저것이냐"를 선택해야 하는 불안정한 상태에 놓여 있다. 인간은 자신의 존재를 물건처럼 생각해 다른 많은 것들 가운데 하나로 보든지, 아니면 스스로 자신의 명백한 실존을 쟁취하든지 둘 중 하나를 선택해야 한다. 즉, 다수에 속해 실존적 주체성이 불분명한 삶을 살든지, 아니면 실존적 주체성이 분명한 삶을 살아가든지 해야 한다.

실존적 주체성이 불분명한 사람은 가설과 전제 따위를 무비판적으로 수용하며, 일상사에서 일어나는 잡다한 관심사에 사로잡힌 삶을 살아간다. 그는 외부의 상황에 이리저리 흔들리는 주관 없는 삶을 산다. 이런 사람은 텔레비전이나 신문이 말하는 것을 곧 자신의 생각으로 받아들이고 그것을 앵무새처럼 지절댄다. 그는 불안한 마음과 지루한 생활을 달래보려고 이것저것 잡동사니와 같은 지식을 추구하며 사는 사람이다. 아울러 실존적 주체성이 없는 사람은 그저 시간이 흘러가는 대로 아무런 의미 없이 산다. 이런 사람은 삶을 마치 여가 시간처럼 덧없이 흘려보낸다. 세상에 피동적으로 던져진 인간은 시간과 더불어 산다. 하이데거는 인간이 일시적인 존재라는 점을 강조한다. 인간은 모두 언젠가는 죽는다. 삶의 순간순간이 죽음을 향한 행진이다. 이러한 인간의 시간적 한계로부터 불안과 고뇌가 생겨난다.

프로이트와 같이 하이데거도 두려움과 불안을 구분한다. 두려움이란 개, 뱀, 상관, 집세 따위의 특정한 외부적 현실로 인해 위협을 받는 데서 생겨난 불안 심리다. 두려움은 그것을 조장하는 원인을 제거하면 바로 사라진다. 하지만 불안은 다르다. 불안은 뚜렷한 형체가 없다. 밑도 끝도 없이 인간 존재의 저변에서 불안이 솟구쳐 오른다. 불안은 알 수 없지만 늘 우리를 따라 다닌다. 두려움은 피할 수 있지만 불안을 피하기는 그렇게 쉽지 않다. 실존적 주체성이 없는 사람은 늘 불안에 사로잡힌 삶을 살아갈 수밖에 없다.

하지만 실존적 주체성을 가진 사람은 모든 형태의 도피주의를 단호히 거부한다. 그는 불안과 정면으로 맞선다. 그는 불안이 파괴적인 것임과 동시에 건설적인 것임을 깨닫는다. 즉, 불안은 실존적 주체성을 상실한 상태에서 벗어나 자유를 얻게 만드는 촉매 역할을 한다. 인간은 올바른 선택을 통해 실존적 주체를 획득할 수 있다.

실존적 주체성이 없는 사람은 자신의 유일무이한 독특성을 부인하고 그저 평범한 보통 사람으로서의 삶을 살아감으로써 일신의 안전을 도모하고자 한다. 니체의 말을 빌리면, 그는 세상의 평범한 무리에 속한 사람일 뿐이다. 그는 사회적인 관습을 추종하며 다른 사람이 믿는 대로 믿고, 기대하는 대로 기대한다. 자기만의 독특한 정체성을 확립하는 대신, 그는 그저 다른 사람과 똑같아지기를 원한다. 그는 마치 패잔병과 같은 수동적인 삶을 살아간다. 그러한 삶을 살아서는 인간의 존재 깊숙한 곳에 자리잡고 있는 불안을 결코 극복할 수 없다. 앞서 말했듯이 불안은 뚜렷한 실체가 없다. 불안은 구체적인 사물도 아니고, 그렇다고 아예 존재하지 않는 '무'도 아니다. 불안은 '존재의 사멸'을 위협하는 현실이다. 인간은 반드시 죽는다.

실존적 주체성을 가진 사람은 존재의 사멸을 위협하는 불안을 피하려고 하지 않는다. 그는 인간 존재가 유한한 시간과 공간에 존재하는 한계적 존재라는 사실을 잘 안다. 그는 단호한 결심으로 불안을 정복하려 든다. 그는 자신의 잠재력을 최대한 발휘하고자 한다. 그는 스스로 모든 책임을 지고 미래를 향해 돌진한다. 즉, 그는 자신의 과거를 받아들이는 한편 뚜렷한 의지로 자신의 운명에 정면으로 맞선다.

실존주의 철학의 이와 같은 주장은 헤밍웨이의 죽음을 생각나게 한다. 그는 자신이 죽음과 맞서 이길 수 없다는 사실을 인정했다. 죽음을 정복할 수 있는 방법은 죽음의 순간과 방법을 스스로 결정하는 길뿐이었다. 어느 날

밤, 그는 자신이 아끼는 엽총으로 조심스럽게 자신의 머리를 겨누고 방아쇠를 당겼다.

사르트르

장 폴 사르트르(1905-1980)는 처음에는 파리에서 공부를 시작하여 나중에는 독일로 건너가 공부를 계속했다. 그는 후설의 강의를 들었으며, 하이데거와 함께 연구했다. 그의 첫 번째 소설 『구토』(Nausea)[2]는 인간이 처한 곤경을 문학적으로 해석해 놓은 책이다. 사르트르는 이 책을 자신의 대표작으로 생각했다. 『구토』는 그를 세계적인 문학가의 반열에 올려놓았다.

사르트르는 제2차 세계 대전 동안 프랑스의 레지스탕스로 활동했으며, 독일군에게 전쟁 포로로 잡혔다. 그는 감옥에 있는 동안 공부를 계속했으며 하이데거 철학에 심취했다. 그는 또한 마르크스주의에 많은 영향을 받았다. 하지만 공산당에 가입하지는 않았다. 그는 노벨상 수상자로 결정되었지만, 상을 받는다는 것은 제도에 순응하는 것을 의미하기 때문에 받지 않겠다고 거절했다.

학창 시절, 사르트르는 인생의 동반자가 된 시몬느 보부아르를 만났다. 그녀 역시 프랑스의 유명한 작가가 되었다.

사르트르가 저술한 문학 작품 가운데는 『파리 떼』(The Flies)와 『닫힌 방』[3]이 있다. 이 밖에 1943년에 출판된 『존재와 무』[4]는 그가 심혈을 기울인 철학 작품이다.

사르트르는 "존재가 본질에 앞선다"는 말을 남긴 것으로 유명하다. 이 말에는 그의 무신론적인 사상이 담겨 있다. 그는 신의 존재를 부인하면서도 인간의 '본성'을 논하고자 했다. '인간의 본성'이란 말은 모든 인간에게 공통적으로 존재하는 '본질'을 암시한다. 사르트르에 따르면, 인간이 자신의 본성을 찾기 위해서는 단순히 존재하는 차원을 넘어서서 의식적인 주체자가 되어야 한다. 그는 인간 존재를 물건을 만드는 과정과 비교해 설명했다. 물건을 만들려면 일단 아이디어가 존재해야 한다. 물건을 만드는 사람은 떠오른 아이디어에 따라 상품을 만든다. 만들어진 상품은 특정한 기능이나 목적에 따라 설계된 것일 뿐이다. 하지만 아이디어, 곧 상품의 본질은 그것이 만들어지기 전부터 존재한다. 이렇듯 상품의 경우에는 본질이 존재를 선행한다. 인간의 경우도 이와 비슷하다. 먼저 인간을 만든 창조주가 있어야 한다. 창조주는 자신의 의도와 목적에 따라 인간을 만든다. 따라서 인간의 경우에도 본질이 존재를 선행하는 것처럼 보인다.

하지만 사르트르는 신의 존재를 믿지 않았기 때문에 인간 존재를 위한 본질적 의도나 목적이 존재하지 않는다고 생각했다. 즉, 개개의 인간이 순응하고 따라야 할 본질이나 본성은 존재하지 않는다는 것이 그의 지론이다.

사르트르는 인간의 경우에는 존재가 본질에 앞선다고 했다. 인간은 그저 존재할 뿐이다. 인간은 먼저 존재하고 나중에 자신의 본질을 스스로 찾아 발견한다. 인간은 자신이 원하는 대로 자신을 만들 수 있고, 자신의 의도에 따라 자신을 규정할 수 있다. 물론 이것은 인간이 스스로를 창조했다는 의미는 아니다. 인간은 스스로 창조하지도, 창조주에 의해 창조되지도 않았다. 인간은 다만 존재할 따름이다. 인간은 스스로를 만들어 나갈 뿐이다. 이런 점에서 인간은 자신이 원하는 것이 되기 위해 스스로를 '창조해' 나간다고 할 수 있다. 비록 무에서 존재로 스스로를 창조하지는 않았지만, 인간은 자신의 가치를 창조해 나감으로써 자신을 만들어 나갈 수 있는 능력이 있다.

사르트르는 '즉자적 인간'(being-in-itself)과 '대자적 인간'(being-for-itself)을 구별한다. 사르트르는 인간의 의식이 사물이 아님을 강조했다. 지식은 사물(인간의 지성)과 또 다른 사물(세상에 있는 물체)의 관계에 의해 형성되지 않는다. 의식은 항상 어떤 것에 대한 의식이다. 곧 인간의 의식은 지향성을 가짐과 동시에 자신을 단순한 사물로 의식하지 않는 의식이다. 이를 인식론적으로 생각하면, '나는 나 자신을 의식한다'가 아니라 '나는 하나의 주체적 의식이다'라는 뜻이 된다.

즉자적 인간은 단순히 존재할 뿐이다. 사르트르는 『구토』에서 로강탱이라는 주인공을 통해 이 점을 설명한다. 로강탱은 어느 날 공원에 서 있는 밤나무의 뿌리를 보고 존재의 부조리를 발견한다. 그는 밤나무의 뿌리가 어떻게 인간에 의해 사용될 수 있는지를 생각하며, 단순히 그저 존재할 뿐인 존재의 부조리로 인해 심한 구토증을 느낀다. 밤나무의 뿌리처럼 현상적으로 존재하는 모든 물체는 단순히 존재할 뿐이다. 로강탱은 밤나무를 보면서 모든 존재가 마치 없어도 그만인 것처럼 불필요하고, 우연적이며, 전적으로 무의미하다는 인식에 도달했다. 단순히 존재한다는 것은 역겨움을 불러일으키는 수치스런 사실에 불과하다.

하지만 대자적 인간은 다르다. 대자적 인간은 즉자적 인간과는 달리 단순히 존재하는 것으로 만족하지 않는다. 그는 바위나 나무 뿌리와 같은 사물과는 근본적으로 다른, 의식을 가진 주체자다. 바위나 나무 뿌리처럼 단순히 존재할 뿐인 인간은 자신의 존재를 규정지어 나가지 못하지만, 대자적 인간은 주체적인 의식을 가지고 스스로의 실존을 결정한다.

자유와 책임

사르트르는 인간이 자유를 가지고 있다고 말하는 것으로는 충분치 않다고 생각했다. 그에게 인간 존재는 자유 그 자체였다. 그는 인간이 도덕적으로 자율성을 지닌 존재라고 믿었다. 인간은 객관적인 규정에 종속되지 않는다. 어떤 규범도 그의 행위를 통제할 수 없다. 사르트르는 신의 존재를 부정하는 무신론적 입장에 서 있었기 때문에 인간의 그와 같은 도덕적 자율성을 강조할 수 있었다. 하이데거처럼, 사르트르도 인간을 세상에 '던져진' 존재로 생각했다. 인간은 근원적인 존재의 불안 때문에 어쩔 수 없이 자유로운 존재가 될 수밖에 없다.

사르트르는 『파리 떼』라는 희곡에서 클리템네스트라가 그녀의 남편인 아가멤논을 살해하고, 아들인 오레스테스가 아버지의 복수를 하기 위해 그녀를 죽이는 이야기와 비슷한 상황에 처한 인간의 모습을 그렸다. 오레스테스는 자신의 의도와 상관없이 '내던져진' 존재임을 발견하고, 아버지의 원수를 갚을 뿐 아니라 자신의 실존을 찾기 위해 그의 모친을 살해한다. "하늘에는 아무것도 존재하지 않는다. 옳은 것이나 그른 것이나, 그 무엇도 나에게 명령을 내리지 못한다. … 나는 나다. 모든 사람은 제각기 자신의 길을 찾아야 한다."[5]

사르트르에게 자유란 도덕으로부터의 자유다. 자유는 혐오스런 것까지도 포용할 수 있어야 한다. 사르트르는 인간을 '헛된 열정의 덩어리'라고 묘사한다. 이 말은 인간 존재의 두 가지 측면을 드러낸다. 첫째, 인간은 감정적 존재이며, 여러 가지 일에 관심을 기울인다. 한마디로 인간은 열정을 갖는다. 인간은 열정을 통해 어떤 것을 추구하려고 한다. 둘째, 하지만 인간의 열정은 헛되고 의미가 없다. 어떤 것을 추구하려고 노력과 열정을 기울이면 기울일수록 허무감만 더욱 증폭된다.

이러한 허무감이 불안을 낳고, 불안은 인간의 자유와 밀접한 관계를 갖는다. 인간은 실존적으로 자유롭다. 인간은 자유로워야 할 운명을 타고났다. 자유란 때로 인간에게 무한한 짐이 될 수도 있다.

신학교에 재직할 당시였다. 어느 토요일 저녁에 피츠버그의 이스트리버티 지역을 걷고 있었다. 막 귀금속 가게 앞을 지나고 있을 때, 문을 열고 뛰어 나온 한 남자가 나와 부딪쳤다. 나는 둘 다 넘어지지 않기 위해 그를 붙들었다. 내가 그를 붙잡는 순간, 그는 내 눈을 바라보더니 온순한 태도로 "항복이오"라고 말했다. 그 순간 가게에서 한 여인이 달려나오면서 "도둑이야!"라고 소리쳤다. 그 사람은 막 귀금속 가게에서 물건을 훔친 것이 분명했다. 그는 무장을 하고 있지 않았다. 경찰이 와서 데리고 갈 때까지 조용히 기다렸다. 다음 날이었다. 나는 그를 체포한 경찰 가운데 한 사람을 만나 그 사람의 근황을 물었다. 경관의 말에 따르면, 그는 그날 저녁 감옥에서 석방되었으나 감옥을 떠나길 원하지 않았다고 했다. 그는 다시 감옥으로 가기 위해 일부러 범죄를 저질러 체포된 것이라고 했다. 하루 세끼 음식을 먹고 편안히 잠잘 수 있는 감옥 생활이 바깥의 자유로운 생활보다 더 낫다고 생각했기 때문이다. 그에게 자유는 감당하기 어려운 짐에 불과했다. 자유를 갖는다는 것은 곧 불안을 의미하기 때문에, 그는 그러한 불안을 견딜 수 없었다. 그는 본질적으로 실존적 주체성을 결여한 사람이었다.

사르트르에 따르면, 자유로 인한 불안은 자신이 바른길을 가고 있는지 걱정하는 순간 더 심화된다고 한다. 인간은 자신이 바른길을 가고 있는지 확신할 수 없다. 그 이유는 궁극적으로 바른길은 존재하지 않기 때문이다.

『이상한 나라의 앨리스』(Alice's Adventures in Wonderland)에서 길을 걷던 앨리스가 두 갈래 길에 이르렀을 때, 앨리스는 어디로 가야할지 모른다. 그때 나무에 웅크리고 앉아서 자기를 보고 능글맞게 웃고 있는 고양이를 발견한 앨리스는 고양이에게 "여기에서 어느 길로 가야 하는지 알려 주지 않겠니?"라고 묻는다.

"그것은 네가 어디로 가기를 원하는지에 달려 있지." 고양이는 대답했다.

"어디든 상관없어." 앨리스가 말했다.

"그러면 어느 길로 가야 하는지 굳이 알 필요가 없지 않니?" 고양이가 대답했다.[6]

이것은 "두 갈래 길을 만나거든 선택하라"고 한 위대한 미국 철학자 요기 베라(Yogi Berra)의 현명한 충고와 일맥상통한다.

자유에는 그만한 대가가 따르기 마련이다. 인간은 매 순간 누구의 도움도 없이 스스로 결정해 나가야 할 운명에 놓여 있다. 그렇다면 인간은 어떤 기준을 가지고 자유로운 결정을 내려야 할까? 사르트르의 대답은 칸트의 '황금률'과 비슷하다. 칸트는 모든 행위를 결정할 때는 그 행위가 보편적 원리가 되도록 해야 한다고 말했다. 사르트르도 행위를 결정할 때는 자기 자신뿐 아니라 모든 사람의 유익을 위한 결정을 내려야 한다고 말했다. 인간은 자기 자신뿐 아니라 모든 인류에 대해 책임을 지고 있는 존재다.

사르트르의 이런 주장은 그가 존재에 관해 말한 다른 내용들과 모순되는 것처럼 보인다. 인간에게는 책임이 주어졌기 때문에 자신의 본질뿐 아니라 다른 모든 사람의 본질을 결정할 수 있는 능력을 갖는다. 하지만 이것은 다른 모든 사람으로부터 스스로 자신의 본질을 결정할 수 있는 자유를 박탈하는 것과 같다. 이런 점에서 스스로의 행위를 결정함으로써 자기뿐 아니라 다른 모든 인간에게 본질을 부여한다는 사르트르의 인간은 마치 신을 방불하는 듯하다.

신과 자유

사르트르는 신이 존재하지 않는다는 자신의 결론을 별로 좋아하지 않는다고 선언했다. 그는 신의 도움 없이 인간이 삶을 스스로 헤쳐 나가야 한다는 생각을 별로 기쁘게 여기지 않았다. 그는 신의 존재를 부인하면서도 진리, 정직, 정의, 선 따위의 규범을 주장하는 철학자들을 날카롭게 비판했다. 그는 "신이 없다면 모든 것이 허용된다"는 도스토옙스키의 명제를 진지하게 받아들였다.

사르트르는 신의 존재를 반대하는 몇 가지 주장을 폈다. 그의 주장은 인간이 사물이 아니라 자유로운 주체라는 확신에서 비롯된다. 사르트르는 신이라는 관념이 인간의 창조적 의식의 산물이라고 주장했다. 그의 견해에 따르면, 종교적 신앙은 신과의 대화나, 신으로부터의 계시에 기초해 있는 것이 아니라, 인간이 자의적으로 만들어 낸 환상에 불과하다. 인간은 불안, 좌절, 무의미와 같은 문제로 인해 끊임없는 위협 아래 있기 때문에 그러한 두려움을 극복하려고 마지못해 신이라는 관념을 만들어 냈다. 인간의 모든 삶과 노력은 허무를 극복하기 위한 투쟁에 기울여진다. 결국 신이란 존재는 인생이 근본적으로 허무하다는 사실을 받아들일 용기가 없는 사람들이 위안을 삼으려고 만들어 낸 것에 불과하다.

사르트르는 신의 존재와 인간의 자유는 서로 양립할 수 없다고 주장했다.

만일 신이 존재한다면 인간은 자유로울 수 없다. 신이 인간의 본질을 창조하고 그의 존재를 통제한다면, 인간은 엄밀한 의미에서 자유롭지 못하다는 것이 그의 생각이다. 이는 절대적이지 못한 자유는 자유가 아니라는 주장이다. 완전한 자율을 보장받을 수 있어야만 진정한 자유다. '제한된 자유'라는 생각은 모순이다.

사르트르의 주장은 에덴 동산에서 뱀이 주장했던 것과 흡사하다. 창세기에 보면, 뱀은 "여호와 하나님이 지으신 들짐승 중에 가장 간교하니라"(창 3:1)고 기록되어 있다. 뱀은 하와에게 접근해 "하나님이 참으로 너희더러 동산 모든 나무의 열매를 먹지 말라 하시더냐"(창 3:1)고 물었다. 뱀은 하나님이 아담과 하와에게 상당한 자유를 허락하셨다는 사실을 잘 알고 있었다. 사실 하나님은 그들에게 "동산 각종 나무의 열매는 네가 임의로 먹되"(창 2:16)라고 말씀하셨다. 그런 다음 하나님은 한 가지 제약을 덧붙이셨다. "선악을 알게 하는 나무의 열매는 먹지 말라 네가 먹는 날에는 반드시 죽으리라"(창 2:17).

뱀의 교활한 질문은 하와를 유혹했다. 그의 말은 인간의 자유에 조금이라도 제약이 있다면 그것은 진정으로 자유로운 것이 아니라는 논리였다. 이는 마치 부모에게 10가지를 요구해 모두 허락을 받아 즐거워하다가도 한 가지를 거절당했을 경우 "엄마, 아빠는 내게 아무것도 해 주는 게 없어요"라고 투정을 부리는 어린아이와 같은 태도에 비견된다.

인간의 자유와 신의 존재가 양립할 수 없다는 사르트르의 말은 옳다. 하지만 인간이 100퍼센트 자율적이어야만 자유로워질 수 있는가 하는 문제가 남는다.

사르트르는 인간의 주체성을 내세워 신의 존재를 부인하는 근거로 삼는다. 인간은 객체가 아닌 주체라는 것이 사르트르의 실존 철학의 핵심 명제다. 그는 신이 존재한다면 인간의 주체성이 파괴된다고 믿었다. 존재와 무에서 사르트르는 '타인의 시선'(視線)이란 제목 아래 주체적 인간에 대해 다루었다.[71] 그는 타인의 시선을 받는 대상으로 머무는 경우 인간은 자칫 객체로 전락할 수 있다고 했다. 박물관에 있는 그림이나 동물원에 있는 원숭이의 경우에는 사람들의 시선을 오랫동안 받으며 존재해도 무관하지만, 사람의 경우에는 서로 스쳐 지나가면서 잠시 동안이라도 눈과 눈을 마주치고 마치 사물을 바라보듯 서로를 응시하는 것은 결코 용납될 수 없다. 그런 눈길은 적대 행위로 간주된다.

사르트르는 파리의 카페에 앉아 지내는 시간을 매우 즐겼다. 그는 자기 등 뒤에 있는 사람들의 시선을 느꼈다(그는 매우 유명했기 때문에 그를 본 사람들은 서로 수군거리기도 하고, 공공 장소에 나타난 그의 모습에 호기심을 느낀 사람들도 많았다. 그런 일이 때로 그를 귀찮게 했을 것이 분명하다). 그는 인간이 객체로 전락하는 순간 소위 실존적 주체성이 파괴된다고 믿었다.

닫힌 방

사르트르는 이러한 문제를 자신의 희곡 『닫힌 방』에서 자세히 논한다. 희곡의 주인공 가르생은 한 방에서 두 사람과 함께 있는 자신을 발견한다. 희곡 마지막 부분에 가서 가르생은 이렇게 말한다.

"이 청동. (그는 그것을 생각에 잠기는 듯한 표정으로 쓰다듬는다) 지금 이 순간에 나는 벽난로의 선반에 놓여 있는 이것을 바라보고 있소. 나는 내가 지옥에 있는 것 같아. 모든 것이 전부터 미리 계획된 것이었지. 그들은 내가 당신들의 강렬한 시선을 받으며 이 청동 물건을 쓰다듬으며 벽난로 앞에 서 있으리라는 것을 미리 알고 있었지. 나를 삼키려고. (이렇게 말하면서 갑자기 몸을 빙그르르 돌린다) 단지 당신들 둘만일까? 아니지. 더 많이, 훨씬 더 많이 있지. (웃는다) 그래서 이곳은 지옥이라고 하지. 나는 결코 그것을 믿고 싶지 않았어. 우리 모두 불과 유황이 난무하는 장소, 곧 '지옥의 고통'에 관해 들은 바 있지 않소. 옛 여인네들이 말하던 그 지옥 말이오. 하지만 그런 벌겋게 달구어진 부지깽이는 이제 필요치 않소. 지옥이란 바로 다른 사람들이기 때문이지."[8]

마지막 지문에는 다음과 같은 내용이 쓰여 있다. "그들은 각각 소파에 털썩 주저앉는다. 오랜 침묵이 흐른다. 그들의 웃음소리가 멀리 사라지고, 그들은 서로를 응시한다."[9]

사르트르는 만일 타인의 시선이 우리의 주체성을 파괴한다면, 신의 시선 아래 우리가 끊임없이 놓인다면 얼마나 더 나쁠지 궁금해한다. 그는 전지전능함이 신을 모든 사람을 사물로 환원시키는 우주적 관음증 환자로 바꾼다고 보았다. 신은 악의에 찬 환자처럼 천상의 열쇠구멍을 통해 인간을 들여다보며 인간의 주체성을 끊임없이 파괴한다. 그러나 인간은 진정한 주체이기 때문에 결코 신이 존재할 수 없다. 신의 영원한 시선 아래에서는 우리 모두 객체, 실존이 아닌 본질이 될 것이다.

성경은 죄책감으로 인해 신의 시선을 피하고 싶은 욕망이 인간에게 도사리고 있다고 말한다. 인간들은 "산들아 우리를 덮어 가려 달라"고 외친다. 죄인은 하나님의 시선을 견딜 수 없다. 그는 하나님이 자신을 간과해 주시기를 바란다. 하지만 용서받은 죄인에게는 하나님의 자애로운 시선을 받는 것보다 더 큰 축복은 없다. 그는 하나님의 얼굴이 자신에게 향하는 것을 즐거워하며, 그 얼굴 빛을 비춰 주시기를 원한다.

네덜란드 철학자 빌헬뮈스 루이펜(Wilhelmus Luijpen)이 지적한 대로, 사르트르는 도덕 자체가 신의 존재를 불가능하게 만든다고 주장했지만, 사실은 사르트르 자신의 철학적 도덕관이 신의 존재를 부인할 수밖에 없게 만들었던 셈이다.

세상을 변화시킨 8인

	생몰 연대	국적	직위
르네 데카르트	1596-1650	프랑스	
존 로크	1632-1704	잉글랜드	행정 국장(1689-1704)
데이비드 흄	1711-1776	스코틀랜드	에든버러 법학 도서관장(1752-1763)
이마누엘 칸트	1724-1804	독일	쾨니히스베르크 대학 교수(1755-1797)
카를 마르크스	1818-1883	독일	런던 국제 노동위원회 의장(1864-?)
쇠렌 키르케고르	1813-1855	덴마크	
프리드리히 니체	1844-1900	독일	바젤 대학 철학 교수(1869-1879)
장 폴 사르트르	1905-1980	프랑스	라아브르, 라용, 파리 등지에서 철학 교사(1931-1945)로 활동

The Consequences of Ideas

14.

다윈과 프로이트

영향력 있는 사상가

지금까지 우리는 서구 문화에 지대한 영향을 끼쳤던 철학자들을 살펴보았다. 대부분의 철학자들이 과학과 수학에 학문적인 관심을 기울였다는 사실을 알 수 있었다. 탈레스, 플라톤, 아리스토텔레스, 데카르트, 칸트를 비롯한 많은 철학자들의 공통된 관심은 철학적 탐구와 과학적 이론의 관계를 규명하는 일이었다.

다윈이나 프로이트는 철학자로 분류되지는 않지만, 두 사람 모두 서구 사상에 깊은 영향을 미친 이론을 제시했다. 다윈의 『종의 기원』(The Origin of Species)[1]은 코페르니쿠스의 『천체의 회전에 관하여』만큼 혁명적인 책이었다.

하지만 천동설에서 지동설로 전환하게 된 것이 아무리 혁명적인 것이었다 해도 다윈의 사상이 끼친 영향 앞에서는 빛을 잃고 만다. 다윈의 작품 이전에도 진화란 용어가 사용되었고, 다윈 이후 다양한 진화 이론이 발전되어 왔지만, 진화론의 발전에 핵심적인 역할을 한 인물은 바로 다윈임에 틀림없다.

자연 과학과 역사학이 서로 밀접한 관계를 가지는 것은 매우 당연하다. 역사는 인간의 활동만이 아니라 자연의 영역에서 일어나는 다양한 활동을 다룬다. 우주의 기원, 자연, 시대를 어떻게 이해하느냐에 따라 어떤 종류의 인간학과 신학을 갖느냐가 결정된다고 해도 과언이 아니다. 다윈의 이론은 인간학과 신학에 큰 위기를 초래했다.

다윈과 신학

인간의 기원에 관한 문제를 둘러싸고 감정적인 대립과 갈등이 제기되었다. 스콥스 재판(the Scopes trial)을 비롯해 학교에서 창조론을 교육할 것인가에 대한 최근의 논쟁이 그 대표적 사례다. 코페르니쿠스의 혁명이 과학과 종교 사이에 틈이 벌어지게 만들었다면, 다윈의 진화론은 둘 사이의 관계를 아예 오갈 수 없게 만들었다.

다윈의 진화론은 무엇보다도 인간의 존엄성에 관한 문제를 제기했다. 인간이 신의 창조물이 아니라 비인격적인 자연의 힘에 의해 이루어진 존재라면 인간의 존엄성에 관한 문제가 심각하게 대두한다. 이 문제는 인간의 과거와 미래, 곧 인간의 기원 및 향후 운명과 불가분의 관계를 가진다.

허무주의와 비관적 실존주의에서 살펴본 대로, 인간의 기원에 관한 문제는 매우 중요하다. 인간이 고도로 진화된 세포에 불과하다는 견해, 곧 단세포에서 우연히 진화한 존재라는 견해는 인간을 매우 무가치한 존재로 만든다. 그럴 경우 인간은 우주라는 거대한 기계의 톱니바퀴의 하나에 지나지 않으며,

이유 없이 존재하다가 이유 없이 멸종될 운명을 지닌 가련한 존재일 뿐이다. 만일 인간이 비존재의 깊은 심연에서 출생해 다시 무자비하게 그 심연 속으로 되돌아갈 운명에 지나지 않는다면, 인간에게 무슨 가치나 존엄성을 운운할 수 있겠는가? 만일 우리의 기원과 운명이 아무 의미도 지니지 않고 있다면 어떻게 우리의 삶이 의미를 가질 수 있다고 말할 수 있겠는가? 만일 인간이 우연히 발생한 우주의 작은 미물에 지나지 않는다면 의미와 가치를 논하는 것은 감상에 젖은 헛된 일에 불과할 뿐 아니라, 순진한 철학자의 좁은 소견에서 나온 쓸모없는 작업일 것이다. 니체와 사르트르를 비롯한 철학자들은 이러한 점을 분명히 인식했다.

급진적 진화론은 인간의 모든 행위를 심판할 최고의 재판관이 하늘에 존재한다는 생각을 버리게 만드는 데 기여했다. 만일 진화론이 옳다면, 인간은 창조주의 심판을 더 이상 두려워할 필요가 없다. 이는 고도로 진화된 세포가 궁극적인 도덕적 책임을 짊어져야 할 하등의 이유가 없기 때문이다. 철학자들 가운데는 이런 진화론의 주장을 매우 진지하게 받아들이는 사람도 있다. 하지만 도덕적인 책임감에서 벗어난 대가로 인간은 소위 사르트르가 고백한 대로 '쓸모 없는 열정'에 사로잡히게 되었다. 간단히 말해, 우리가 우리의 삶에 대해 책임을 짊어지지 않는다면, 우리의 삶은 궁극적으로 아무런 가치를 지니지 못한다.

1831년, 다윈은 과학적인 관찰과 경험적인 탐구를 위해 세계를 일주했다. 그는 지질학자인 찰스 라이엘(Charles Lyell)의 『지질학 원리』(Principles of Geology)[2]를 탐독했다. 라이엘의 책은 동일 과정설(uniformitarianism)이라는 지질 이론을 명쾌하게 옹호한 작품이었다. 동일 과정설은 격변설(catastrophism)을 강력히 반대하는 입장을 취한다. 동일 과정설을 취하느냐 아니냐에 따라

지구의 연령 계산이 심각하게 달라진다. 동일 과정설은 바위와 토양이 변하고, 산들이 형성되는 것과 같은 현상이 일어나려면 최소한 수백만 년이 필요하다는 주장이다.

라이엘의 이론을 적극 지지했던 다윈은 그의 사상에 깊은 영향을 받았다. 항해 도중 타일랜드 근처에서 다윈은 산호섬의 형성에 관한 이론을 세웠다. 그는 살아 있는 산호초는 햇빛을 필요로 하기 때문에 30미터 이하의 깊이에서는 살 수 없다고 주장했다. 결국 산호초가 쌓여 산호섬이 형성되려면 상당한 시간이 소요되기 마련이다. 설사 지각 격변이 일어난다고 하더라도 산호섬이 순식간에 형성될 수는 없다.

다윈은 『종의 기원』을 1839년부터 쓰기 시작해 1844년에 완성했다. 하지만 출판은 1859년에 와서야 이루어졌다. 출판을 15년이나 보류한 이유는 그 책이 사람들을 격분케 할 것을 두려워했기 때문이었던 것 같다. 그는 『종의 기원』에서 지구상에 존재하는 모든 생명체는 단세포에서 시작되었다고 주장했다. 그의 생물 진화론은 단세포로부터 모든 형태의 생명체가 진화했으며 계속해서 진화한다는 이론이다. 다윈의 진화론은 대진화론(macroevolution)의 입장으로, 동일 개체에서 일어나는 변화나 적응을 논한 소진화론(microevolution)의 입장과는 다르다.

다윈의 전제

티모시 페리스(Timothy Ferris)는 『은하수의 미래』(Coming of Age in the Milky Way)라는 책에서 다윈의 세 가지 전제를 다음과 같이 말했다.

전제 1: 동일한 종에 속해 있는 개체는 각각 독특한 개성을 지닌다. 개체가 각각 독특한 개성을 지닌다는 사실은 인간을 볼 때 분명히 확인된다. 오늘날의 유전 공학은 개인이 지니는 개성이 유전자에 의해 결정된다는 점을 밝혀냈다. 법정에서도 지문보다는 유전자 분석이 증거로서 더욱 유력하게 사용되고 있다.

19세기의 영국에서는 동물 사육과 식물 교배에 큰 관심이 있었다. 동물 사육자였던 다윈의 장인은 어떻게 개체의 특성이 후세대로 전달되는지에 대해 관심을 가졌다. 다윈의 할아버지였던 이래즈머스 다윈(Erasmus Darwin)은 『주노미아』(Zoonomia, 유기체의 법칙)[3]에서 모든 생명체는 동일한 조상에서 진화되었다고 주장했다.

전제 2: 모든 생명체는 환경이 허용하는 한계보다 더 많은 후손을 생산하려는 경향이 있다. 이는 자연계에서의 생존이 경쟁적이며, 그로 인해 희생이 초래된다는 의미를 함축한다. 다시 말해, 새로 태어난 곤충, 동물, 물고기 등과 같은 생명체 가운데 몇 퍼센트만이 살아 남아 생명을 이어 간다. 인간의 경우에도 수백만 마리의 정자 가운데 오직 하나만이 여성의 난자와 결합해 생명을 잉태한다. 그렇다면 자연계에는 왜 이와 같은 낭비가 존재하는 것일까?(사실 이는 낭비라고 하기보다는 자손을 확실하게 이어 가기 위한 방법이라고 할 수 있다. 즉, 난자와의 수정을 확실히 하기 위해 한 마리의 정자를 제외한 나머지 모든 정자가 허비되는 셈이다. 이는 종을 영구히 보존하기 위한 강력한 본능에서 비롯된다) 두 번째 전제는 '자연 선택설'의 과정을 암시하고 있는 세 번째 전제와 밀접한 관계를 갖는다.

전제 3: 환경의 영향 및 개체가 지닌 특성의 차이는 하나의 개체가 살아서 그것의 유전 형질을 후대에게 전달할 수 있는 가능성에 영향을 미친다. 그 대표적 예가 바로 잉글랜드 맨체스터 근처에 사는 얼룩나방이다. 18세기에 걸처 이 지역에서 채집한 나방은 모두 색깔이 흰 나방이었다. 그러다가 1849년에 검은색 나방이 한 마리 발견되었다. 1880년쯤에 이르러서는 검은색 나방이 주종을 이루었다. 그 이유는 도대체 무엇인가? 나방들의 형질 유전에 영향을 미친 것은 무엇일까? 다윈은 그 원인이 나방들의 우성 요인이나 열성 요인에 있는 것이 아니라, 주위 환경의 변화에 있다고 생각했다. 산업 혁명의 결과로 맨체스터 지역에 공장들이 설립되고, 석탄이 연소되면서 나오는 검댕에 나무들이 오염되어 검게 변하자 본래의 흰색 나방들은 새들에게 쉽게 잡아먹히게 되었다. 그 바람에 그 숫자가 현저히 줄어들게 되었다. 반면에 검은색 나방은 몇 마리 안 되었지만, 상대적으로 안전하게 번식을 하게 된 결과 나중에는 흰색 나방의 숫자를 훨씬 웃돌게 되었다. 하지만 오염을 억제하는 법안이 발효된 후에는 나무들에 묻은 검댕이 다시 벗겨지고 흰색 나방의 숫자가 다시 많아지게 되었다.[4]

다윈과 대진화론

경험적인 사실을 근거로 한 이와 같은 기본 전제들을 바탕으로, 훨씬 더 복잡하고 광범위한 이론이 발전할 수 있었다. 다윈은 자연 선택이 동일한 종의 내적 변화만이 아니라 새로운 종의 형성에도 영향을 준다고 결론지었다. 대진화론은 새로운 종이 다른 종에서 진화되었다는 주장이다. 이러한 주장은 인간이 야만적인 동물에서 진화되었다는 사고를 가능케 했으며, 그로 인해 격렬한 논쟁을 불러일으켰다.

대진화론은 이론이나 가설이 아니라 논박할 수 없는 사실로 받아들여야 한다고 주장하는 사람들이 있다. 대진화론을 지지하는 사람들의 열정은 거의 종교적 열정에 가깝다. 하지만 진화론이 성립하려면 아직도 규명해야 할 문제가 많이 남아 있다. 종의 기원은 생물학적 문제라기보다는 역사적인 문제다. 세상에 존재하는 유기체는 변한다는 사실을 처음 발견한 것은 오래 전의 일이다. 고대 철학자 탈레스나 헤라클레이토스는 만물이 변한다고 주장했다. 변화(혹은 생성)와 존재가 어떤 관련을 맺고 있는가 하는 문제는 철학의 역사만큼이나 오래된 문제다. 변화가 일어나는 방법과 이유는 철학자들의 영원한 관심사다.

종교인은 때로 현대 과학의 발전으로 인해 진화론이 입증되면 어쩌나 하는 우려를 표명한다. 사람들은 모든 생명체가 아미노산, 단백질 등과 같은 공통적인 물질로 구성되어 있다는 사실로 보아 동일 조상에서 기원되었다는 점을 확신할 수 있다고 주장한다. 하지만 한 가지 사건이 다른 사건의 뒤를 이어 일어났다고 해서 반드시 결과와 원인의 관계를 가지고 있다고 할 수 없는 것처럼, 공통적인 물질로 구성되어 있다고 해서 반드시 동일 조상으로부터 기원되었다고 할 수 없다.

진화론은 대개 모든 변화가 변형, 자연 선택 등과 같은 요인들에 의해 진행되었다고 가정한다. 이런 점에서 진화론은 더욱 발전된 단계로 진화된다는 것(곧 상향식 진화)을 전제한다. 즉, 진화론은 진화의 목적을 암시한다. 설계자 없는 설계, 목적을 설정한 존재 없는 목적이 존재할 수 없다. 결국 이러한 모든 문제는 여전히 미해결의 문제로 남아 있다.

퇴행적 진화(곧 하향식 진화)는 일어날 수 없는 것일까? 변화가 의미 없어 보이는 이유는 무엇일까? 이런 문제들을 생각할 때, 우리는 진화론이 단순히 생물학적 문제가 아니라 철학적 문제라는 사실을 인식하게 된다.

문화와 종교에 대한 프로이트의 이론

철학자는 아니지만 현대 문화에 지대한 영향을 끼친 또 하나의 사상가는 지크문트 프로이트(Sigmund Freud)다. 분석심리학의 설립자라고 알려진 프로이트는 1856년에 오스트리아에서 출생했다. 그는 빈에서 1881년에 의학 박사 학위를 받았다. 1885년에 그는 파리에서 장 마르탱 샤르코(Jean Martin Charcot)와 함께 신경학을 연구했다. 나치 정권이 들어서자, 프로이트는 영국으로 망명해 1939년까지 그곳에서 살다가 사망했다.

프로이트는 뛰어난 심리학자로 인정받고 있지만, 그는 또한 인간학에도 깊은 관심을 기울였다. 1913년 그는 『토템과 터부』(Totem and Taboo)[5]를 썼다. 그는 이 책에서 토템 종교의 기원을 탐구했다. 1923년 이후부터 문화 연구에 대한 프로이트의 관심은 점점 더 커졌다. 1927년과 1929년에 『환상의 미래』(The Future of an Illusion)와 『문명 속의 불만』(Civilization and Its Discontents)[6]이 각각 출판되었는데, 이는 그의 가장 중요한 작품 가운데 속한다.

프로이트의 문화 분석은 모든 개인이 문명의 적이라는 가설에 근거한다. 개인은 집단으로부터 소외된 삶을 견딜 수 없어 하면서도 집단 안에서 이루어지는 개인의 희생을 불만스럽게 생각한다. 이는 문명과 사회는 개인의 희생이 없으면 불가능하기 때문이다. 개인은 이와 같은 딜레마에 빠져 있다.

프로이트는 문명은 강압적인(또는 지배적인) 소수가 다수에게 부과하는 짐이라고 설명했다. 강압이 필요한 이유는 인간의 두 가지 특성 때문이다. 즉, 인간은 자발적으로 일하기 싫어하는 속성을 가지고 있으며, 이성보다 감정이 앞서는 경향이 있다.

모든 문명은 강력한 지도자를 앞세우며, 타 문화보다 우월하다는 의식에 사로잡혀 있다. 사회는 지배층과 지배를 받는 피지배층이 존재한다. 지배층은 자신들이 향유할 수 있는 온갖 사회적 특권으로 인해 만족해하며, 피지배층은 자신들의 문화가 타 문화보다 우월하다는 의식으로 인해 만족해한다.

문화와 문명에서 가장 중요한 구심점은 종교다. 종교는 문화적인 터부를 내면화시키는 일에 기여한다. 프로이트는 이 점에 착안해 종교의 기원을 설명하려고 한다. 19세기 말과 20세기 초의 무신론자들은 "만일 신이 존재하지 않음에도 인간을 여전히 종교적 인간이라고 부를 수 있다면 그 이유는 무엇인가?"라는 문제에 직면했다. 종교는 모든 인간 사회에서 공통적으로 발견되는 요소다. 인간의 본성에는 종교적 신앙을 갖고자 하는 강렬한 욕구가 존재한다.

무신론자들은 종교가 보편적인 현상으로 나타나고 있는 현실을 심리학적 관점에서 설명하고자 한다. 즉, 종교란 인간의 심리적 욕구, 즉 인간의 비현실적인 바람이 만들어 낸 것이라는 설명이다. 카를 마르크스는 부르주아가 프롤레타리아를 통제하기 위해 종교를 이용했다고 주장했다. 종교란 노동자들을 유순하게 만들기 위한 마약이다. 백인들은 흑인 노예들에게 "나는 황금마차 올라타고서 하늘나라 가지요"라는 식의 노래를 권장했다. 그들은 이 세상에서 유순하고 말을 잘 들으면 사후에 자유롭고 행복한 하늘나라에서 영원히 살 수 있다고 선전했다.

포이어바흐나 니체도 이와 유사한 이론을 제시했다. 하지만 심리학적인 관점에서 가장 체계적으로 종교의 기원을 설명한 사람은 바로 프로이트였다. 그는 문명의 목적은 인간을 자연으로부터 보호하기 위한 것이라고 결론지었다. 하지만 인간은 천재지변 앞에서 무력하다. 지진이 일어나면 인간과 인간이 건설한 것들은 삽시간에 땅에 묻혀 버린다. 또한 홍수는 모든 것을 수몰시킨다. 질병은 고통과 죽음을 가져다준다. 더욱이 인간은 '죽음이란 고통스런 수수께끼'에 시달린다. 인간이 만든 어떤 약도 죽음을 방지할 수 없다.

프로이트는 인간이 이와 같은 자연과 맞서기 위해 자연을 인격화시키는 방법을 선택했다고 한다. 비인격적인 세력은 인간과 너무 동떨어진 것이기 때문에 그것을 효과적으로 다루기 곤란하다. 만일 태풍을 비인격적인 것으로 생각한다면 도저히 막을 재간이 없다. 암도 마찬가지고, 지진이나 홍수도 그렇다. 하지만 그것들을 인격체로 생각하면 문제는 달라진다. 인격체를 다룰 때는 몇 가지 방법이 있다. 아첨하며 복종하는 방법도 있고, 친구가 될 수도 있고, 자비를 구하거나 값비싼 선물이나 뇌물을 주어 설득하는 방법도 있다.

프로이트에 따르면, 인간은 결국 자연의 위협으로부터 벗어나기 위해 자연을 인격화시키는 방법을 선택했다고 한다. 자연을 인간과 같이 감정을 가진 존재로 생각한다면 효과적인 방어 수단을 얼마든지 생각해 낼 수 있다.

인간은 자연을 인격화하는 데 그치지 않고, 그것을 신격화했다. 인격화된 자연이 종교적 대상이 되어 버린 것이다. 진화론은 단순한 생명체에서 복잡한 생명체가 발전했다고 한다. 생명체의 경우처럼, 종교도 단순한 형태의 하등 종교에서 복잡한 형태의 고등 종교로 발전하기 시작했다.

19세기의 많은 학자들은 종교가 애니미즘(animism)에서 다신교와 단일신교(henotheism, 많은 신이 있고 그 가운데 최고신이 존재한다는 종교)를 거쳐 유일신교(오직 하나의 신만이 존재한다는 종교)로 발전했다고 믿었다. 프로이트도 애니미즘이 종교 발달의 초기 단계라고 생각했다. 이처럼 애니미즘은 가장 단순하고, 초보적인 종교 형태로 여겨졌다. 애니미즘이란 바위, 나무, 토템상(像), 폭풍 따위의 생명 없는 물체에 살아 있는 정령이 깃들여 있다고 믿는 신앙을 말한다. 지금도 애니미즘 신앙을 가지고 있는 원시 부족들이 존재한다. 그들의 신앙을 조사해 보면, 물체에 깃들여 있다고 생각되는 정령들이 사람들에게 재앙을 준다고 믿고 있는 것을 발견할 수 있다. 다시 말해 이들 정령은 자애롭지 못한 악한 신으로 여겨지고 있다. 따라서 이들 부족은 악한 정령이 내리는 재앙을 피하기 위해 그들을 달래는 의식을 행한다.

종교는 결과적으로 선한 의지를 가지고 세상사를 섭리하는 복잡한 형태의 유일신교로 발전한다. 인간은 그런 신과 부모와 자식과 같은 관계를 형성한다. 인간은 어린 자식이 부모를 의지하듯 신을 의지한다.

프로이트에 따르면, 종교는 세 가지 목적을 갖는다. 첫째는 자연의 공포를 물리치기 위함이고, 둘째는 잔혹한 운명을 극복하기 위함이며, 셋째는 문명의 결과로 인해 잃게 된 것과 그로 인한 고통을 보상받기 위함이다.

프로이트는 무엇보다도 문명의 발달로 인해 인간이 자유로운 성적 표현을 억누르게 되었다고 주장했다. 사회는 관습과 법칙과 같은 사회적 금기 사항을 만들어 개인에게 부과했다. 그 결과 인간은 자유로운 성적 욕구를 마음대로 발산할 수 없게 되었다. 성적으로 성숙한 개인은 이성을 상대로만 성적 욕구를 충족시킬 수 있게 되었으며, 사회가 인정하는 방식 이외의 방식으로 성적 욕구를 충족시키는 것은 범죄 행위나 변태로 여겨져 금기되었다. 즉, 사회는 성적 욕구를 충족시킬 수 있는 방법을 한 가지로 정해 놓았으며, 개인적인 차이점을 묵살함으로써 성적 만족을 얻을 수 있는 방법을 제한했다. 더욱이 종교는 사회가 제도화한 일부일처제를 인준함으로써 개인의 소외감을 더욱 증폭시켰다. 이 모든 것이 심각한 부정의 원인이 되었다는 것이 프로이트의 주장이다.

프로이트는 성의 혁명을 요청했으며, 앞으로 그와 같은 혁명이 일어나리라고 예언했다. 그는 자신의 예언이 이루어지는 것을 보지 못하고 죽었다.

프로이트와 죄책감

프로이트는 인간이 신을 아버지라고 부르게 된 데는 죄책감이 작용했다고 주장했다. 그에 따르면 인간에게 존재하는 죄책감이 종교의 발전에 기여하는 요소가 되었다고 한다. 토템과 터부와 문명과 불만에서 고대에 아버지와 아들들 사이에서 벌어진 일종의 종족 투쟁에 관한 가설을 내세운다. 아버지와 아들들의 투쟁은 급기야 아들들이 아버지를 살해하는 것으로 끝을 맺는다. 아들들은 아버지를 살해한 뒤 말로 다할 수 없는 죄책감에 시달린다. 그들은 결국 자신들의 고통을 달래기 위해 아버지를 신격화해 숭배한다. 이러한 죄책감과 자연에 대한 공포심이 서로 결합해 종교적 신앙과 관습이 발전하게 되었다는 것이 프로이트의 지론이다.

사람들이 자연에 대한 공포심 때문에 종교를 만들어 냈다는 것이 프로이트의 기본 전제다. 즉, 공포심을 억누르기 위해 자연을 인격화하고 그런 다음에 신성시했다는 이론이다. 하지만 자연은 결코 거룩한 신이 될 수 없다. 자연은 단지 비인격적인 실체일 뿐이다. 성경은 비인격적인 자연의 힘을 훨씬 능가하는 하나님이 존재한다고 가르친다. 자연의 힘은 대단한 것이지만, 비인격적이기 때문에 궁극적으로 인간을 심판할 수 없다. 하지만 하나님은 인격적이고 거룩하신 존재이기 때문에 우리는 마땅히 그분의 능력과 심판을 두려워해야 한다.

성경에 따르면, 종교의 궁극적 목적은 구원, 곧 하나님의 진노를 피하는 것이다. 성경은 지진이나 폭풍으로부터가 아니라, 하나님의 심판으로부터의 구원을 말한다. 하나님은 거룩하신 존재이지만 인간은 죄인이다. 따라서 하나님은 인간에게 가장 위협적인 존재다(만일 자연의 위협으로부터 벗어나기 위해 신을 창안했다고 한다면, 이는 자연보다 훨씬 더 위협적인 존재를 만들어 낸 것이 아니겠는가? 만일 그런 논리라면 인간은 스스로 매우 어리석은 행위를 하게 된 셈이다).

마가복음에 보면 예수께서 제자들과 함께 배를 타고 갈릴리 호수를 건널 때 갑자기 큰 광풍이 일고 파도가 덮쳐 배가 전복하게 되었다는 일화가 나온다(막 4:35-41). 제자들은 심히 두려워했다. 하지만 예수께서는 조용히 잠을 주무시고 계셨다. 제자들은 예수를 불러 깨우면서 "선생님이여 우리의 죽게 된 것을 돌보지 아니하시나이까"라고 부르짖었다.

이 말을 듣고 예수께서 일어나 바람과 바다를 향해 "잠잠하라 고요하라"고 말씀하셨다. 그러자 곧 바람이 멈추고, 호수는 마치 유리알처럼 고요해졌다.

이것을 본 제자들의 반응은 어떠했는가? 그들은 더 큰 두려움에 사로잡혔다. 폭풍이 멈추었지만 두려움이 가시기는커녕 더 증폭되었다. 그들은 이제 예수의 능력 때문에 두려워했다. "그가 누구이기에 바람과 바다도 순종하는가"(막 4:41). 제자들은 이상하고 신비한 두려움에 사로잡혔다. 그들은 바람과 바다를 명령하시는 예수의 존재 앞에서 인간을 초월한 신적 권위를 느꼈다. 예수 앞에서는 귀신들도 보는 즉시 달아나 버렸다. 그분은 진실로 이스라엘의 거룩한 자, 곧 하나님이셨다.

인간은 죄책감을 벗어버리려고 한다. 프로이트의 이론은 자신의 죄책감을 벗어버리기 위한 시도였다. 그는 죄책감을 벗어버리기 위해 자기 나름대로 하나님 앞에서 도망하고자 했다. 대부분의 현대 사상은 모두 하나님 앞에서 도망하려는 시도에 불과하다.

맺는말   질송의 선택

　21세기로 접어드는 동안에도 이론적 사상의 영역은 여전히 위기에 처해 있다. 이전 회의주의의 시대와 마찬가지로, 세계는 칸트의 불가지론 철학을 극복할 새로운 합(synthesis)에 의한 형이상학의 구원을 기다리고 있다. 고대 이스라엘 백성처럼, 우리는 믹돌과 홍해 바다 사이에 서 있다. 우리 뒤에는 바로의 군대가 전차를 이끌고 추격해 오고 있으며, 우리 앞에는 도저히 건널 수 없을 것 같은 홍해가 놓여 있다. 우리는 팔을 들어 줄 모세가 필요하고, 바다를 갈라 마른 길을 마련해 주실 하나님이 필요하다.

　지금까지 서양의 사상사를 간략하게 살펴보았다. 나는 철학자들을 선별했다. 누군가는 내가 생략한 일부 철학자는 포함되었어야 했고, 일부 철학자는 생략되었어야 했다고 합리적으로 주장할 수 있다.

　예를 들어, 찰스 퍼스(Charles Peirce), 윌리엄 제임스(William James) 등과 함께

미국에서 유일하게 자생한 철학 운동인 실용주의 주창자 존 듀이(John Dewey)는 포함하지 않았다. 하버드 대학의 하비 콕스(Harvey Cox)는 널리 배포된 그의 책 『세속 도시』(The Secular City)[1]에서 실용주의가 미국 문화의 형태를 규정했다고 말한다. 실용주의 철학은 어떤 이론이든 그 작용이 '성공적인' 경우에만 참이라고 주장해 형이상학이라는 어려운 문제를 해결하고자 했다.

실용주의의 승리

실용주의 프로그램을 수행하면서 존 듀이는 공립학교 시스템을 혁신하는 데 성공했다. 그는 인식론은 거짓된 문제의식이자 시간 낭비라고 단정 지었다. 그는 또한 데카르트의 '생득적' 관념과 존 로크의 '백지' 이론을 거부했다. 그는 이런 문제가 문제라는 사실조차 부인한다. 듀이의 반지성주의 성향은 공교육의 무지에 크게 기여했다. 앨런 블룸(Allan Bloom)은 『미국 정신의 종말』(The Closing of the American Mind)에서 객관적 진리에 대한 현대의 저항과 상대주의에 대한 대학의 구애를 연대순으로 기록한다.[2] 우리는 왜 보통 사람들이 읽고, 쓰고, 생각하고, 기도할 수 없게 되었는지 궁금하다. 처음부터 인식론의 문제를 회피하는 학교 시스템에서 무엇을 기대할 수 있겠는가? 과거에 지적 거인들을 키워 낸 고전적인 교육 방법, 즉 고등 교육 4학(수학, 기하, 천문, 음악-역주)의 토대를 제공한 문법, 논리학, 수사학은 사라졌다. 이러한 사실은 1940년대 도로시 세이어스(Dorothy Sayers)가 『잃어버린 학습 도구』(The Lost Tools of Learning)[3]에서 잘 지적했다.

현재 미국에서 200만이 넘는 가정이 홈스쿨링이라는 고된 일을 하거나,

공립학교에서 사립학교로 대이동하는 현상은 놀라운 일이 아니다. 더글러스 윌슨(Douglas Wilson)의 『잃어버린 학습 도구의 회복: 기독교 교육을 위한 제언』(Recovering the Lost Tools of Learning: An Approach to Distinctively Christian Education)[4]이 출판된 이후, 기독교 고전 학교들의 네트워크가 구축되었다.

공교육의 위기를 개인적으로 실감한 일은 1960년대 우리 첫째 딸이 학교에 입학했을 때 일어났다. 우리는 보스턴의 근교에 있는, 매우 호평받는 '진보적인' 학교에 딸을 등록시켰다. 나는 딸아이가 방과 후에 집으로 돌아오면 매일 학교에서 무엇을 했는지 물어보곤 했다. 그러면 딸아이는 아이들이 하는 대로 뜻 모를 소리로 뭐라고 중얼거렸다. 몇 주 후 학교장은 학교의 교육 철학을 설명하는 학부모의 밤 행사를 열었다. 나는 큰 관심을 가지고 참석했다.

교장은 매력적이면서도 명료하게 일상 교육 과정을 설명했다. "자녀들이 집으로 돌아가 수업 시간에 직소 퍼즐을 했다고 해도 놀라지 마십시오. 아이들이 그저 놀기만 하는 것은 전혀 아니니까요. 아이들이 오전 9시부터 9시 17분까지 갖고 노는 퍼즐은 소아 신경외과 의사들이 왼손 손가락의 운동 근육을 발달시키기 위해 고안한 것입니다." 계속해서 그는 학교 수업의 각 부분을 살펴보면서, 모든 순간이 목적 있는 활동으로 채워져 있음을 보여 주었다. 커리큘럼에 대한 그의 설명은 매우 세밀하고 명료했기 때문에 학부모들은 모두 압도된 듯했다.

설명을 마친 그는 "질문 있으십니까?"라고 물었다. 그러자 학부모들은 자연스레 웃음을 터뜨렸다. 교장이 그렇게 자세히 설명해 주었는데 질문하는 것은 바보나 할 수 있는 일이었다.

나는 웃음거리가 될 각오로 손을 들었다. 교장이 질문하라고 하자 내가 말했다. "선생님, 선생님의 세심한 분석에 깊이 감명받았습니다. 선생님께서는 모든 활동에 목적이 있다고 설명해 주셨습니다. 하지만 하루에 그렇게 많은 시간이 있는 것이 아니니 구체적으로 어떤 목적을 달성하고 싶은지 선택해야 합니다. 제 질문은, 지금까지 설명하신 여러 목적을 왜 선택하셨나요? 어떤 궁극적인 목적으로 특정 목적을 취사선택하셨나요? 다시 말씀드리면, 선생님은 아이들을 어떤 사람으로 만들고자 하시며, 그 이유는 무엇입니까?"

순간 교장의 얼굴은 창백해졌다가 홍당무처럼 붉어졌다. 그는 화를 내지 않고 겸손하게 대답했다. "잘 모르겠습니다. 지금까지 아무도 제게 그런 질문을 한 적이 없습니다."

나는 답했다. "선생님, 선생님의 솔직함과 열성에 깊이 감사드립니다. 하지만, 솔직히 말씀드리면 선생님의 답변은 저를 두렵게 만들었습니다."

내가 이 공개 모임에서 들은 것은 극심한 실용주의였다. 거기에는 목적 없는 목적, 진리 없는 진리가 있었다. 무엇이 궁극적으로 실용적인 것인지를 결정하는 규범은 없었다. 나는 "사람이 만일 온 천하를 얻고도 제 목숨을 잃으면 무엇이 유익하리요"(마 16:26)라는 예수님의 말씀이 생각났다. 예수님은 실용적이셨다. 그분은 눈앞의 성공을 위한 모든 실용적인 목표는 머잖아 궁극적으로 실용적인 결과를 위한 궁극적인 규범과 비교 평가받아야 한다고 말씀하셨다.

우리는 또한 20세기에 주도적인 역할을 했던 논리 실증주의와 언어 분석도 건너뛰었다. 논리 실증주의는 주요 공리인 '검증의 법칙'이 그 자체의 무게로 인해 무너졌기에 실패했다. 이 법칙에 따르면 의미 있는 진술은 경험적으로 검증할 수 있는 진술뿐이다. 하지만 이 같은 '검증의 법칙' 자체도 경험적으로 검증할 수 없기에, 아무 의미가 없다.

논리 실증주의는 언어 분석에 자리를 내주었다. 언어 분석은 언어의 의미와 기능을 탐구하는 것만이 철학이 할 수 있는 유일한 일이라는 인상을 주었다. 루트비히 비트겐슈타인(Ludwig Wittgenstein)의 『논리 철학 논고』(Tractatus Logico-philosophicus)[5]는 이러한 철학 운동의 분수령을 이루었다. 언어 분석은 전문 용어와 일반 용어를 모두 포함한 언어의 기능을 이해하는 데 상당한 기여를 했다. 하지만 이론적 사고의 범위를 형이상학자들이 고대부터 제기한 궁극적인 쟁점과 질문을 배제하는 작은 상자 안으로 압축해 버렸다. 어떤 의미에서 언어 분석의 부상은 철학의 형이상학적 항복을 알리는 백기를 흔드는 신호였다.

형이상학의 재건

앙리 베르그송(Henri-Louis Bergson)과 앨프리드 화이트헤드(Alfred North Whitehead) 같은 사상가들에 의해 형이상학을 재건하기 위해 진지한 시도들이 시작되었다. 과정 철학과 그 쌍둥이인 과정 신학은 존재와 생성이라는 고전적인 문제를 다루기 위해, 존재와 생성을 모두 내포하고 그 사이에서 진동하는, 양극의 신(bipolar deity)을 상정했다.

이미 살펴본 대로, 사상은 결과를 낳는다. 때때로 그 결과는 마르크스주의나 실존주의의 경우처럼 급진적이고 극적이다. 칸트의 회의주의 이후 우리는 자연주의에 질식했지만 초월적 신에게 문 열기를 거부한 채 "고도를 기다리며" 살아왔다.

어떤 자연주의에도 만족을 느끼지 못하는 사람들은 믿음의 비약이 있는 회의적 신앙주의, 비합리적인 신비주의, 오컬티즘, 뉴에이지 운동 등 다양한 수단을 사용해 뭔가 초월적인 것과 접촉하고자 필사적으로 노력해 왔다. 에티엔 질송은 현대 철학의 신들을 "기독교의 살아 있는 신을 철학적으로 분해해서 태어난 단순한 부산물"이라고 정의했다.

질송에 따르면, 오늘날 우리는 칸트냐 데카르트냐 아니면 헤겔이냐 키르케고르냐를 선택할 것이 아니라, 칸트와 토마스 아퀴나스 중에서 선택해야 한다. 질송은 이 외의 모든 사상은 철저한 종교적 불가지론이나 기독교 형이상학의 자연 신학으로 가는 길의 중간 지점에 불과하다고 주장한다.

인생의 황혼기에 접어들면서 나는 질송이 근본적으로 옳다고 확신한다. 우리는 자연 신학이 성경의 특별 계시와 자연의 일반 계시를 서로 연결하는 고전적 종합을 재구성할 필요가 있다. 이러한 재구성은 과학과 신학 사이의 전쟁을 끝낼 수 있다. 생각하는 사람은 자연주의에 빠지지 않고도 자연을 포용할 수 있다. 모든 생명은 그 통일성과 다양성 안에서, 하나님의 얼굴 앞에서(*coram Deo*), 그분의 권위와 영광 아래서 살아갈 수 있다.

주

들어가는 말

1) Roger Scruton, *From Descartes to Wittgenstein: A Short History of Modern Philosophy* (Boston: Routledge & Kegan Paul, 1981); Gordon Clark, *Thales to Dewey: A History of Philosophy* (Boston: Houghton Mifflin, 1957); and Samuel Stumpf, *Socrates to Sartre: A History of Philosophy* (New York: McGraw-Hill, 1966).

1. 최초의 철학자들

1) Carl Sagan, *Cosmos* (New York : Random, 1980).

2. 플라톤: 현실주의자이자 이상주의자

1) Plato, *Dialogues*, eds. Eric H. Warmington and Philip Rouse, Mentor (New York: Penguin, 1956).

2) Plato, *The Republic*, trans. Robin Waterfield, Oxford World's Classics (New York: Oxford University Press, 1998).

3) Plato, *Phaedo*, trans. David Gallop, Oxford World's Classics (New York: Oxford University Press, 1999).

4) Plato, *Meno*, in *Protagoras and Meno*, trans. and ed. W. K. C. Guthrie, Penguin Classics (New York: Penguin, 1957).

3. 아리스토텔레스: '철학자'

1) Aristotle, *The Nicomachean Ethics*, trans. and ed. David Ross, rev. J. R. Ackrill

and J. O. Urmson, Oxford World's Classics (New York: Oxford University Press, 1998).

2) Will Durant, *The Story of Philosophy: The Lives and Opinions of the Greater Philosophers* (New York: Simon and Schuster, 1926), 82. In Support, Durant cites the following passages from Aristotle's works: *Metaphysics*, 12. 8; *The Nicomachean Ethics*, 10. 8.

4. 아우구스티누스: 은총의 박사

1) Samuel Stumpf, *Socrates to Sartre: A History of Philosophy* (New York: McGraw-Hill, 1966), 121.

2) Augustine, *Confessions*, trans. and ed. Henry Chadwick, Oxford World's Classics (New York: Oxford University Press, 1998); *The City of God*, ed. David Knowles, trans. Henry Bettenson, Penguin Classics (New York: Penguin, 1984).

5. 토마스 아퀴나스: 천사 박사

1) Thomas Aquinas, *Summa Theologica*, 5 vols. (Allen, Tex.: Christian Classics, 1981).

2) See R. C. Sproul, *Not a Chance: The Myth of Chance in Modern Science and Cosmology* (Grand Rapids, Mich.: Baker, 1994).

6. 르네 데카르트: 근대 합리론의 아버지

1) Ptolemy, *The Almagest*, trans. and ed. G. J. Toomer (New York: Springer-Verlag, 1984).

2) Nicolaus Copernicus, *On the Revolution of Heavenly Spheres*, trans. Charles G. Wallis, Great Minds Science Series (Amherst, N. Y.: Prometheus, 1995).

3) René Descartes, *Discourse on Method*, in *Discourse on Method and The Meditations*, trans. and ed. F. E. Sutcliffe, Penguin Classics (New York: Penguin, 1968).

4) René Descartes, *Rules for the Direction of the Mind*, extracts in *Discourse on Method and Related Writings*, trans. and ed. Desmond M. Clarke, Penguin Classics (New York: Penguin, 1999).

7. 존 로크: 근대 경험론의 아버지

1) Voltaire, *Candide: or Optimism*, trans. John Butt, ed. E. V. Rieu, Penguin Classics (Baltimore: Penguin, 1947).

2) John Locke, *An Essay Concerning Human Understanding*, ed. Alexander Campbell Fraser, 2 vols. (New York: Dover, 1959).

3) John Locke, *Two Treatises of [Civil] Government*, ed. Peter Laslett, student ed., Cambridge Texts in the History of Political Thought, eds. Raymond Geuss and Quentin Skinner (Cambridge: Cambridge University Press, 1988).

8. 데이비드 흄: 회의주의자

1) David Hume, *A Treatise of Human Nature*, ed. Ernest C. Mossner, Penguin Classics (New York: Penguin, 1986).

2) David Hume, *Essays Moral and Political*, in *Essays Moral, Political, and Literary*, ed. Eugene F. Miller, rev. ed., Liberty Classics Series (Indianapolis: Liberty Fund, 1987).

3) David Hume, *An Enquiry Concerning Human Understanding*, Great Books in Philosophy (Amherst, N. Y.: Prometheus, 1988).

4) David Hume, *Dialogue Concerning Natural Religion*, ed. J. C. A. Gaskin, Oxford World's Classics (New York: Oxford University Press, 1998).

9. 이마누엘 칸트: 혁명적 철학자

1) Immanuel Kant, *Critique of Pure Reason*, trans. J. M. Meiklejohn, Great Books in Philosophy (Amherst, N. Y.: Prometheus, 1990).

2) R. C. Sproul, *Not a Chance: The Myth of Chance in Modern Science and Cosmology* (Grand Rapids, Mich.: Baker, 1994)를 참고하라.

11. 쇠렌 키르케고르: 덴마크의 골칫거리

1) Jean-Paul Sartre, *Being and Nothingness: An Essay on Phenomenological Ontology*, trans. Hazel E. Barnes (New York: Philosophical Library, 1956); *No Exit*, in *"No Exit" and Three Other Plays*, trans. Stuart Gilbert (New York: New Directions, 1989).

2) Soren Kierkegaard, *Either/Or*, ed. and trans. Howard V. Hong and Edna H. Hong, 2 vols. (Princeton, N. J.: Princeton University Press, 1987).

3) Soren Kierkegaard, *Fear and Trembling*, trans. Alastair Hannay, Penguin Classics (New York: Penguin, 1986).

4) Ibid., 54.

5) Soren Kierkegaard, *Attack upon "Christendom,"* trans. and ed. Walter Lowrie (Princeton, N. J.: Princeton University Press, 1968).

6) Soren Kierkegaard, *Concluding Unscientific Postscript to "Philosophical Fragments,"* ed. and trans. Howard V. Hong and Edna H. Hong, vol. 1, Text (Princeton, N.J.: Princeton University, 1992).

7) Ibid., 203.

8) Emil Brunner, *Truth as Encounter*, 2d ed., Preacher's Library (London: SCM, 1964). The title of the German edition is *Wahrheit als Begegnung*.

12. 프리드리히 니체: 무신론적 실존주의자

1) Friedrich Nietzsche, *Thus Spake Zarathustra*, trans. and ed. R. J. Hollingdale, Penguin Classics (New York: Penguin, 1961).

13. 장 폴 사르트르: 문학가이자 철학자

1) Martin Heidegger, *Being and Time: A Translation of "Sein und Zeit,"* trans. Joan

Stambaugh, SUNY Series in Contemporary Continental Philosophy (Albany, N. Y.: State University of New York Press, 1996).

2) Jean-Paul Sartre, *Nausea*, trans. Lloyd Alexander (New York: New Directions), 1959.

3) Jean-Paul Sartre, *"No Exit" and Three Other Plays*, trans. Stuart Gilbert (New York: New Directions, 1989).

4) Jean-Paul Sartre, *Being and Nothingness: An Essay on Phenomenological Ontology*, trans. Hazel E. Barnes (New York: Philosophical Library, 1956).

5) Sartre, *The Flies*, 118-19 (3막).

6) Lewis Carroll, *Alice's Adventures in Wonderland*, in *The Annotated Alice: "Alice's Adventures in Wonderland" and "Through the Looking Glass,"* ed. Martin Gardner (New York: Bramhall House, 1960), 88.

7) Sartre, *Being and Nothingness*, 252-302.

8) Sartre, *No Exit*, 45.

9) Ibid., 46.

14. 다윈과 프로이트: 영향력 있는 사상가

1) Charles Darwin, *The Origin of Species*, ed. Gillian Beer, Oxford World's Classics (New York: Oxford University Press, 1998).

2) Charles Lyell, *Principles of Geology*, 3 vols. (1832; reprint New York: Cramer, 1970).

3) Erasmus Darwin, *Zoonomia; or, The Laws of Organic Life*, 2 vols. (Philadelphia: Dobson, 1797)

4) Timothy Ferris, *Coming of Age in the Milky Way* (New York: Morrow, 1988), 236-38.

5) Sigmund Freud, *Totem and Taboo*, trans. James Strachey (Scranton, Pa.: Norton, 1990).

6) Sigmund Freud, *The Future of an Illusion*, ed. James Strachey (Scranton, Pa.: Norton, 1989); *Civilization and Its Discontents*, ed. James Strachey (Scranton, Pa.: Norton, 1989).

맺는말: 질송의 선택

1) Harvey Cox, *The Secular City: Secularization and Urbanization in Theological Perspective* (New York: Macmillan, 1965).

2) Allan Bloom, *The Closing of the American Mind* (New York: Simon and Schuster, 1987).

3) Dorothy Sayers, *The Lost Tools of Learning: Paper Read at a Vacation Course in Education, Oxford, 1947* (London: Methuen, 1948); reprinted in Anne Husted Burleigh, ed. *Education in a Free Society* (Indianapolis: Liberty Fund, 1973), 145-67.

4) Douglas Wilson, *Recovering the Lost Tools of Learning: An Approach to Distinctively Christian Education* (Wheaton, Ill.: Crossway, 1991).

5) Ludwig Wittgenstein, *Tractatus Logico-philosophicus* (New York: Brace, 1922).

참고 문헌

플라톤

Clark, Gordon H. *Thales To Dewey: A History of Philosophy*. Boston: Houghton Mifflin, 1957. Reprint ed. Hobbs, N. M.: Trinity Foundation, 1997. 44-95.

Copleston, Frederick, S. J. *A History of Philosophy*. 9 vols. Westminster, Md.: Newman, 1946-75. Reprint ed. Image Books. New York: Doubleday, 1993. 1:127-262.

Plato. *Dialogues*. Edited by Eric H. Warmington and Philip Rouse. Mentor. New York: Penguin, 1956.

──. *Meno*. In *Protagoras and Meno*. Translated and introduced by W. K. C. Guthrie. Penguin Classics. New York: Penguin, 1957.

──. *Phaedo*. Translated by David Gallop. Oxford World's Classics. New York: Oxford University Press, 1999.

──. *The Republic*. (1) Translated by Robin Waterfield. Oxford World's Classics. New York: Oxford University Press, 1998. (2) Translated and introduced by Desmond Lee. Penguin Classics. New York: Penguin, 1955. (3) Great Books in Philosophy. Amherst, N. Y.: Prometheus, n. d.

Ryle Gilbert. "Plato." In Paul Edwards, ed. *The Encyclopedia of Philosophy*. 8 vols. New York: Macmillan, 1967. 6:314-33.

Schofield, Malcolm. "Plato." In Edward Craig, ed. *Routledge Encyclopedia of Philosophy*. 10 vols. New York: Routledge, 1998. 7:399-421.

Stumpf, Samuel. *Socrates to Sartre: A History of Philosophy*. New York: McGraw-Hill, 1966. 48-84.

아리스토텔레스

Aristotle. *The Nicomachean Ethics*. (1) Translated and introduced by David Ross. Translation revised by J. R. Ackrill and J. O. Urmson. Oxford World's Classics. New York: Oxford University, 1998. (2) Great Books in philosophy. Amherst, N. Y.: Prometheus, n.d.

Clark, Gordon H. *Thales to Dewey: A History of philosophy*. Boston: Houghton Mifflin, 1957. Reprint ed. Hobbs, N. M.: Trinity Foundation, 1997. 96-144.

Copleston, Frederick, S.J. *A History of philosophy*. 9 vols. Westminster, Md.: Newman, 1946-75. Reprint ed. Image Books. New York: Doubleday, 1993. 1:266-378.

Irwin, T. H. "Aristotle." In Edward Craig, ed. *Routledge Encyclopedia of Philosophy*. 10 vols. New York: Routledge, 1998. 1:414-35.

Kerferd, G. B. "Aristotle." In Paul Edwards, ed. *The Encyclopedia of Philosophy*. 8 vols. New York: Macmillan, 1967. 1:151-62.

Stumpf, Samuel. *Socrates to sartre: A History of Philosophy*. New York: McGraw-Hill, 1966. 85-115.

아우구스티누스

Augustine. *The City of God*. Edited by David Knowles. Translated by Henry Bettenson. Penguin Classics. New York: Penguin, 1984.

────. *Confessions*. (1) Translated and edited by Henry Chadwick. Oxford World's Classics. New York: Oxford University, 1998. (2) Translated and introduced by R. S. Pine-Coffin. Penguin Classics. Edited by Betty Radice. New York:

Penguin, 1961.

Clark, Gordon H. *Thales to Dewey: A History of Philosophy*. Boston: Houghton Mifflin, 1957. Reprint ed. Hobbs, N. M.: Trinity Foundation, 1997. 218-46.

Copleston, Frederick, S. J. *A History of Philosophy*. 9 vols. Westminster, Md.: Newman, 1946-75. Reprint ed. Image Books. New York: Doubleday, 1993. 2:40-90.

Garcia, Janet, ed. *Christian History 6*, 3 (1987). The entire issue (no. 15) of this magazine is devoted to Augustine.

Geisler, Norman. *What Augustine says*. Grand Rapids, Mich.: Baker, 1982.

Markus, R. A. "Augustine, St." In Paul Edwards, ed. *The Encyclopedia of Philosophy*. 8 vols. New York: Macmillan, 1967. 1:198-207.

Matthews, Gareth B. "Augustine of Hippo." In Edward Craig, ed. *Routledge Encyclopedia of Philosophy*. 10 vols. New York: Routledge, 1998. 1:541-59.

Sproul, R. C., Jr. *Table Talk* (June 1996). Several articles in this issue of Ligonier Ministries' devotional magazine are devoted to Augustine.

Stumpf, Samuel. *Socrates to Sartre: A History of Philosophy*. New York: McGraw-Hill, 1966. 141-59.

토마스 아퀴나스

Bourke, Vernon J. "Thomas Aquinas, St." In Paul Edwards, ed. *The Encyclopedia of Philosophy*. 8 vols. New York: Macmillan, 1967. 8:105-16.

Clark, Gordon H. *Thales to Dewey: A History of Philosophy*. Boston: Houghton Mifflin, 1957. Reprint ed. Hobbs, N. M.: Trinity Foundation, 1997. 269-84.

Copleston, Frederick, S. J. *A History of Philosophy*. 9 vols. Westminster, Md.: Newman, 1946-75. Reprint ed. Image Books. New York: Doubleday, 1993. 2:302-434.

Kretzmann, Norman. "Aquinas, Thomas." In Edward Craig, ed. *Routledge Encyclopedia of Philosophy*. 10 vols. New York: Routledge, 1998. 1:326-50.

Sproul, R. C., Jr., ed. *Table Talk* (May 1994). Several articles in this issue of Ligonier Ministries' devotional magazine are devoted to Thomas Aquinas.

Stumpf, Samuel. *Socrates to Sartre: A History of Philosophy*. New York: McGraw-Hill, 1966. 185-211.

Thomas Aquinas. *Summa Theologica*. (1) Unabridged ed. 5 vols. Allen, Tex.: Christian Classics, 1981. (2) Abridged ed. Edited by Timothy McDermott. Allen, Tex.: Christian Classics, 1997.

르네 데카르트

Clark, Gordon H. *Thales to Dewey: A History of Philosophy*. Boston: Houghton Mifflin, 1957. Reprint ed. Hobbs, N. M.: Trinity Foundation, 1997. 308–324.

Copleston, Frederick, S. J. *A History of Philosophy*. 9 vols. Westminster, Md.: Newman, 1946–75. Reprint ed. Image Books. New York: Doubleday, 1993. 4:63–152.

Descartes, Rene. *Discourse on Method and The Meditations*. (1) Translated and introduced by F. E. Sutcliffe. Penguin Classics. New York: Penguin, 1968. (2) Great Books in Philosophy. Amherst, N. Y.: Prometheus, n. d.

———. *Rules for the Direction of the Mind*. Extracts in *Discourse on Method and Related Writings*. Translated and introduced by Desmond M. Clarke. Penguin Classics. New York: Penguin, 1999.

Garber, Daniel. "Descartes, Rene." In Edward Craig, ed. *Routledge Encyclopedia of philosophy*. 10 vols. New York: Routledge, 1998. 3:1–19.

Scruton, Roger. *From Descartes to Wittgenstein: A Short History of Modern Philosophy*. Boston: Routledge & Kegan Paul, 1981. 29–39.

Stumpf, Samuel. *Socrates to Sartre: A History of Philosophy*. New York: McGraw-Hill, 1966. 249–61.

Williams, Bernard. "Descartes, Rene." In Paul Edwards, ed. *The Encyclopedia of Philosophy*. 8 vols. New York: Macmillan, 1967. 2:344–54.

존 로크

Ayers, Michael. "Locke, John." In Edward Craig, ed. *Routledge Encyclopedia of Philosophy*. 10 vols. New York: Routledge, 1998. 5:665–87.

Clapp, James Gordon. "Locke, John." In Paul Edwards, ed. *The Encyclopedia of Philosophy*. 8 vols. New York: Macmillan, 1967. 4:487–503.

Clark, Gordon H. *Thales to Dewey: A History of Philosophy*. Boston: Houghton Mifflin, 1957. Reprint ed. Hobbs, N. M.: Trinity Foundation, 1997. 358–69.

Copleston, Frederick. S. J. *A History of Philosophy*. 9 vols. Westminster, Md.: Newman, 1946-75. Reprint ed. Image Books. New York: Doubleday, 1993. 5:67-142.

Locke, John. *An Essay Concerning Human Understanding*. (1) Edited by Alexander Campbell Fraser. 2 vols. New York: Dover, 1959. (2) Edited by Roger Woolhouse. Penguin Classics. New York: Penguin, 1998.

——. *Two Treatises of Government*. Edited by Peter Laslett. Student ed. *Cambridge Texts in the History of Political Thought*. Edited by Raymond Geuss and Quentin Skinner. Cambridge: Cambridge University Press, 1988.

——. *The Second Treatise on Civil Government*. Great Books in Philosophy. Amherst, N. Y.: Prometheus, 1986.

Scruton, Roger. *From Descartes to Wittgenstein: A Short History of Modern Philosophy*. Boston: Routledge & Kegan Paul, 1981. 85-98.

Stumpf, Samuel. *Socrates to Sartre: A History of Philosophy*. New York: McGraw-Hill, 1966. 279-89.

데이비드 흄

Baier, Annette. "Hume, David." In Edward Craig, ed. *Routledge Encyclopedia of Philosophy*. 10 vols. New York: Routledge, 1998. 4:543-62.

Clark, Gordon H. *Thales to Dewey: A History of Philosophy*. Boston: Houghton Mifflin, 1957. Reprint ed. Hobbs, N. M.: Trinity Foundation, 1997. 381-94.

Copleston, Frederick. S. J. *A History of Philosophy*. 9 vols. Westminster, Md.: Newman, 1946-75. Reprint ed. Image Books. New York: Doubleday, 1993. 5:258-353.

Hume, David. *Dialogue Concerning Natural Religion*. (1) Edited by J. C. A. Gaskin. Oxford World's Classics. New York: Oxford University, 1998. (2) Edited by Martin Bell. Penguin Classics. New York: Penguin, 1990. (3) Great Books in philosophy. Amherst, N. Y.: Prometheus, n. d.

——. *An Enquiry Concerning Human Understanding*. Great Books in Philosophy. Amherst, N. Y.: Prometheus, 1988.

——. *Essays Moral, Political, and Literary*. Edited by Eugene F. Miller. Rev. ed. Liberty Classics Series. Indianapolis: Liberty Fund, 1987.

———. *A Treatise of Human Nature*. (1) Edited by Ernest C. Mossner. Penguin Classics. New York: Penguin, 1986. (2) Great Books in Philosophy. Amherst, N.Y.: Prometheus, n. d.

MacNabb, D. G. C. "Hume, David." In Paul Edwards, ed. *The Encyclopedia of Philosophy*. 8 vols. New York: Macmillan, 1967. 4:74-90.

Scruton, Roger. *From Descartes to Wittgenstein: A Short History of Modern Philosophy*. Boston: Routledge & Kegan Paul, 1981. 120-33.

Stumpf, Samuel. *Socrates To Sartre: A History of Philosophy*. New York: McGraw-Hill, 1966. 296-303.

이마누엘 칸트

Clark, Gordon H. *Thales to Dewey: A History of Philosophy*. Boston: Houghton Mifflin, 1957. Reprint ed. Hobbs, N. M.: Trinity Foundation, 1997. 395-433.

Copleston, Frederick, S. J. *A History of Philosophy*. 9 vols. Westminster, Md.: Newman, 1946-75. Reprint ed. Image Books. New York: Doubleday, 1993. 6:180-392.

Guyer, Paul. "Kant, Immanuel." In Edward Craig, ed. *Routledge Encyclopedia of Philosophy*. 10 vols. New York: Routledge, 1998. 5:177-200.

Kant, Immanuel. *Critique of Pure Reason*. Translated by J. M. Meiklejohn. Great Books in Philosophy. Amherst, N. Y.: Prometheus, 1990.

Scruton, Roger. *From Descartes to Wittgenstein: A Short History of Modern Philosophy*. Boston: Routledge & Kegan Paul, 1981. 137-80.

Stumpf, Samuel. *Socrates to Sartre: A History of Philosophy*. New York: McGraw-Hill, 1966. 305-26.

Walsh, W. H. "Kant, Immanuel." In Paul Edwards, ed. *The Encyclopedia of Philosophy*. 8 vols. New York: Macmillan, 1967. 4:305-24.

카를 마르크스

Clark, Gordon H. *Thales to Dewey: A History of Philosophy*. Boston: Houghton Mifflin, 1957. Reprint ed. Hobbs, N. M.: Trinity Foundation, 1997. 477-85.

McInnes, Neil. "Marx, Karl." In Paul Edwards, ed. *The Encyclopedia of Philosophy*. 8 vols. New York: Macmillan, 1967. 5:171-73.

Marx, Karl. *Capital*. (1) Unabridged ed. 3 vols. Translated by Ben Fowkes and David Fernbach. Introduced by Ernest Mandel. Penguin Classics. New York: Penguin, 1992-93. (2) Abridged ed. Edited by David McLellan. Oxford World's Classics. New York: Oxford University, 1999.

Rosen, Michael. "Marx, Karl." In Edward Craig, ed. *Routledge Encyclopedia of Philosophy*. 10 vols. New York: Routledge, 1998. 6:118-33.

Scruton, Roger. *From Descartes to Wittgenstein: A Short History of Modern Philosophy*. Boston: Routledge & Kegan Paul, 1981. 212-25.

Stumpf, Samuel. *Socrates to Sartre: A History of Philosophy*. New York: McGraw-Hill, 1966. 421-36.

쇠렌 키르케고르

Clark, Gordon H. *Thales To Dewey: A History of Philosophy*. Boston: Houghton Mifflin, 1957. Reprint ed. Hobbs, N. M.: Trinity Foundation, 1997. 485-92.

Copleston, Frederick, S. J. *A History of Philosophy*. 9 vols. Westminster, Md.: Newman, 1946-75. Reprint ed. Image Books. New York: Doubleday, 1993. 7:335-51.

Evans, C. Stephen. *Faith Beyond Reason: A Kierkegaardian Account*. Grand Rapids, Mich.: Eerdmans, 1998.

Gardiner, Patrick. "Kierkegaard, Soren Aabye." In Edward Craig, ed. *Routledge Encyclopedia of Philosophy*. 10 vols. New York: Routledge, 1998. 5:235-44.

Kierkegaard, Soren. *Attack upon "Christendom."* Translated and introduced by Walter Lowrie. Princeton, N. J.: Princeton University, 1968.

———. *Concluding Unscientific Postscript to "philosophical Fragments."* Edited and translated by Howard V. Hong and Edna H. Hong. Vol. 1, Text. Princeton, N. J.: Princeton University, 1992.

———. *Either/Or*. (1) Unabridged ed. Edited and translated by Howard V. Hong and Edna H. Hong. 2 vols. Princeton, N. J.: Princeton University, 1987. (2) Abridged ed. Translated and edited by Alastair Hannay. Penguin Classics. New York: Penguin, 1992.

———. *Fear and Trembling*. Translated and introduced by Alastair Hannay. Penguin Classics. New York: Penguin, 1986.

MacIntyre, Alasdair. "Kierkegaard, Soren Aabye." In Paul Edwards, ed. *The Encyclopedia of Philosophy*. 8 vols. New York: Macmillan, 1967. 4:336-40.

Scruton, Roger. *From Descartes to Wittgenstein: A Short History of Modern Philosophy*. Boston: Routledge & Kegan Paul, 1981. 186-90.

Stumpf, Samuel. *Socrates to Sartre: A History of Philosophy*. New York: McGraw-Hill, 1966. 455-61.

프리드리히 니체

Clark, Gordon H. *Thales to Dewey: A History of Philosophy*. Boston: Houghton Mifflin, 1957. Reprint ed. Hobbs, N. M.: Trinity Foundation, 1997. 492-98.

Clark, Maudamarie. "Nietzsche, Friedrich." In Edward Craig, ed. *Routledge Encyclopedia of philosophy*. 10 vols. New York: Routledge, 1998. 6:844-61.

Copleston, Frederick, S. J. *A History of Philosophy*. 9 vols. Westminster, Md.: Newman, 1946-75. Reprint ed. Image Books. New York: Doubleday, 1993. 7:390-420.

Kaufmann, Walter. "Nietzsche, Friedrich." In Paul Edwards, ed. *The Encyclopedia of Philosophy*. 8 vols. New York: Macmillan, 1967. 5:504-14.

Nietzsche, Friedrich. *Thus Spake Zarathustra*. (1) Translated and introduced by R. J. Hollingdale. Penguin Classics. New York: Penguin, 1961. (2) Edited by H. James Birx. Great Books in Philosophy. Amherst, N. Y.: Prometheus, 1997. (3) Translated by Walter Kaufmann. New York: The Modern Library, 1995.

Scruton, Roger. *From Descartes to Wittgenstein: A Short History of Modern Philosophy*. Boston: Routledge & Kegan Paul, 1981. 190-94.

Stumpf, Samuel. *Socrates to Sartre: A History of Philosophy*. New York: McGraw-Hill, 1966. 375-85.

장 폴 사르트르

Copleston, Frederick, S. J. *A History of Philosophy*. 9 vols. Westminster, Md.: Newman, 1946-75. Reprint ed. Image Books. New York: Doubleday, 1993. 9:340-89.

Howells, Christina. "Sartre, Jean-Paul." In Edward Craig, ed. *Routledge Encyclopedia of Philosophy*. 10 vols. New York: Routledge, 1998. 8:473-79.

Olafson, Frederick A. "Sartre, Jean-Paul." In Paul Edwards, ed. *The Encyclopedia of Philosophy*. 8 vols. New York: Macmillan, 1967. 7: 287-93.

Sartre, Jean-Paul. *Being and Nothingness*. Translated and introduced by Hazel E. Barnes. Riverside, N. J.: Pocket Books, 1993.

―. *The Flies*. In *"No Exit" and Three Other Plays*. Translated by Stuart Gilbert. New York: Vintage, 1989. 47-124.

―. *Nausea*. Translated by Lloyd Alexander. Edited by Hayden Carruth. New York: New Directions, 1964.

―. *No Exit*. In *"No Exit" and Three Other Plays*. New York: Vintage, 1989. 1-46.

Scruton, Roger. *From Descartes to Wittgenstein: A Short History of Modern Philosophy*. Boston: Routledge & Kegan Paul, 1981. 264-70.

Stumpf, Samuel. *Socrates to Sartre: A History of Philosophy*. New York: McGraw-Hill, 1966. 465-70.

찰스 다윈

Darwin, Charles. *The Origin of Species*. (1) Edited by Gillian Beer. Oxford World's Classics. New York: Oxford University, 1998. (2) Great Minds Series. Amherst, N. Y.: Prometheus, 1991. (3) Edited by J. W. Burrow. Penguin Classics. New York: Penguin, 1982.

"Darwin, Charles Robert." In John Daintith et al. *Biographical Encyclopedia of Scientists*. 2d ed. Philadelphia: Institute of Physics, 1994. 1:203-4.

de Beer, Gavin. "Darwin, Charles Robert." In Charles Coulston Gillispie, ed. *Dictionary of Scientific Biography*. 16 vols. New York: Scribner, 1970-80.

지그문트 프로이트

Freud, Sigmund. *Civilization and Its Discontents*. Edited by James Strachey. Scranton, Pa.: Norton, 1989.

―. *The Future of an Illusion*. Edited by James Strachey. Scranton, Pa.: Norton, 1989.

―. *Totem and Taboo*. Translated by James Strachey. Scranton, pa.: Norton, 1990.

"Freud, Sigmund." In Susan Gall, ed. *The Gale Encyclopedia of Psychology*. Detroit: Gale, 1996. 156-58.

Pelzer, K. E. "Freud, Sigmund." In H. J. Eysenck, Wilhelm Arnold, and Richard Meili, eds. *Encyclopedia of Psychology*. 3 vols. London: Search, 1972. 1:388.

Wallace, E. R., IV. "Freud, Sigmund." In David G. Benner and Peter C. Hill, eds. *Baker Encyclopedia of Psychology and Counseling*. 2d ed. Grand Rapids, Mich.: Baker, 1999. 473-76.

사명선언문

너희가 흠이 없고 순전하여……세상에서 그들 가운데 빛들로
나타내며 생명의 말씀을 밝혀 _ 빌 2:15-16

1. 생명을 담겠습니다
만드는 책에 주님 주신 생명을 담겠습니다.
그 책으로 복음을 선포하겠습니다.

2. 말씀을 밝히겠습니다
생명의 근본은 말씀입니다.
말씀을 밝혀 성도와 교회의 성장을 돕겠습니다.

3. 빛이 되겠습니다
시대와 영혼의 어두움을 밝혀 주님 앞으로 이끄는
빛이 되는 책을 만들겠습니다.

4. 순전히 행하겠습니다
책을 만들고 전하는 일과 경영하는 일에 부끄러움이 없는
정직함으로 행하겠습니다.

5. 끝까지 전파하겠습니다
모든 사람에게, 땅 끝까지, 주님 오시는 그날까지
복음을 전하는 사명을 다하겠습니다.

서점 안내

광화문점 서울시 종로구 새문안로 69 구세군회관 1층
02)737-2288 / 02)737-4623(F)

강남점 서울시 서초구 신반포로 177 반포쇼핑타운 3동 2층
02)595-1211 / 02)595-3549(F)

구로점 서울시 동작구 시흥대로 602, 3층 302호
02)858-8744 / 02)838-0653(F)

노원점 서울시 노원구 동일로 1366 삼봉빌딩 지하 1층
02)938-7979 / 02)3391-6169(F)

일산점 경기도 고양시 일산서구 중앙로 1391 레이크타운 지하 1층
031)916-8787 / 031)916-8788(F)

의정부점 경기도 의정부시 청사로47번길 12 성산타워 3층
031)845-0600 / 031)852-6930(F)

인터넷서점 www.lifebook.co.kr